中國的历史

陆

从明朝到清朝
清朝二百余年

陳舜臣 著
郑民钦 译

海峡出版发行集团
THE STRAITS PUBLISHING & DISTRIBUTING GROUP
福建人民出版社

图书在版编目（CIP）数据

中国的历史．第6卷／（日）陈舜臣著；郑民钦译．—福州：福建人民出版社，2013.12（2019.3重印）

（陈舜臣作品系列）

ISBN 978-7-211-06494-6

Ⅰ．①中… Ⅱ．①陈… ②郑… Ⅲ．①中国历史—普及读物 Ⅳ．①K209

中国版本图书馆CIP数据核字（2012）第052271号

著作权合同登记图字：13-2010-021号

中国的历史（第6卷）

作　　者：（日）陈舜臣

译　　者：郑民钦

责任编辑：潘静超

出版发行：福建人民出版社

地　　址：福州市东水路76号　　邮政编码：350001

网　　址：http://www.fjpph.com

电子邮箱：fjpph7211@126.com

经　　销：福建新华发行（集团）有限责任公司

印　　刷：河北华商印刷有限公司

开　　本：787×1092　　1/16

印　　张：20

字　　数：245千字

版　　次：2013年12月第1版

印　　次：2019年3月第2次印刷

书　　号：ISBN 978-7-211-06494-6

定　　价：49.00元

目录

从明朝到清朝

目录

清朝二百余年

从明朝到清朝

紫禁城时代

天安门是北京首屈一指的名胜古迹。不仅仅是北京，现代中国的象征——国徽上也将天安门作为图案。可以说天安门是中国的脸面。

1919 年的五四运动就发生在天安门前面的广场上，三十年后的 1949 年 10 月 1 日，毛泽东在天安门城楼上宣告中华人民共和国成立。1976 年 4 月发生过“天安门事件”。天安门与中国的现代史有着密切的关系。

中国的城市四周多为城墙所包围，北京自然也不例外。说到北京城，广义上指的是北京的街区。在日本说到大阪城[①]，指的仅仅是护城河围绕的天守阁城堡。如果按照中文语义的解释，大阪城应该涵盖整个大阪市。在这辽阔的北京城里，有一块地方是皇城。皇城也被城墙所包围，即所谓的城中之城。

皇城里除了太庙、社稷坛等祭祀的场所，重要的官厅外，还有天子居住的紫禁城。紫禁城当然是城墙四围，所以紫禁城是城中城里面的内城。

皇城的正门是天安门，其中紫禁城的正门称为午门。

这个以紫禁城为中心的现代北京城的基本布局是在明成祖永乐帝时代规划的。永乐十九年（1421 年），明朝从南京迁都北京。

北京也是辽代、金代的政治中心，但这两个王朝都不是全国性的政权，

---

① 大阪城：位于大阪市的城堡。1583 年至 1585 年，丰臣秀吉在石山本愿寺的遗址上筑城。1615 年大阪夏季战役时被烧毁，江户时期重建，并设置大阪城代。1868 年失火又被烧毁。1931 年重建天守阁。——译注

北京第一次作为全国政权的中心、名副其实地成为中国的首都是在元世祖忽必烈时代。忽必烈担任汉地的总督，将金王朝时代的燕京，即中都作为自己的据点。他定国号为元、成为皇帝以后，在中都的东北部大兴土木，营造规模宏大的国都。至元四年（1267年）迁都，命名为大都。

忽必烈以全中国的君主自居，不会满足于继承仅仅是北方政权金朝国都的“残羹”，于是立即在燕京附近兴建另一座大都城，并且命令中都的富豪、权势者统统搬迁到大都居住。马可·波罗在《马可·波罗游记》中说忽必烈的国都是罗城。其实大都与中都并不连在一起，虽然很接近，却是另行新建的一座都城。

明太祖朱元璋推翻蒙古的元王朝以后，改大都为北平府。明朝建国时，以南京为国都，所以元大都降格，去掉“都”字，而且削减大都北部大约三公里的土地，缩小城市规模。元大都是土城，拆毁城墙、缩减规模都很容易。用砖垒砌修建城墙据说始于明代。

明成祖永乐帝从南京迁都北京，这不是单纯的迁都，他胸怀创建新王朝的雄心壮志。这个迁都北京，自然不能满足于仅仅接收元大都的旧城。他具有强烈的自尊，要建设一座新国都，因为他这个第三代皇帝的座位不是继承，而是依靠力量获取的。

洪武帝朱元璋生有二十六个皇子，其中五个为皇后马氏所生。长子朱标立为皇太子，如果顺利继承皇位，大概政局不会发生混乱。然而，洪武二十五年（1392年），皇太子朱标死去。因为洪武帝小时候曾是孤儿，他对亲人的感情甚为深厚，分给每个皇子数千乃至数万不同的兵力，分封各地为王，构筑起明帝国的屏障。马皇后所生之子备受宠爱，其中尤其出类拔萃的当数第四子朱棣。

无论人品还是才能，第四子朱棣都比长子皇太子更加优秀，洪武帝也这样高度评价。据说皇太子生前敏锐地觉察到父亲的这种心情，为此十分苦恼。洪武帝对皇太子不满，是因为认为他的性格过于宽仁。洪武帝为巩固明帝国的基础，断然采取毫不留情的清洗措施，在他眼里，皇太子的宽厚仁慈是很危险的。相比之下，第四子朱棣的性格勇敢果断，曾屡次率兵北伐，立下赫赫战功，被封为燕王。由此可见洪武帝对他是如何地信任。虽说已经北逃，但蒙古政权还存在于漠北，依然伺机南下。燕地是防御蒙古政权南下的重要屏障。燕王朱棣镇守北京，据说洪武帝十分满意，说“吾无北顾之忧”。

皇太子死后，洪武帝欲立朱棣为皇太子，征询群臣意见，学士刘三吾表示反对，只好作罢。刘三吾根据儒教的伦理予以反对：

子殁，孙承嫡统，礼也。

还有的人基于这样的理由表示反对：

即立燕王，置秦、晋二王于何地耶?

如果第四子成为继承人，那么他的哥哥、次子秦王朱樉，第三子晋王朱棡将无立足之地。

帝大哭罢。

既然大臣说到这个地步，洪武帝只好打消立朱棣为太子的念头，但是他大哭一场，大概深感遗憾吧。

后来朱棣称帝，皇帝可以记述史料，所以有人怀疑上述这句话是他后来的编造。另外，似乎还流传朱棣并非马皇后之子，而是侧室所生的风言风语。

但是，朱棣的确是一个智勇双全、深谋远虑的优秀人物。从他受封于燕这个国家最重要的战略要地以及文治武功的业绩便可知道。

洪武帝死后，按照事先的安排，皇太孙朱允炆即位，因其元号，史称建文帝。他是一个喜欢学问的青年，选择建文作为元号，也许出于对他意见的尊重。明建国三十年，建文这个元号大概也是宣告尚武时代结束、文治时代兴起的标志吧。他即位的时候二十二岁。

兵部侍郎齐泰升任尚书，翰林院修撰黄子澄担任太常卿，主要是这两个人负责国政。另外，召请享有大儒之声誉的汉中府教授方孝孺为翰林院侍讲。其实，与其说齐泰、黄子澄是政治家，不如说是建文帝的学问同人。

建文帝就是依靠这样的学者集团治理政治，将原先严酷的政治宽松化，采取减轻重税、军队中的独生子可以卸甲回乡、颁布大赦令等措施，让人们产生新时代来临的期待。

这个学者集团分析政治的现状，认为当前的政治与西汉初期很相似。西汉景帝时，发生吴楚七国之乱，分封于各地的皇族联合起来发动叛乱。明朝的皇族——他们都是建文帝的叔叔——也是受封于各地为王，都拥有自己的军队。

于是，削弱诸王势力成为建文帝政府的基本方针。

首先是废黜周王朱橚为庶人。朱橚是马皇后所生的最小的皇子。其实，建文帝政府最想铲除的是燕王朱棣，但没有合适的借口。而周王在洪武帝在世时就多有为非作歹之行径，所以拿他开刀大概不会有什么问题。

洪武帝死于洪武三十一年（1398年）五月；六月，齐泰、黄子澄升迁任用；八月，周王被废，可见事态的发展极其迅速。洪武帝健在的时候，大概学者集团就已经制订好计划。曹国公李景隆以警卫国境为名率兵突然出现在开封府，包围王宫，不由分说地逮捕周王。

建文帝似其父心慈手软，打算释放父亲的弟弟周王，遭到齐泰和黄子澄的反对，最后将他放逐云南。据说他们把建文帝的慈悲心肠叫作“妇人之仁”。

第二年，正式改元建文。四月，齐王朱榑、代王朱桂被废为庶人，湘王朱柏绝望自焚；六月，岷王朱楩被流放漳州。

燕王朱棣于七月举兵，可以说这是被逼得走投无路。燕王一定知道自己是对手攻击的最后一个目标。

洪武帝在遗言中命各地诸王不得来京，因此燕王也一直留在北京，但把他的三个儿子高炽、高煦、高燧送往南京服丧。朱高炽就是后来的仁宗洪熙帝。高煦为人剽悍无赖，凶狠暴戾，父亲燕王怕他在南京惹是生非，以自己生病为由，请求朝廷让这三个儿子回到北京。

齐泰主张扣留这三个人作为人质，但黄子澄主张接受燕王的请求，其理由是：燕王早晚必须铲除，如果现在将其儿子扣为人质，势必引起他的警惕，做好准备，届时我们难以动手。要像处置周王那样，采取迅雷不及掩耳之势打他措手不及，就必须麻痹对手。于是决定允许燕王的三个儿子回到燕国。可是在回国途中，那个朱高煦胡作非为，杀死驿站的官员，无恶不作，引起朝廷群臣对燕王的强烈谴责。

燕王因其子的为非作歹受到朝廷的逼迫，黄子澄麻痹燕王的计谋可以说完全失败。

北京（当时称北平）的燕国里有几个朝廷派来的官员，他们是布政使张昺、都司谢贵、长使葛诚。七月癸酉日，燕王杀掉他们，接着以清除君侧奸臣齐泰、黄子澄为由举兵进京。据说制定举兵方案的是一个名叫道衍的僧侣。

燕王的军队称为“靖难军”，即平定君侧奸恶之意。在给朝廷上书的形式的檄文中引用洪武帝遗留的“祖训”：

朝无正臣，内有奸恶，则亲王训兵待命，天子密诏诸王统领镇兵讨平之。

燕王的靖难军迅速占领居庸关，然后接连攻陷怀来、密云、遵化、永平等地，不到一个月就集结数万兵马。

建文帝任命耿炳文为大将军讨伐燕王的叛军，从而发生长达整整四年的内战。

耿炳文兵败，李景隆取而代之，但李景隆也在郑村坝战败，丢失德州。其后任盛庸虽在东昌大破燕军，却在后来的战役中接连失利。

建文帝的优柔寡断帮了燕王的大忙。在燕王军锐不可当处于优势的时候，建文帝罢免齐泰、黄子澄的职务，呼吁停战，可是在东昌打胜仗以后，对这两人立即官复原职。建文帝的政策缺少一贯性，变化无常。可笑的是，在看似盛庸的军队全面压倒燕王军时，建文帝颁布一道莫名其妙的诏书，其中写道：

毋使朕有杀叔父名。

军队接到这道诏书后，岂有奋力作战之理。这无异于一道对燕王手下留情的命令。建文帝喜欢读书学问，大概相当害怕背上杀害叔父的恶名。既然命令军队不要奋力作战，战败是势所必然。

燕王军毕竟是在与朝廷作战，虽然自称“靖难军”，却总不是名正言顺。士气未必十分高涨。

洪武帝朱元璋对自己身后的安排可以说全部失败。他担心自己死后被人篡权，所有战功卓著的将军被清洗殆尽。这样一来，的确没有出现篡位的将军，但也没有出现拯救朝廷于危难之际的将军。在大清洗中幸存下来的武官，都是二三流水平的将军，即使与名不正言不顺的靖难军作战，也是不堪一击。

皇子封于各地为王本意是设置保护皇室的屏障，却也出现燕王朱棣这样举兵讨伐皇帝的叛逆者。

文官中德才兼备的政治家都被铲除干净，辅佐皇帝的只剩下齐泰、黄子澄这样的二流书生政客。正如燕王的上书檄文所说的那样，自己之所以举兵，皇帝的近臣也有责任。与其说他们是奸臣，不如说是愚臣更为合适。

洪武帝认真研究历代王朝的历史，发现东汉、唐朝灭亡的原因中，很大程度上是宦官专政，飞扬跋扈，所以必须事先防范。宦官被称为“内臣”，是皇帝的家奴。如果这些人公开登上政治舞台，国家就会混乱不堪。于是，洪武帝决定限制宦官的数量，在宫殿门上悬挂铁牌，严禁内臣干政，违者斩首。所谓铁牌，就是铁制的牌子，表示绝对不可改变的规则，即铁则。要求宦官每次穿过这道门，都要认真阅看规定，谨言慎行。洪武帝时代，宦官在宫中总是战战兢兢，谨小慎微。喜欢学问的建文帝按照儒教的伦理对宦官更是严加管制，宦官几乎不被当人看待。这样，宦官们对建文帝政权怀恨在心。

在建文帝政权与燕王军陷于内战期间，南京宫廷中的宦官私通造反的军队。尽管他们在宫廷里被视同蝼蚁，却也知道政权的机密。在政权的重要会议上出入服务，自然也会有所了解。政权内部的意见对立，各派之间的势力变化，宦官作为局外人，通过自己的观察，甚至比当事人更为熟悉。燕王通过南京宫廷的宦官可以获得建文帝政权的核心机密。

洪武帝严禁宦官干预朝政的政策是正确的。但正确的政策也会出现事与愿违的情况。宦官私通燕王可以说就是一个例子。

从兵力来说，建文帝处于绝对优势，一次作战就能投入五十万大军。然而，指挥军队的将领都是无能之辈。身经百战的将军几乎都被洪武帝杀光，曹国公李景隆被任命为总司令。他的父亲李文忠是洪武帝的姐姐的孩子，所以李景隆与建文帝是表兄弟，与皇帝有血缘关系。但是他在军事上昏庸无能，败军之将自然要受到问责追究，应该被诛。黄子澄、御史大夫练子宁等都主张应予诛杀，但建文帝未予接纳。据说当黄子澄听到李景隆被赦免时，捶胸顿足，哀叹道“大事去矣”。人心虽然应该善良，但建文帝作为战争的最高统帅是不合格的。

燕王朱棣兵力不足，师出无名，经常辗转苦战，但他具有出类拔萃的军事指挥才能，其核心部队是他率领北伐时候的精锐兵团，曾与蒙古军交手作战，经验丰富。由于英勇善战的各级指挥员人才济济，在实战中发挥出无比强悍的力量。

由于兵力的悬殊，南京朝廷在战场上占据优势，但燕王军充分发挥灵活机动的实战经验，采取直捣黄龙——攻打大本营南京的战术，一举成功。当燕王的军队兵临城下之时，南京朝廷乱作一团，首先在心理上溃不成军。

建文四年（1402年）四月，南京军队接连击破燕王军队。南京方面的都督何福在小河（安徽省灵璧县）大败燕王军，斩首部将陈文，燕王朱棣也差一点被俘，于千钧一发之际仓皇逃命。据说拯救燕王的是蒙古军队。燕王镇守北边国境，在他的统治地区内存在有臣服明朝的蒙古军队。

燕王也把他们拖进内战，可见其兵力之不足。

阴历四月，天气已经相当炎热，北方人对南方的潮湿闷热很不适应，诸将要求暂时撤回观察动静，但燕王没有同意。他是一个富有果断精神的战争指挥家。燕王军内的这种动静传到南京朝廷，朝廷错误地以为他们已经北撤。不知道这是情报的错误，还是宦官故意散布的迷惑朝廷的假情报。建文帝终于松下一口气，召回总司令魏国公徐辉祖。徐辉祖是开国元勋徐达的嫡子。由于他率兵回到南京，燕王军得以喘息休整。然而，徐辉祖撤兵以后，造成都督何福的部队孤立在前线。可以说，建文帝在情报战方面也完全败北。

燕王军养精蓄锐以后，不失时机地渡过淮河，攻陷扬州，不给朝廷喘息机会，进逼南京。南京方面在心理上已经土崩瓦解。燕王军在四月接连败北，却在五月攻占扬州，六月渡过长江直取南京，可以说是关键时刻的反败为胜。

建文帝征募全国的勤王义军，还发表自我批评的"罪己诏"。燕王军在长江沿岸据守，各郡县几乎都向燕王军投降。此时方孝孺建言向燕王割地，以争取时间等待义军集结，准备在长江与燕王军决一死战。燕王的堂姐庆城郡主[①]被选派为使者与燕王进行割地谈判。

不给敌人任何喘息之机是燕王的作战方针，拥有千军万马的燕王自然一眼看穿所谓割地不过是拖延时间。他一口把庆城郡主顶回去："姐姐，我来这里是抓奸臣，不是图谋土地。"

六月癸丑日，朝廷军队在盛庸的指挥下在浦子江与燕王军交战获胜。然而，初战告捷，再战失利，这似乎成为政府军在这场内战中的模式。盛庸获胜后，部将都督佥事陈瑄立即率领手下的水军投降燕王，使得燕王军能迅速渡江。长江南岸的镇江守将童俊也投降，燕王军逼近龙潭。乙丑日，燕王军攻占南京的金川门。当时，左都督徐增寿打算与燕王军里应外合，

① 庆城郡主：即庆阳公主，明太祖朱元璋的侄女，到了建文时改成了庆城（成）郡主。——译注

被发现，遭诛杀。连首都防卫司令都要通敌，建文帝已经到了众叛亲离的地步。大概大家都认为跟着这个缺少领导能力的君主，已经没有出路。最后连谷王朱橞、曹国公李景隆都背叛建文帝，打开城门迎接燕王军。南京陷落。建文帝见大势已去，放火烧毁宫殿。《明史·恭闵帝本纪》这样记述：

宫中火起，帝不知所终。

燕王仔细察看宫殿火烧的现场，只发现皇后的遗体，却找不到建文帝的遗骸。于是坊间长期相信建文帝化装成僧侣逃出宫外。

比较有代表性的传说是这样的：洪武帝曾留给建文帝一个箱子，留下遗言说在危难时刻打开。建文帝打开一看，原来里面放有袈裟、剃须刀、银钱、逃脱的路线图，于是他化装成僧侣，从地道逃脱出去。

燕王朱棣进入南京，首先清洗君侧的“奸臣”，铲除齐泰、黄子澄、方孝孺等学者集团。使用的是极其残酷的“夷其族”的手段，连家族的女子都不能幸免，或分配给奴隶为妻，或充当官妓，让她们遭受比死更难受的凌辱。

燕王朱棣以群臣拥戴的形式即帝位，是为永乐帝。永乐帝谋反的参谋是僧侣道衍，因为方孝孺在建文帝身边也是声望极高的人物，据说他建议不可杀之。永乐帝也打算重用方孝孺，命他起草即位诏书。但是他提笔写下这样几个字：

燕贼篡位。

永乐帝怒不可遏，对方孝孺的处置也最为严厉酷烈。不仅方孝孺家族，方孝孺的妻子、母亲的家族，甚至连他的门人都未能幸免，被杀者达八百七十三人，而且就在方孝孺的面前杀戮。方孝孺最后在聚宝门外的广场被处以磔刑。

永乐帝着手篡改历史，他把即位的建文四年（1402年）改为洪武三十五年。这样，就把建文这个元号从所有的史料记录中抹去，其目的无非是抹杀建文帝曾是明朝皇帝这个历史事实。

在被篡改的历史中，太祖洪武帝朱元璋把皇位直接传给第四子永乐帝朱棣，朱棣即位之前的四年多时间里，帝位空缺。即位的第二年改元，由洪武直接变成永乐。

参观敦煌壁画，会看到墙壁上有的地方是空白的，而周围都是清晰的壁画。这是被美国人华尔纳剥取下来盗走留下的痕迹。历史上的建文帝时代也是如此，只有这一块是空白，而剥取历史的犯人无疑就是永乐帝。

永乐帝是否成功地抹杀了建文帝呢？即使是在此后延续二百四十多年的明代，关于建文帝是否正统的争论的火种也依然没有熄灭过。历代皇帝都是与永乐帝有着血统关系的后裔，但似乎谁也不敢完全抹掉建文帝及其时代。至万历二十三年（1595年），终于承认曾经存在过建文这个元号。这是在所谓的“靖难之变”一百九十三年之后。不过，当时也只是元号的恢复，并没有完全承认建文帝的皇位继承。真正承认建文帝皇位正统性的其实是在明朝灭亡后九十二年的清乾隆元年（1736年）。

《明史·恭闵帝本纪》记述：

大清乾隆元年，诏廷臣集议，追谥曰恭闵惠皇帝。

在建文帝死后三百三十多年，而且还是别的王朝才赐予他谥号。

在建文帝问题上反映出中国人执着的历史观，在中国历史的舞台上出场的人物都意识到这样的历史观决定自己的行为。

前面说过，与永乐帝打仗的建文帝方面的将军里有两个是功臣的后代，一个是李文忠之子李景隆，另一个是徐达之子徐辉祖。

李景隆打开南京城门迎接永乐帝，世间对他这个叛变者的口碑很不好。他在永乐帝时代也时常受到弹劾，晚年幽闭家中。史学家对他的评价也甚为严厉。徐辉祖对永乐帝没有表现出屈服之意，永乐帝亲自登门劝说，但是他始终默不作声。永乐帝气急败坏地将他关进监狱。他在狱中写供词的时候，只写这么几个字：

父有开国功劳，子孙免死。

明末思想家李卓吾认为这一句话毫无乞怜之意，也不是拥戴永乐帝的表现，显示出对死无所畏惧的精神。

永乐帝没有铲除战场上兵戎相见的敌手，却对建文帝身边的学者集团毫不留情地实行镇压，因为永乐帝本人是一个军人。惺惺相惜，军人了解军人的心。受命死战是军人的宿命。徐辉祖率兵回南京导致建文帝的彻底失败。看似徐辉祖对建文帝政权的崩溃应该负有责任，其实撤兵并非他擅自决定的，而是奉诏而为。作为军人，他没有责任。

对学者集团格杀勿论，对军人集团宽大为怀，这大概并非仅仅因为永乐帝对军人怀有亲近感的缘故。李景隆是永乐帝的姑姑（洪武帝的姐姐）的孙子，有血缘关系。徐辉祖是永乐帝之妻徐氏的弟弟。就是说，这两个人都是永乐帝的亲戚。而学者集团与永乐帝没有任何关系，在永乐帝心中，也许他们就是一群进士出身的“暴发户”。

永乐帝也是一个必然意识到中国历史观而行动的人物。他对方孝孺如此惨无人道，就是因为被方孝孺痛骂为“燕贼篡位”。他不想在历史上留下篡位者这个遗臭万年的污名。对方孝孺惨绝人寰的杀戮可谓空前绝后，其目的就是不许出现第二个叫他篡位者的人。

永乐帝其实面对着极为艰巨的难题，他要封住全天下人的嘴，而且不仅是当代的，还有后代的。他是军人，大概认为根据战场的指挥经验，只要实行严厉的恐怖政策就可以做到。他下一道“逃者斩”的死命令，就可以指挥部队与蒙古军、与侄子建文帝的军队作战。

于是，只能依靠特务政策，搜查抓捕那些以正统论批判永乐帝的人，予以严厉打击。其实，特务警察组织在永乐帝的父亲洪武帝时代就已经建立，只不过目的不同。洪武帝依靠白莲教、红巾军这样的秘密结社推翻元朝政权，从自身的经历深知反体制的秘密结社的可怕。利用当年被追捕时代的经验，如今反过来追捕别人，因此可以建立起效率极高的秘密警察。

洪武帝建立特务组织的目的是对付反对体制的运动，而永乐帝则用来对付危险思想。就这样，明朝成为皇帝独裁的警察国家。洪武帝成立直属皇帝领导的锦衣卫特务机构，永乐帝进一步予以扩大。明朝的兵制是五军都督府，另外还有上十二卫，锦衣卫就是其中的一卫。都督府是普通的军队，上十二卫则是皇帝个人的军队。皇帝把自己最信得过的人安排在锦衣卫，成为心腹部队。锦衣卫的领导是指挥使，队员称为缇骑。缇是黑红色的意思。《后汉书·百官志》中已经出现近卫骑兵的部队，大概就是穿着这种颜色的军服。

太祖洪武帝的时候，锦衣卫缇骑五百人。史料记载，建国一百五十三年后即位的世宗嘉靖帝解除锦衣卫的旗校（队员）三万一千八百多人。这个减员的数字只是全体人员的一半，可见秘密警察的总数超过六万人。另外，还有不算正式队员的手下爪牙十五六万人。这些人大抵都是地痞流氓。可以想象，百姓受到何等痛苦的欺凌。

永乐十八年（1420 年），永乐帝还在北京东安门的北面成立与锦衣卫一样的秘密警察机构东厂。这一年迁都北京。这个特务机构的一个特点是其长官是宦官。永乐帝夺取建文帝的政权的时候，得到宦官的支持，对他们委以重任，表示永乐帝对他们的信任和回报。永乐帝解除了悬挂在宫门上写着严禁宦官参与政治的禁令的铁牌。

东厂的机构迅速膨胀，掌握所有的情报。连大臣、将军也对东厂胆战心惊。宦官通过从事特务活动掌握巨大的权力，这正是洪武帝所害怕的事情。

因为特务机构位于东安门，所以称为东厂。既然有东厂，难道不可以也有西厂吗？宪宗成化帝和武宗正德帝的时候都成立西厂，但也都很快就废除。正德帝的时候，还成立过一个内行厂，也很短命。这些机构全部掌握在宦官手里。东厂自永乐帝设立以后，直至崇祯帝亡国的二百二十多年里，一直存在，从未撤销。

在宦官参政这个问题上，永乐帝违背父亲遗留的“祖训”，从而大大改变了洪武帝率领红巾军大破群雄、将蒙古政权赶到漠北而创建的明王朝的性质。所以，有人认为，永乐帝创建了一个新王朝。

中国的王朝，按照规制，皇帝的庙号，创建者称“祖”，继承者称“宗”。唐朝的创建者李渊称高祖，从第二代皇帝开始称太宗、高宗等。宋朝也是如此，创建者赵匡胤称太祖，他的继承者弟弟称太宗，后来的皇帝称真宗、仁宗、英宗等。然而，明朝皇帝朱元璋是太祖，打倒建文帝后即位的朱棣称成祖。这大概因为被视为几乎等同于王朝创建者的缘故吧。

元朝的创建者是忽必烈，称世祖，但将他的祖父成吉思汗称为太祖。清朝将统一满洲族的努尔哈赤称为太祖，将占领北京、统一中国的顺治帝称为世祖，将他的儿子、在位六十年开创黄金时代的康熙帝称为圣祖。从日本的情况来看，明治天皇这样特殊的君主才接受祖的庙号。

成祖永乐帝从南京迁都北京，这件事也可以说明他具有特殊的君主的资格。然而，迁都北京没有违背祖训。太祖洪武帝依据南京夺取天下，将其定为国都，但他也在考虑迁都到更合适的地方，并派皇太子朱标到陕西考察。朱标具有与四弟朱棣竞争的意识，为了证明自己具有胜任皇太子的才能，不遗余力地进行实地调查，遴选适合新国都的地方。有人认为，他的早死就是因为对工作竭尽全力，过于劳累所致。洪武帝之所以将陕西作为新国都的遴选地，大概脑子里描绘着汉唐时代的长安的蓝图吧。

但实际上的迁都不是迁往洪武帝考虑过的长安，而是北京。永乐帝朱棣这个人的性格与北京这块土地的特性的结合改变了明王朝这个国家的性质。

洪武帝推翻统治中国的蒙古政权，努力振兴汉文明。采用“洪武帝”这个固有名词是占中国人口绝大多数的汉人的意愿，也是摆脱了蒙古统治的时代的主流。另外，定都南京也可以增强振兴汉文明这个国家性质。因为元代对江南地区实行间接统治，江南几乎没有蒙古族居民，所以是被蒙古族称为蛮子的汉族地区。继承元朝的明朝本身具有蒙古的要素。洪武帝的独断专行政治大概就是其中的一个表现吧。然而，这是时代的潮流，蒙古要素在无意识中留存下来。洪武帝的本意是极力消除蒙古要素，所以取得政权以后迅速废除蒙古政权强制实行的蒙古族风俗习惯、政治机构、名称等，而南京正是适合贯彻这些措施的土地。

永乐帝迁都的北京先前一直是世界帝国元朝的首都，外国使节频繁往来，也有像马可·波罗这样长期居住的外国人。在蒙古族定都北京之前，北京还是女真族的金、契丹族的辽的政治中心，这些民族中还有不少人居住在这里。喇嘛教僧侣在蒙古族宫廷中相当得势，所以也有相当多的西藏人。因此，可以说北京是一座国际都市。这一点与南京大不一样。国都北京的特色反映出国家的特色。

不仅北京如此，永乐帝朱棣的性格比他的父亲洪武帝具有更加浓厚的国际性。他以北京为据点，长期与蒙古族作战，他的统治地区居住着诸多民族。从燕王时代开始，他的军队中就有一支蒙古军团。父亲小时候是一个极度贫穷的孤儿，而永乐帝懂事的时候，父亲已经是造反军队的领袖。父亲即位当皇帝是在永乐帝十岁的时候。

洪武帝称帝以后，大概心底依然残留着贫穷困苦的流浪儿时代所接受的东西。永乐帝没有这样的记忆，这是不足之处，虽然未曾经历生活上的艰辛困坷，但他具有宏大的气魄。洪武帝追求的是中华民族国家，而永乐帝胸中描绘的大概是一个世界帝国。

明之前的元拥有中国本土和蒙古地区，可以说是一个世界帝国型的政权。元之后的明，永乐帝大概无法容忍本朝的疆土小于前朝，至少要拥有与元朝同样大小的版图。如果定都北京，北方的国境就成为极其严峻的问题。如果国都在南京，离长城十分遥远，容易造成心理上紧张感的松弛。现在从北京到八达岭长城有一日游的观光路线。永乐帝迁都北京以后，经常进兵漠北，与北元（蒙古族的元王朝逃到北方后创建的政权）作战。这可以解释为国家生死攸关的生命线问题。在迁都北京之前，就曾经出兵漠北，但因为永乐帝居住在北京的时间要比在南京的时间长，他一定以北京为中心考虑国家政策。

北元蒙古政权当时分为鞑靼部和卫拉特部，互相争斗。鞑靼部曾发生内讧，但投靠于撒马尔罕帖木儿的本雅失里回到蒙古以后，统一了鞑靼部族。卫拉特部深感强大的鞑靼部的威胁，便向明朝朝贡，企图借助明朝的力量与鞑靼部对抗。北方的局势也十分复杂。

鞑靼部的本雅失里统一部族，又可以依仗西面的帖木儿的力量，所以目中无人，狂妄自大，还发生杀害明朝使者的事件。永乐七年（1409年），永乐帝任命丘福为大将军，派遣十几万远征军前往讨伐，却一败涂地，几乎全军覆没。本质上是军人的永乐帝于第二年亲自率大军进兵漠北。

皇帝亲征极为少见。汉武帝、唐玄宗经常发动对外战争，但都是派遣卫青、霍去病、高仙芝这样的将军率兵作战，自己则坐镇宫中。唐太宗曾亲征高句丽，但只到辽东，没有进入朝鲜半岛。然而，永乐帝亲自率军，在第一线指挥作战，在额诺河大破鞑靼部的军队，本雅失里狼狈逃窜，幸免被抓，但后来为卫拉特部所杀。

这次胜仗是在五月，永乐帝七月凯旋回京，十一月回到国都南京。这个时期他大概已把燕王时代就十分熟悉的北京视为事实上的国都吧。

永乐帝讨伐鞑靼部，使得卫拉特部渔翁得利。既然仇敌鞑靼部已经覆灭，自己也就没有必要继续讨好明朝了，于是以剿灭被明朝追逐的鞑靼部中的阿鲁台部族为借口，频繁侵犯明朝国境。永乐帝断然决定第二次亲征，调动五十万大军浩浩荡荡出发。永乐帝的皇长孙朱瞻基随驾出征。永乐帝对侍臣这样说道：

皇长孙聪明英睿，智勇过人，宜历行阵，俾知兵法，且可悉将士劳苦，知征伐不易。

这一年是永乐十二年（1414年）。后来成为宣宗宣德帝的皇长孙当时十六岁。这次远征明朝军队大获全胜，追击卫拉特部的马哈木直至图拉河。永乐帝本想继续穷追猛打，但皇长孙建议及时把握撤兵时机，遂采纳他的意见。难以想象历经百战的永乐帝在战争问题上会听从二十出头的皇长孙的意见，实际情况是明军损失惨重，无力继续追剿。令人感觉这是永乐帝为宣传皇长孙具有胜任皇帝的超凡天才而编造的故事。

卫拉特部通过这次战役深知明军的厉害，第二年派使者向明王朝谢罪。

但是，在卫拉特部受到明军打击后力量衰弱下去的时候，鞑靼部在首领阿鲁台的领导下迅速壮大起来，开始侵犯明朝国境。于是，永乐帝决定第三次亲征。

第三次亲征由于阿鲁台的逃遁而扑空。这一年是永乐二十年（1422年），已经迁都北京。

之后两年，永乐二十一年、二十二年，接连进行第四次、第五次亲征。明朝每次派遣远征军，阿鲁台就逃之夭夭，明军难以捕捉敌人。

连续三年亲征，都未能抓到阿鲁台，可以说无功而返。但是，漠北的蒙古各部族从中明确知道，只要侵犯国境，明朝必定要调集大军，皇帝亲率远征军进行讨伐。所以在永乐帝死后的相当长一段时间里，北方国境安定平稳。

永乐帝每次亲征的时候，都命皇太子为“监国”。监国的职责就是代替皇帝处理一切政务。永乐帝多次亲征给予皇太子熟悉政务的机会。

永乐帝五次亲征，的确大放异彩，所以这个时代的漠北战争在历史上似乎相当引人关注。永乐帝还向位于现在越南的安南出兵。

安南的陈氏王朝被胡氏篡夺，陈天平逃到明朝。永乐帝打算立陈天平为安南国王，但是他回到安南后，为胡氏所杀。

永乐四年（1406年），永乐帝任命朱能为征夷将军，率远征军前往安南。七月出发，十月朱能死于军中，由张辅接替指挥，在嘉林江大破安南军，擒获胡氏之王。明朝派遣布政使等官员前往安南，寻找陈氏后裔，未果，便将安南定为明朝的直辖地。

西洋取宝船

亲征漠北和远征安南典型生动地反映出永乐帝追求世界帝国的志向。之所以能够发动如此大规模的远征，得益于追求民族国家的洪武帝三十年间厉行节约、节省开支而奠定的充实强大的国家经济实力的基础。永乐帝的世界帝国政策只有依靠洪武帝的民族国家政策所积蓄的国力才有实行的可能。

追求世界帝国的永乐帝所实行的大事业中，郑和七次大规模的航海是不能忘记的伟业。不过，最后的第七次航海是在永乐帝死后、他的孙子宣德帝时代进行的。

明朝大舰队的总司令、指挥七次大规模航海的郑和是一个宦官。永乐帝违背祖训，重用宦官，但是把东厂交给宦官是他的失败，让郑和指挥航海是他的成功。

郑和于洪武四年（1371 年）生于云南昆阳，本姓马。父亲名叫马哈只，祖父也名叫马哈只。清末发现郑和父亲的坟墓，这是根据墓志得以确认的。父亲与祖父同名实为异常，但其实哈只并非普通的词语，而是阿拉伯语 Hadjdj 的汉字写法，是赐予到麦加朝圣者的一种称号。因此，可以知道郑和的家人应该是伊斯兰教徒。马这个姓也是取穆罕默德的第一个音，伊斯兰教徒多姓马。

原本姓马，后来姓郑，据说是永乐帝所赐。除马哈只的墓碑外，还发现郑和第十二代孙的夫人的墓碑。宦官有后代看来不可思议，但允许收养养子继承家业。郑和将胞兄马文铭之子收为养子。按照郑和第十二代孙的夫人的墓碑记载，郑和家族的远祖是元朝的咸阳王赛典赤赡思丁。《元史》中有此人的传记，他又名叫乌马儿，是别菴伯尔的后裔。这是 Peigambar（预言者）的汉字写法。在伊斯兰教中，预言者只能是穆罕默德。

如果相信墓志铭的话，郑和就是穆罕默德的后裔。但是，那个时代，中亚地区自称预言者后裔的人相当多。郑和的远祖被封为咸阳王，因为他在成吉思汗西征的时候，率领千骑驰骋沙场，立有战功。至于何时何地参加成吉思汗的西征，不得而知，但既然是西征，应该是在中亚的某个地方。世祖忽必烈的中统二年（1261 年），赛典赤赡思丁被任命为宰相职务的中书平章政事（从一品）；至元十一年（1274 年），以宰相身份调任云南长官；六年后，死于赴任之地，其子孙留在当地。

赛典赤是贵族的意思，赡思丁是本名，他有纳速剌丁、哈散、忽辛、苫速兀默里、马速忽五个儿子，似乎幼子马速忽才取汉族风格的姓氏。苫速兀默里的孙子马拜颜是郑和的曾祖父。

从上述的家谱可以知道，郑和是元代具有强大势力的色目人的后裔。这个家族留在云南，在当地大概被视为名门望族吧。赡思丁在云南修建孔庙，设立明伦堂，并且为了维持儒学教育的学校所需经费，还开设“学田”。伊斯兰教信仰的唯一的神是安拉，具有强烈的宗教排他性，所以不认为儒是宗教。前面说过，伊斯兰教徒中也有不少儒家学者。

郑和出身于热心教育的这样名门家庭中，应该从小就研读四书五经，作为伊斯兰教徒也学习《古兰经》。《古兰经》是需要翻译的圣典，当然使用阿拉伯语阅读。除了汉语和阿拉伯语外，这个家庭也许还使用波斯语。

郑和在这样的环境中长大成人。云南虽然没有大海，但具有浓厚的国际化色彩，父亲和祖父都是到阿拉伯的麦加参拜过的旅行家，年幼的郑和听他们讲述中亚的草原和阿拉伯的沙漠的故事。

出身于云南色目系名门的郑和为什么会成为宦官侍奉永乐帝呢？郑和

出生那一年是洪武帝朱元璋创立明王朝的第四年。不过，新王朝对云南的统治还是鞭长莫及。云南被收进明朝版图是在洪武十五年（1382年）。前一年的九月，征南将军傅友德以蓝玉和沐英为左右副将率兵远征云南。此前云南处在元朝的残余势力的统治之下。

郑和父亲马哈只的墓志铭记载，他死于洪武十五年，没有记述死因。但这一年明军消灭元朝的残余势力，平定云南。马哈只家族的远祖是咸阳王，不难想象与元朝的残余势力关系密切，因此可以推测他不是病死，而是死于战乱。

马哈只蒙受元朝的恩典，完全可以想象他抵抗过明军。在明军看来，马家一族就是反抗分子，郑和也就是元贼家族中的一员。当时郑和十二岁，既然是元贼之人，可能就把他去势了吧。

吴晗在《十六世纪前之中国与南洋》这篇文章中这样推测道：

明初诸将用兵边境，有阉割俘虏之习惯……郑和当即洪武十四年（1381年）定云南时所俘被阉之幼童。初侍燕王时其年当在十岁以内。

吴晗的上述推测大概接近事实。名门公子郑和为什么会去势？为什么会侍奉永乐帝？吴晗的推测具有说服力。

永乐帝虽然违背父亲的遗训重用宦官，但是具有识别人才的慧眼。他高度评价郑和的人品与才华，把他留在自己身边。郑和少年时期应该是侍奉在燕王朱棣身边。朱棣与他的侄子建文帝打仗的靖难之变四年间，郑和正是二十九岁至三十二岁时期，曾立过战功。但史书没有记载他立功的具体情况。

永乐帝作为靖难之变的胜利者即位称帝，郑和因其功被提拔为太监。太监后来成为称呼所有宦官的名称，其实原来是职务最高的宦官的称号。

永乐帝在考虑航海计划的时候，也许一开始就决定由郑和担任总指挥。

第一次航海于永乐三年（1405年）起航，巨船六十二艘，乘坐两万七千八百多官兵。据史料记载，南京的宝船厂建造的巨船长四十四丈（150米），宽十八丈（62米）。据专家计算，这样的巨船相当于现在的八千吨轮船。在郑和航海九十三年以后，巴斯科·达·伽马绕过好望角，留名青史，但是他的旗舰只有一百二十吨。相比之下，郑和舰队的船只是何等巨大可想而知。

因为简直是无法令人相信的巨船，所以长期以来《明史》所记载的上述数字被视为夸大其词。但1957年在南京郊外的宝船厂遗址出土巨大舵杆，足以证明《明史》记述的数字是真实的。

船队从苏州的刘家河出发。这个地方又名叫六国码头，大概很早以前就是对外贸易的港口。从长江进入大海南下，至福建的五虎门，再驶往占城（占婆）。从南宋至元代，泉州是福建对外贸易的中心，阿拉伯人后裔、巨商蒲寿庚就居住在泉州。

第一次航海的船队从占城经马六甲、锡兰，到达印度西海岸的卡利卡特（古里），于永乐五年（1407年）回国。回国当年，很快又奉命执行第二次航海任务。在船队第一次航海途中，国内就已经做好第二次航海的准备。仅仅建造六十多艘巨船就是极为艰巨浩大的工程。如此庞大的船队远航至印度洋，的确是非常不容易。永乐帝不等第一次远航归来，就迫不及待地在国内为第二次航海进行积极的准备。永乐帝为什么对航海具有如此执着的热情呢？

表面上说是郑和远赴各地宣颁明朝皇帝的诏书，要求对方臣服。追求世界帝国地位的永乐帝也许会有这样的想法，但即使是永乐帝，也没有将东南亚各国作为自己直辖地的打算。越南北部的交趾一带成为直辖地就已经是勉力为之。前面说过，只是因为明王朝作为后盾的陈氏王朝没有后裔，才派布政使直接管辖。

航海的目的其实是为了向外国宣示明朝的国威，让对方承认明朝的宗主国地位。所谓宗主国，明朝并不干涉别国的内政，只要它们对明朝皇帝称臣即可。明朝原则上只和结为名义上君臣关系的国家进行通商贸易。

日本室町幕府[1]的足利义满也签署“臣义满”的国书呈送给明朝，缔结为文件上的臣属关系。以这个国书为依据，遣明船[2]的贸易得以承认，而明朝从未干涉过日本的内政。

郑和每到一地，大概都向该国提出这个要求。大多数国家都为郑和所说服，像足利义满那样，提交签署有“臣某人”的国书。原先不愿意称臣的国家，恐怕被船队带来的陶瓷器以及绫罗绸缎所利诱，也就签名称臣。而且，他们都难以抵制将胡椒、龙涎香、珍珠、珊瑚、珠宝等卖给明朝船队获取巨额利润的巨大诱惑。

史料记载，郑和船队还购买狮子、长颈鹿、金钱豹、斑马、鸵鸟、大西马等珍禽异兽。大西马大概是阿拉伯的名马。

数量最多的是胡椒。马可·波罗在他的见闻录中谈到城市的繁华时，也以胡椒的使用量作为例子，可见当时胡椒的需求量是何等旺盛。当时的人们将郑和的船队称为“西洋取宝船”，名副其实地购进许许多多的奢侈品。

宣扬国威和开展贸易似乎是郑和船队航海的目的，但一直就有人认为，其真正目的是为了寻找建文帝的去向。前面说过，南京宫殿的火烧现场没有发现建文帝的遗体，因此怀疑他逃脱的可能性极大。

当时在东南亚已经居住有大量的华侨。逃到国外的建文帝受到当地华侨的拥戴，对永乐帝政权构成威胁，这并非耸人听闻的天方夜谭。在国内通过不断加强秘密警察的力量寻找建文帝的行踪成为最重要的任务，布下天罗地网，明察暗访，如此密不透风，建文帝唯一的退路就是逃往国外。郑和船队的随行人员多达两万七千多人，这也是为了与拥护建文帝的势力进行作战而准备的兵力，这样的说法恐怕也不是毫无道理。篡位者永乐帝对可能还活在世上的建文帝总是提心吊胆。

---

① 室町幕府：1336年，足利尊氏制定《建武式目》，在京都开创武家政权，基本继承镰仓幕府的制度和机构。南北朝合并后，成为全国性的统一政权。但应仁之乱后，进入战国时代，幕府势力衰弱。天正元年（1573年），第十五代将军足利义昭被织田信长驱逐出京都，幕府灭亡。——译注

② 遣明船：“遣明使”一词在日语里有其特定的内涵，是指日本室町幕府向中国明朝政府派遣的朝贡使节。遣明使搭乘的船只称为“遣明船”。——译注

宣扬国威、开展贸易、搜寻建文帝——郑和船队大概负有这三大目的。

明朝在建国初期对外采取海禁政策。我在后面将会讲述，当时日本海盗——倭寇日渐活跃，洪武帝的海禁大概是防止国人与倭寇勾结进行反政府活动的对策。另外，追求建立民族国家的洪武帝为了巩固内政，也想尽量避免与外国的烦琐接触。

到与洪武帝的思想大不相同的永乐帝时代，海禁政策虽然并未解除，但目的不同。所谓海禁，就是禁止个人出国和对外贸易，是一种锁国政策。洪武帝试图依靠这个政策，实现稳定国内、复兴中华的事业。永乐帝沿袭海禁政策，则是为了国家垄断对外贸易。郑和船队之庞大超乎人们的想象，正是为了从事垄断贸易。海禁政策不允许个体贸易商的存在，虽然肯定有人不顾王法私自与外国人做生意，但这种走私的交易量不会太大，对外贸易的利益还是国家独吞。

可以说，郑和的船队是巡回贸易团，但是要想与之开展贸易，前提条件是奉明朝为正朔，必须使用明的元号，成为明的臣子。明朝则授予写有“封尔为某国之王”的国书作为证据。丰臣秀吉[①]出兵朝鲜媾和的时候，明朝使节就带来封秀吉为日本国王的国书。据《日本外史》记载，秀吉怒而撕之掷于地。这个外交场面被绘声绘色地描写，十分著名。然而，这份国书至今犹存，根本就没有被撕破的痕迹，所以显然是赖山阳信手编纂。只是当时明朝认为，日本之所以在朝鲜胡作非为，其本意是希望与明朝开展贸易。既然如此，就授予日本一份册封的国书，这样就具有贸易的资格。由此可知，明朝具有一种贸易是对臣属国的恩惠的思想。

郑和在七次航海中，有几次动用过武力。其中第二次航海时与锡兰国王的作战可以说是唯一的真正意义上的战争。据说战争的起因是因为当时锡兰国王拒绝接受明朝的册封。郑和使用偷袭的手段攻进王宫，抓捕国王。锡兰虽然是小国，但举国与郑和的船队作战，只有这一次。另外，在第一

---

① 丰臣秀吉（1536—1598 年）：日本安土桃山时代的武将。初为织田信长部将，镇守筑前城。本能寺之变后，击败明智光秀，并征伐四国、九州、关东等，1590 年一统天下。1585 年任关白，翌年任太政大臣。后将关白让给其养子秀次，自称太阁。实行检地、兵农分离等政策，奠定了幕藩体制的基础。两次入侵朝鲜，均失败。病故于伏见城。——译注

次航海的时候，发生过两次争端：旧港（巨港）的陈祖义事件和爪哇的内乱事件。

旧港已经居住着大量的华侨。要搜寻建文帝，这样的地方绝对必须严密盘查，不过似乎没有发现建文帝的踪迹。旧港的华侨分为两派，其中以陈祖义为首的一派所作所为像是海盗，欺凌戕害百姓。郑和剿灭陈祖义团伙五千人，俘获其首领。

爪哇的内乱事件其实是郑和的部下被卷进当地的东王与西王的武斗中去。郑和的部下在东王那里的时候，恰好遇到西王攻打进来，结果西王获胜。但是殃及无辜，郑和的部下有人被杀。郑和就此事提出严重抗议，西王派人前来谢罪，承诺支付赔偿金黄金六万两，问题得以解决。

第三次航海时抓俘的锡兰国王被送回南京，不久释放。但第一次航海时抓获的陈祖义在南京被斩。另外，爪哇西王承诺的六万两赔偿金，后来减少到一万两。该处罚者严惩不贷，该宽恕者手下留情，即使对赔偿金，也留有政治谈判的余地。尽管这是明王朝的决定，但郑和的意见大概起到决定性的作用。

从第一次到第三次航海，都是回国的当年又立即出航。

第一次是永乐三年（1405年）出发，五年回国。

第二次是永乐五年（1407年）出发，七年回国。

第三次是永乐七年（1409年）出发，九年回国。

这三次的航海可谓马不停蹄。但是，第四次航海是在第三次回国两年以后的永乐十一年（1413年）出发。

前三次航海的路线都是相同的，印度西海岸的古里港是终点，然后返回。由于是同一条航线的往返，准备并没有太大的困难。

第四次的航线从古里继续往西，准备抵达波斯湾的忽鲁谟斯。另外，郑和在苏门答腊派出分船队经由溜山（马尔代夫）群岛抵达非洲东海岸，然后继续北上，停靠阿拉伯半岛的阿丹（亚丁）以及其他各地的港口。这是一次史无前例的大规模航海，需要充分的准备时间。郑和率领的主船队在抵达忽鲁谟斯后于永乐十三年回国，而分船队在第二年回国。

第五次航海于永乐十五年（1417 年）出发，永乐十七年回国，但抵达东非的分船队比郑和晚一年回国。

第六次航海于永乐十九年（1421 年）出发，郑和于第二年回国，分船队还是晚一年回国。此时已经迁都北京。

第七次航海是郑和回国九年以后才实行。之所以间隔这么长时间，主要是因为这期间朝廷接连发生郑和第六次航海回国两年后永乐帝死去、即位的洪熙帝很快死去、宣德帝即位等重大变故。宣德六年（1431 年）第七次航海出发的时候，郑和已经六十一岁。无论对郑和来说，还是对明朝来说，这都是最后一次大规模的航海活动。郑和于两年后的宣德八年（1433 年）回国，不久死去。准确的殁年不得而知，推测大概是第七次航海回国后的第二年。

1911 年，在锡兰岛的牙里发现一块沟盖的石块原来是石碑，后来收藏于哥伦布博物馆。这块石碑上刻着汉文、泰米尔文、波斯文三种文字。由于磨损严重，只有汉文部分勉强能够辨认。上面刻有永乐七年（1409 年）二月的纪年，所以断定是郑和第二次航海时竖立的石碑。碑文的内容是为感谢航海平安、祈祷未来安全而在佛寺进行供养，同时还有上供物品的名称。

泰米尔文和波斯文的碑文无法辨认，但大家都认为大概是汉文内容的翻译。然而，随着科学技术的进步，磨损的部分最近也能辨认出来，结果发现这两种文字的碑文内容与汉文的不一样。泰米尔文的碑文说中国的天子为赞颂湿婆神而命立碑，而波斯文的碑文说是为安拉神和伊斯兰教的圣者立碑。

一块石碑，用三种文字镌刻着三种不同内容的碑文，这意味着什么呢？从宗教的角度来看，这块石碑是分别为佛教、印度教、伊斯兰教而竖立的。从中可以看出对宗教宽容的态度。不知道立碑是永乐帝的命令还是郑和的决定。然而，七次大规模的航海能够没有发生很大的争端、平安顺利完成任务，这与总指挥郑和的人品高尚、心胸开阔密不可分。到一个风俗习惯截然不同的地方，总会发生这样那样的问题，但郑和都能妥善处理，圆满解决。正因为他善于应对各种复杂情况，才能够连续航海。如果在一个地方引起重大的纠纷，第二次就无法停靠那个港口，七次航海也就无从谈起。

郑和的家人是伊斯兰教徒，但是据史料记载，他侍奉燕王朱棣的时候，曾由高僧道衍授予菩萨戒。如果这是事实的话，他就既是伊斯兰教徒也是佛教徒。这种情况，尤其是伊斯兰教决不允许。郑和原本是云南战争的战利品，奴隶不能违背主子的命令，即使是被迫成为双重教徒，他对宗教也几乎没有任何偏见，那么对附属于宗教的风俗习惯可以说也是同样的包容。作为巡回世界各国的船队的总司令，应该没有比郑和更合适的人选。

东南亚各地流传着三保太监的故事，还建有庙宇。三保似乎是郑和的小名。郑和被当作神供奉，是神一样的人，自然就产生各种各样的传说，不过这也说明他具有丰富的人格魅力。他一定重信义，守诺言。如果言而无信，反复无常，必定被人拒之门外，不可能完成七次航海大任。他每次进港，都受到当地官民的热烈欢迎，大概在贸易方面也是让对方有利可图。因为郑和从事的是国家贸易，而且肩负着宣扬国威的重要使命，所以在一定程度上可以不计成本。

永乐年间，外国首脑经常入朝。《明史·外国传》记载，永乐三年（1405年），浡泥（文莱）国王麻那惹加那率妃及弟妹、子女来朝。从此以后，许多外国首脑前来明朝。例如满剌加（马六甲）国王拜里迷苏剌等率妻子、陪臣五百多人于永乐九年（1411年）入朝。清人赵翼如此评价：

盖皆海外小国贪利而来。是时内监郑和奉命出海，访建文踪迹，以重利诱诸番，故相率而来。宣德以后，遂无复至者。当时称三保太监下西洋，为永乐朝盛事云。

郑和在航海过程中，大概一路上让外国获取巨额利润，并且告诉他们，如果去明国，将会得到更大的好处，因此，那些小国首脑纷至沓来，络绎不绝。如果认为万国贡使入朝是圣明天下的标志，那么首脑入朝就成为最大限度地弘扬明朝国威的证明。郑和的船队还从印度、非洲运回来珍禽异兽，肯定是基于圣天子治世会出现珍禽异兽的瑞兆这样的传统思想。

但是，从上述赵翼的评论来看，对郑和的航海未必完全持肯定的态度。他自己没有明确说这是永乐朝的盛事，而是使用他人如是说的手法，字里行间流露出对以寻找建文帝行踪、宣扬国威为由造成巨大浪费的行为怀有批评的心情。

明朝的建国方针是农本主义。从洪武帝是贫农孤儿出身这一点来看，也完全可以理解。重视农本，反过来也可以说是轻视商人和商业。例如洪武帝就对商人采取歧视政策，农民可以穿丝绸的衣服，但不允许商人穿。

农本主义是通往洪武帝所追求的民族国家理想的一条道路。农民固定在土地上，世代相传，耕地种田，形成村落共同体，依照儒家伦理规范言行，这才是为人之道。孔子教导说“父母在，不远游”，所以移居他乡、出国谋生都是与理想背道而驰的行径。

尽管商品贸易由国家垄断，但毕竟是商业活动，在农本主义的思想看来，属于歪门邪道。出国则是背离儒家孝道的行为。可以说，永乐帝策划的航海之壮举是对洪武帝建国精神的蔑视。

永乐帝死后，对政策进行调整，后来明王朝一直在民族国家与世界帝国之间摇摆不定。但是从二百多年整个明王朝的历史来看，再没有出现过太祖洪武帝那样强烈的民族国家和成祖永乐帝那样辉煌的世界帝国的时期。

我在上面将郑和的庞大船队与巴斯科·达·伽马的弱小船队进行比较，我们不应该忘记，郑和的西洋取宝船大规模的航海活动开创了以欧洲人为主角的航海时代的先河。

不言而喻，郑和向皇帝提交了十分详细的航海报告，如果这些报告保存下来的话，无疑是研究 19 世纪的东南亚、印度、阿拉伯半岛、非洲等地的珍贵资料。然而遗憾的是，这些报告由于人为原因全部被销毁。

成化年间（1465—1487 年），出现再次派遣西洋取宝船的动向。三保太监郑和成为国家英雄，头顶上无数耀眼夺目的光环，一生荣耀。宫廷的宦官们把郑和视为光彩璀璨的明星，想成为第二个郑和的宦官们雄心勃勃地提出大航海计划。

成化帝也是好大喜功，对海外的珍奇异宝兴趣甚浓。宦官们迎合他的嗜好，制订出再次进行大规模航海的计划。

然而，大臣们对这个计划似乎感觉到一种危机。如果重新建造巨轮，征募数万船员，开展有利于外国的贸易，恐怕国家财政难以承负，濒临危机。宫廷的士大夫们大抵都是民族国家派，正如上面的赵翼引文所云，他们对永乐帝的“壮举”不仅没有给予很高的评价，甚至不少人还有否定的倾向。

郑和的报告文件由兵部保管。如果成化帝打算重新开始航海，必然要参考这极为庞大的资料。此时离郑和航海时期已有四十年，可以说几乎不可能继续使用过去的老船员，所以只能依靠书面材料。

航海反对派必定认为：只要没有这些材料，航海计划就无从谈起，一切都会付诸东流。于是，一个在兵部工作，后来成为兵部尚书的名叫刘大夏的人为了阻止航海计划的实施，把郑和的汇报材料全部销毁。因此，有关郑和的航海情况后人知之甚少。

关于永乐帝航海的目的，还有其他几种说法，但感觉都缺少说服力。我在这里介绍其中的两种说法，以批判的形式作为对当时情况的补充说明。

第一种说法：明王朝成立的时候，坚持彻底抵抗的苏州张士诚政权拥有强大的水军，永乐帝的航海是为了将张士诚的力量引向外洋。这种想法与认为元朝对日本的第二次远征的目的是转移南宋的残余势力的观点很相似。元朝对日本的第二次远征是在南宋灭亡后不久，产生这样的想法情有可原。然而，郑和的第一次航海是永乐三年出发，离苏州的张士诚自杀、政权溃灭的至正二十七年（1367 年）已经过去三十八年。张士诚水军时代的二十二岁年轻士兵此时已是花甲之年。可以说，永乐帝对张士诚的水军残余势力几乎毫无惧怕的必要。

也许也会有一点将放置在国内有可能变成反对势力的某种能量释放到安全地方的想法，但这不是主要目的。永乐初年的时候，张士诚的亡灵已经失去了令人害怕的威力。

第二种说法：中亚的霸主帖木儿一心要成为第二个成吉思汗，已经制订东征计划，永乐帝的航海是为了与帖木儿背后的各国结盟。

帖木儿的确是明朝的危险敌人，他也确实在认真准备东征，但是帖木儿已经年迈，于1405年二月死去。帖木儿死后，在继承者问题上发生纷争，没有精力发动东征战争。不仅不想东征，甚至希望和明朝保持友好关系。帖木儿之死与郑和出发第一次航海在同一年。

虽然帖木儿的威胁已经消除，但中亚草原上说不定什么时候又会出现一股堪比成吉思汗那样的势力，未雨绸缪，永乐帝大概也会考虑与蒙古背后的各国结盟。但与西方各国结盟并非迫在眉睫的紧急课题，所以还是以航海作为主要目标。

洪武帝时代，国内局势稳定，生产力得到恢复，陶瓷器、丝织品的产量突飞猛进，不仅能满足内需，还有剩余。不言而喻，生产力的迅猛发展奠定了大航海的经济基础。

中国的大航海时代基本上结束于永乐时期。但是宣德六年（1431年）郑和进行第七次航海，所以也许应该说，中国的大航海时代始于郑和，终于郑和。

建国三十年的积累化为永乐时期对外昭显国威的能量，永乐帝的五次亲征漠北、郑和的七次大航海就是其象征。永乐帝之后的时代，可以说进入反省期、收缩期。如波涛的起伏跌宕，虽然后来也有过要将能量对外释放的时期，但再也没有掀起永乐时代那样的惊涛骇浪。天顺帝、成化帝的时候，有人建议重新航海，最后还是胎死腹中。此后，明朝走向衰弱，已经没有可以再次揭开大航海时代序幕的凌云壮志。

郑和的大航海时代后继无人。他死后半个世纪，欧洲进入大航海时代，中国未能参与其中。世界史在讲述大航海时代的时候，往往排除郑和这个先行者。

哥伦布在大西洋上一直往西行驶。那一次著名的航海比郑和的最后一次航海大约晚六十年。哥伦布的船队只有三艘船，总人数八十八人，据说他乘坐的“圣母马利亚”号才二百五十吨。从宝船厂出土的文物可以证明《明史·郑和传》所记载的郑和船队的威武雄壮的英姿几乎没有夸大其词。郑和航海的正式记录资料已经灰飞烟灭，但关于最后第七次航海的情况，还保留着相当详细的民间记录。这就是苏州文人祝允明（1460—1526 年）采访耆宿撰写的《前闻记》。

浩浩荡荡驶往印度洋、阿拉伯海的八千吨级巨型船队就这样消失得无影无踪。在郑和退出历史舞台以后，欧洲和伊斯兰的商船开始活跃，填补了这个时代的空白。由于郑和的船队过于庞大，相比之下，后来的冒险家们的船只显得多么渺小可怜。

郑和的大航海时代之所以后继无人，主要还是明这个国家的活力问题。不过，日本海盗——倭寇的活动也是一个不可忽视的原因，值得关注，我将在后面阐述。

帖木儿的西域

一代更比一代强——这是所有后继者的愿望，也可以说是后继者的宿命。无论是学术领域、艺术领域，还是企业领域、商业领域，都是如此。前一代人业绩越大，后一代人压力越重。

永乐帝数次亲征漠北，他应该是胸怀大志——至少要恢复元朝那样辽阔的疆土。其实，说起来，元王朝不过是成吉思汗遗产的一部分。

明王朝具有双重性格，它既是元王朝的继承者，同时也是中华帝国的复兴者。在先前的中华帝国中，疆土最辽阔的当数唐朝的鼎盛期，超过元王朝的版图。唐代的安西都护府所管辖的西域在元代则成为友好国家察合台汗国。明王朝作为中华帝国的复兴者，所追求的目标自然是鼎盛时期的唐王朝。然而，明代始终没有实现这个夙愿，具有讽刺意义的是，这个宏愿在非汉族的清王朝得以实现。

成吉思汗的次子察合台所得到的是耶律大石创建的称为西辽的哈喇契丹国，从现在的中国新疆到苏联中亚地区[①]的辽阔疆土。成吉思汗的嫡系忽必烈创建的元朝被朱元璋从汉地赶到漠北。元帝国如此衰弱的原因并非仅仅因为朱元璋，更在于以榨取为基本国策的政治方针和激烈的内讧。

现在我们把目光转向西面，看看元的友邻察合台汗国究竟发生了什么。

---

① 苏联中亚地区：今为哈萨克斯坦、乌兹别克斯坦、吉尔吉斯斯坦、土库曼斯坦、塔吉克斯坦中亚五国。——译注

这个国家也发生内讧，在元被赶出汉地之前，它就已经分裂为东西两部分。

不言而喻，察合台汗国的上层基本上过着游牧生活。察合台汗从古以来将游牧视为最值得尊重的生活方式，游牧民瞧不起汉人面朝黄土背朝天那样的农耕生活。但是，在游牧民创建国家，并扩大领土以后，就统治着具有各种不同生活模式的民族，很快发现必须采用汉人的生活方式。例如先前一旦遇到天灾或者瘟疫，牲畜大量死亡，游牧民立即陷入断食挨饿的境地。为了活下去，他们只好抢劫掠夺。如今农民置于自己的统治之下，他们对可以食用的谷物逐渐开始认识，懂得这些谷物可以储藏，以防饥荒，免于饿死。他们尽管心里还是蔑视农业，却也认识到农耕的必要性。

察合台汗国所统治的不仅有农耕民族，还有商业民族。现在的苏联乌兹别克共和国[①]境内的阿姆河与锡尔河之间的地带古称索格达那（粟特），是著名的商业民族的居住地。丝绸之路时代，主要是索格达那的商人从事商业贸易。

游牧民成为统治者以后，生活自然变得奢侈起来，各种各样的奢侈品从全国各地运送过来，面对先前见所未见、闻所未闻的许多新鲜东西，他们开始学会享受，而且越来越离不开。商业民族运送物资，需要经常移动，生活方式与游牧民族截然不同。商队奔走于各地，但以索格达那为根据地，最后回到这里，所以可以说在这里定居。

从察合台汗国的定居情况来看，出现西高东低的现象。领土的西部自古就是多为游牧生活，东部具有浓厚的农业、商业因素。察合台汗国的东西部一分为二，虽然表面上是权力之争，更深层次的原因是生活方式的差异不断扩大的缘故。东部人自称Mughal（蒙古），对西部人蔑称Quraunas（杂种）；而西部人自称Chaghatay（察合台），对东部人蔑称Jatah（强盗），这样互相蔑视对方的民族，要实现统一极为困难。

造成东西分裂的还有宗教的原因。西部盛行伊斯兰教。察合台汗国的答儿麻失里汗皈依伊斯兰教，改名为伊斯兰风格的阿拉·乌丁。此人1326年即位，但因为采取对伊斯兰一边倒的政策，眼睛只盯着西部，从

① 苏联乌兹别克共和国：今乌兹别克斯坦共和国。——译注

而引起东部人的不满。可以说，正是由于答儿麻失里的这个政策导致国家的分裂。东部人既然得不到君主的关怀，那就自己拥立一个大汗。

察合台汗国就这样一分为二，但无论哪一边的汗，都逐渐失去权威，实权被贵族所掌握。在这种下克上的风潮中，产生一个新的英雄，将分裂的东西察合台汗国再次统一起来。然而，重新统一起来以后，就不再是察合台汗国，而是以创建者的名字命名的、称为帖木儿王朝的新政权。

帖木儿生于1336年，这一年是元顺帝至元二年。帖木儿比明洪武帝朱元璋小八岁。朱元璋是极度贫穷的孤儿，帖木儿的出身有贵族家庭和一般牧民两种说法。即使是贵族家庭，实际上也是只有几个家臣的贫困贵族，原本就不是势力强大的家族。后来他成为大帝国的君主，史官为他写史，也不过如此，所以感觉应该是生于一文不名的牧民家庭。

1360年，在帖木儿二十五岁的时候，东部势力实现东西统一。当时被势力强大的贵族操纵的汗很多，东察合台汗国出现一个名叫秃黑鲁·帖木儿的杰出人物。

“帖木儿”是“铁”的意思，用于人名极多，元朝历史上就有几个名叫帖木儿的重要人物。创建王朝的帖木儿与这个秃黑鲁·帖木儿不是一个人，但他们渊源关系很深。

秃黑鲁·帖木儿为实现东西统一发动西征，二十五岁的帖木儿迅速归顺。早归顺者会得到奖赏。帖木儿在故乡撒马尔罕附近也分得一小块土地。

秃黑鲁·帖木儿任命自己的儿子也里牙思·火者为该地的总督。然而，归顺的帖木儿对这个也里牙思·火者举兵造反。前面说过，察合台汗国的东西部人秉性大不一样，互相蔑视仇恨，西部人对东部的君主及其军队十分反感。帖木儿的反叛得到西部察合台人的支持。

激烈的战斗持续不断。与帖木儿并肩战斗的是巴尔赫（阿富汗北部）的阿米尔·侯赛因。尽管帖木儿得到这样的战友，但战局未必一帆风顺，甚至十分不利，连吃败仗，曾被土库曼族俘虏过，脚部也受重伤，为此他终生跛足。他将波斯语中的跛足lang用于自己的名字，人称“帖木儿兰”，欧洲人则讹称为Tamerlane。

打败也里牙思·火者的其实并非帖木儿，而是撒马尔罕的民众暴动的力量。西部人把东部人叫作“强盗”，可见东部的总督和军队极其横行霸道，残酷剥削，东部人对此不满日深。在游牧民看来，剥削掠夺并非恶德，而是强者的权利。强悍为善，懦弱为恶。按照这个逻辑，被剥削、被掠夺者才是恶徒。在定居者看来，也里牙思·火者的统治是恶政。但游牧民并不这么认为，他们不仅毫无反省之意，对定居者的恶政有增无减，变本加厉。于是，民众终于忍无可忍，揭竿而起，一举击败也里牙思·火者的军队。

起来造反的是一般民众，不是“职业造反家”帖木儿及其盟友侯赛因。然而，民众是造反的外行，帖木儿是内行。所谓内行，就是把外行的东西变成自己的东西。他们陷害暗算民众造反的领导人，把胜利果实攫为己有。

接下来便是这两个昔日的盟友反目为仇，兵戈相见，最终是帖木儿获胜。1370年，侯赛因被俘斩首，帖木儿在撒马尔罕建立起自己的霸权，此时元王朝已经被赶出汉地。这一年是明洪武三年，朱元璋在东方创建新帝国的时候，帖木儿开始在西方创建自己的王朝。

帖木儿与侯赛因的战争持续五年，帖木儿获胜，此后到他死去的三十五年间几乎没有战争。波斯历史学家歇里甫爱丁撰写帖木儿的传记，其书名就是“胜利之书”。一个胜利接着一个胜利，既有泰山压顶般的大获全胜，也有艰苦决绝苦战的险胜，总之，帖木儿是一个百战百胜的人物。

虽然头上有着无数胜利光环的笼罩，但帖木儿还是采取与中国的篡权者同样的模式，没有自称可汗。三国时代的曹操，终生都没有即位当皇帝，到最后还是魏王，东汉的献帝已经毫无权力，但曹操还是承认他的帝王权威。内心怎么想另当别论，至少在表面上不得不尊他为帝。“汉”王朝的血统具有如此巨大的重量。从某种意义上说，成吉思汗的血统在西域也许具有更强大的力量，非成吉思汗血统者不能即可汗位的规矩依然具有不可动摇的约束力。

帖木儿的做法是让一个具有成吉思汗血统的、名叫锁咬儿哈的迷失的人，即可汗位，当然这不过是一个傀儡。帖木儿时而自称意为回教君主的“苏丹”，时而自称意为贵族的“阿米尔”，或者自称意为可汗女婿的“古烈干”。这最后的称号是因为娶侯赛因的遗孀、合赞汗的女儿汉努姆为妻。

打败昔日的盟友侯赛因后，帖木儿占据花剌子模，进兵东察合台。

如今的帖木儿已经不再满足仅仅统一东西分裂的察合台汗国。他的胸中大概沸腾着前面所说的一代更比一代强的雄心壮志，在察合台汗国的上面浮现出征服世界的成吉思汗的大帝国的模样。帖木儿显然想成为第二个成吉思汗。

在帖木儿的“国家”背后存在着成吉思汗的长子术赤的后裔统治的钦察汗国，为了防止对方从背后偷袭过来，帖木儿考虑对钦察汗国或者征服或者在该国建立一个对自己友好的政权。忙于四面八方远征的帖木儿选择第二种方法。

钦察汗国统治着南俄罗斯的钦察草原一带辽阔的地域，术赤的次子拔都称为金帐汗国，被尊为钦察汗国的宗家。拔都的哥哥鄂尔达开设白帐汗国，弟弟昔班开设青帐汗国。至拔都的第九代乌兹别克汗时代，皈依伊斯兰教，与汉地的元朝、伊朗的伊儿汗国保持友好关系，国家越发繁荣昌盛。但是，下克上的潮流也涌进钦察汗国，家族中一个名叫马迈的人掌握实权。

马迈在二十年里更换十四个汗，不能不说是一个超级“拥王者”。连宗家的金帐汗国都是这个状态，其他汗更是感觉危险重重，而且，一直恭敬顺从的俄罗斯诸侯也停止了朝贡。这时，白帐汗国，即鄂尔达的末裔名叫脱脱迷失的青年来向帖木儿求援。脱脱迷失的父亲被同族的兀鲁思杀死，他认为要恢复在白帐汗国的地位，获得帖木儿的援助是最好的方法。

帖木儿打算利用脱脱迷失保障后方的安全，脱脱迷失果然没有辜负帖木儿的厚望，得到撒马尔罕的援助，首先控制白帐汗国，并击败在宗家金帐汗国专横霸道的马迈，从而再次统一了分裂的钦察汗国。

脱脱迷失统一钦察汗国是在明洪武十三年（1380 年）。脱脱迷失要求在马迈擅权专制时期停止朝贡的俄罗斯诸侯恢复朝贡。年轻的脱脱迷失为恢复钦察汗国的权威，对俄罗斯提出如此强硬的要求，这也是确立自己的可汗地位所必要的。

俄罗斯诸侯拒绝脱脱迷失的要求，让他感觉也太小瞧自己了吧。血气方刚的脱脱迷失立即向俄罗斯出兵，于 1382 年攻占莫斯科。此后，俄罗斯就置于蒙古的直接统治之下，长达一个世纪，所以，俄罗斯具有浓郁的蒙古风格，也许至今还有残余的投影。

能够征服俄罗斯的脱脱迷失已经不再需要帖木儿的支援，帖木儿也消除了后顾之忧，尽可放开手脚向各国大举出兵，远征到已经丧失可汗权威的伊儿汗国的伊朗。伊朗也是成吉思汗的遗产。帖木儿既然立志要成为成吉思汗第二，远征伊朗是顺理成章之事。帖木儿的疆土迅速扩大，另一方面，远征俄罗斯大获成功而充满自信的脱脱迷失开始觊觎帖木儿的帝国。

又出现一个想成为成吉思汗第二的人。脱脱迷失趁帖木儿西征之机，频繁侵犯其领土。这是忘恩负义的行为。然而，按照游牧民的价值观，力量比恩情更重要。在蒙古世界被神化的成吉思汗也有过忘恩负义的行为，但这丝毫没有损害他无比灿烂的光辉。

帖木儿与脱脱迷失的腥风血雨的苦战持续好几年，还是帖木儿的战争经验丰富，脱脱迷失溃败逃亡，派使者向埃及的马穆鲁克求援，建议共同夹击帖木儿。对于埃及来说，帖木儿是巨大的威胁。

双雄决战于 1395 年（明洪武二十八年）在捷列克河谷展开，帖木儿大获全胜。帖木儿在经过周密细致的调查研究的基础上，毅然果断，足智多谋，出奇制胜。

捷列克河在里海以西，双方对这个地区都了如指掌。帖木儿的军队已经占领南岸，过河的浅滩只有一处。脱脱迷失在北岸筑起坚固的堡垒。帖木儿没有在浅滩渡河，而是沿岸移动部队，脱脱迷失在北岸按照对方的路线也同样移动，两军始终保持对峙状态。当时的远征军里有不少女子，一天夜里，帖木儿命令女子都穿上铠甲，戴上头盔，女扮男装，迷惑敌军，而主力部队悄悄返回渡河地点，一鼓作气，迅猛过河。兵不厌诈，脱脱迷失被帖木儿的假象所蒙蔽，结果被打得落花流水。脱脱迷失落荒而逃，亡命立陶宛。这个曾经率兵攻陷莫斯科的脱脱迷失此后未能东山再起，恢复向帖木儿挑战的力量。

在明洪武帝死去的1398年，帖木儿于这一年的三月率九万大军远征印度。印度也是被成吉思汗征服过的土地。帖木儿的出征仿佛是要步他的足迹。

当时北印度发生政治动乱，帖木儿是趁机而入，不过他没有直接统治印度的打算。德里拥有极为丰富的金银财宝，还储藏有游牧民视为珍宝的大量香料，帖木儿出兵的目的在于掠夺这些财富。

为达到目的，帖木儿不择手段，对印度实行恐怖政策，既然没有打算长期统治，也就没有必要获得民心。明君菲罗兹·沙统治北印度的图格鲁克王朝三十八年于八十多岁高龄死去以后，王朝政治出现混乱局面，但政权并未崩溃瓦解，军队依然健在。帖木儿将一路上抓获的印度俘虏五万人（一说十万）在德里城下全部杀死，试图以此摧毁德里守军的斗志。然而，守军没有投降。图格鲁克王朝是由移居印度的土耳其将军创立的政权，军队也很勇猛强悍，但终究不是历经百战、足智多谋的帖木儿的对手。

帖木儿军队进入德里，烧杀抢掠，无恶不作，无所不用其极。富丽堂皇的菲罗兹巴德宫殿顷刻之间化为废墟。不计其数的金银财宝、各种物资悉数掠夺。帖木儿为了把撒马尔罕建设成世界上最美丽的城市，将德里的石匠等许多优秀的建筑工匠带回去。嗜血成性的帖木儿军队沿途疯狂残暴，班师回朝。

撒马尔罕是地上的天堂。西班牙骑士克拉维约作为使节曾访问过撒马尔罕，也受到帖木儿的会见，他留下一部记述当时的撒马尔罕的见闻记。书中描写的撒马尔罕极其壮丽华美，尤其是西班牙风格的建筑物金碧辉煌，美轮美奂。庭园也是巧夺天工，美不胜收。

宫殿里，文人们使用西亚的语言波斯语吟咏优美的诗歌，最优秀的音乐家为贵族演奏悦耳的乐曲。杰出的画家、书法家都集中在撒马尔罕。波斯文字尽管不如汉字那样富有艺术性，但也有专业书法家。制作工艺的能工巧匠，顶级大师为朝廷服务，其他则侍奉贵族、富豪，孜孜不倦地制作精美的工艺品。

然而，帖木儿并没有在自己建造的这座人间天堂里尽情享乐，他的一生是一个接一个的远征，在撒马尔罕休息的时间少得可怜。继远征伊朗、印度之后，又开始远征叙利亚。

帖木儿是一个惨无人道的杀戮者、掠夺者，同时也是一个虔诚的伊斯兰教徒。史学家对成吉思汗与帖木儿的异同点进行过比较，毫不留情的杀戮与掠夺的征服者，这一点两人十分相似；不同点在于帖木儿的目标是要建立伊斯兰帝国。成吉思汗对宗教采取宽容的政策，但根本没有考虑要建立一个宗教国家。他对各种宗教的宽容正是拒绝宗教参与政治的态度。

成吉思汗没有表现出帖木儿那样把撒马尔罕装饰得辉煌壮丽的巨大热情，他始终是一个游牧民的首脑。帖木儿则是出生于分裂为东西钦察汗国中的多为定居者的西部，而不是基本是游牧生活的东部。定居者自然对自己的住所极为关心，努力使自己的生活环境更加舒适。帖木儿对撒马尔罕的建设所倾注的热情和精力是成吉思汗建设喀喇和林所没有的。

追求成为第二个成吉思汗的目标的帖木儿留下一个未竟的大业—— 远征中国。对于帖木儿来说，远征中国意味着重走成吉思汗的道路。没有远征中国，帖木儿就无法与成吉思汗相提并论，所以这才是他真正至关紧要的事业。帖木儿很早就思考远征中国，在他为成为西域霸主而作战期间，汉地的异教徒偏偏把成吉思汗的后裔元王朝驱赶到沙漠尽头。

中国不仅是异教徒统治，而且还犯下颠覆蒙古政权的罪行，所以必须对中国兴兵问罪。远征中国是帖木儿一生的最大梦想。

《明史·太祖本纪》的洪武二十七年（1394 年）事项中这样记述：

是年，乌斯藏、琉球、缅、朵甘、爪哇、撒马儿罕、朝鲜入贡。安南来贡，却之。

这一年，帖木儿派使节到南京。也是在这一年，他从撒马尔罕发兵与脱脱迷失作战，第二年在捷列克河谷获胜。据《明史·西域传》记载，帖木儿向明朝献上良马二百匹，呈上毕恭毕敬的表。表的开头这样说道：

恭惟大明大皇帝受天明命，统一四海，仁德洪布，恩养庶类，万国欣仰。

表的结尾是这样的：

臣无以报恩，惟仰天祝颂圣寿福禄，如天地永永无极。

如此俯首帖耳的表似乎见所未见。

如果根据这个呈表就认为帖木儿当时尚无远征中国之意，这样的判断未免过于肤浅天真，忘记了对手是一个为达到目的而不择手段的人。他当时正在与脱脱迷失作战，绝对不能再树立一个敌人，造成背腹受敌。大概有人认为明的汉地离捷列克河谷十分遥远，鞭长莫及。但是，通过精确的外交情报，难以预料不会发生什么事。有备无患，这是必要的手段。帖木儿考虑问题精密周到，向明朝派遣使节示好恐怕也是为了与脱脱迷失打仗的需要。二百匹马其实很便宜。

明朝接到西域撒马尔罕首脑的恭顺的呈表后，出于礼节也派使者前往回礼。

傅安被选为西域奉使，他是河南人，从曾担任过四夷馆通事的经历来看，他大概通晓西域的语言。傅安被任命为使节的时候位居兵科给事中。所谓给事中，就是侍从，侍奉在皇帝身边的要职。他与同样是给事中的郭骥、宦官刘惟、御史姚臣等率领一千五百名官兵前往撒马尔罕。从甘肃的嘉峪关途经哈密、高昌（吐鲁番），到达帖木儿的国家。

使团中有一个人名叫陈诚，字子鲁。他是第二次出使，第一次大概是随傅安的使节团同往的吧。在过吐鲁番盆地火焰山的时候，写下这样一首七绝：

一片青烟一片红，炎炎气焰欲烧空。

春光未半浑如夏，谁道西方有祝融。

从这首诗可以窥见路途之艰辛。使团经过千辛万苦抵达撒马尔罕，却被扣留起来。

傅安于1395年抵达撒马尔罕，立即被羁押起来。帖木儿的远征印度是在此后，可见他此时就已经有远征中国的意图，不过，离真正出兵东征还相隔了九年的时间。

帖木儿判断印度北部政治混乱正是远征的最佳时机，如果等到德里恢复秩序，远征就会有很多困难，所以把中国的事情暂时放在后面。

也许因为帖木儿将远征中国视为毕生的大事业，所以极为慎重。从远征印度回来以后，大概为了先解决后顾之忧，出兵叙利亚，攻陷阿勒颇、大马士革。大肆抢掠或许也是为远征中国而准备的资金。史学家对此时帖木儿为什么不进攻埃及的开罗提出质疑。大概帖木儿的军队虽然战无不胜，但也需要休整吧。

在远征中国之前，帖木儿还必须先解决一个问题，就是要求引渡亡命到奥斯曼土耳其的宿敌卡拉·优素福，但是奥斯曼土耳其的君主巴耶塞特拒绝这个要求。

帖木儿攻打并抓获巴耶塞特，但巴耶塞特在被押往撒马尔罕的途中病死。关于这个孤高自傲的皇帝之死，也有人认为是自杀。

帖木儿即将开始实现远征中国的夙愿，然而因为准备所耗费的时间太长，此时的帖木儿已经年迈。而且，1403年，帖木儿失去了他最疼爱的孙子穆罕默德·苏尔丹。与洪武帝一样，帖木儿的皇太子只罕杰儿先他而去；还是与洪武帝一样，指定皇太子的长子穆罕默德·苏尔丹为继承人，可是这个孙子也死去。

恐怕连帖木儿也难以承受这巨大的打击，但还是坚决要远征中国。万事俱备，在东征军预定行进的沿途上都已经准备好兵营和粮食。

此时的明朝，靖难之变已经结束，永乐帝即位。由于靖难之变的纷扰，西域奉使这件事似乎被人遗忘，但无论如何，傅安没有回国是个异常现象。对北部和西部的动静十分敏锐的永乐帝朱棣也许已经觉察到帖木儿的意图。1404年年末，帖木儿亲率二十万大军从撒马尔罕出发东征。这一年是明永乐二年，帖木儿将近七十岁。

帖木儿的东征很快就偃旗息鼓。他与永乐帝一样，经常亲征，喜欢站在第一线亲自指挥作战。远征中国是他作为征服者圆满成功的收官之作，不可能不亲自指挥。但是，此时的帖木儿老迈体衰，总是垂着松弛的眼皮，也许他患上肌无力症。出征途中，他身体发烧，发冷颤抖，于是不停地喝酒暖和身子，终于在讹答剌剧烈咳嗽，一命归天。临终之际，他指定孙子皮尔•穆罕默德为接班人，但帖木儿帝国继承者的血腥争斗已经显而易见。

继续东征已不可能，追求成为第二个成吉思汗的帖木儿的梦想已经烟消云散。即使这个老皇帝率领的军队与明军作战，恐怕也无望获胜。刚刚即位的永乐帝正是一个精力充沛、气势轩昂的壮年将军皇帝，从他后来五次亲征的举动就可以看出，他是一个积极进取、勇往直前的皇帝。长途跋涉、疲惫不堪的帖木儿远征军无疑会在漠北之地遭到灭顶之灾。

帖木儿的军队幸免在漠北之地全军覆没，但是他倾注巨大热情构筑起来的撒马尔罕文化随着他的死去而土崩瓦解。因为这是掠夺而来的文化，还没有在当地深深扎根。金碧辉煌的宫殿、文学、艺术、工艺，一切的一切都只是从外国强行移植在撒马尔罕这块土地上。帖木儿死后，他的家族一心忙于权力斗争，无人关心过问的文化自然毁灭消亡。

帖木儿死去这一年是明永乐三年。他的继承人停止东征，将长期扣留的使节送还明朝，随行的帖木儿王朝的家臣携带贡品送给明朝。《明史》这样记述：

五年六月，安等还。

永乐之后

永乐帝与帖木儿作为同一个时代的人物，一生戎马倥偬，驰骋沙场，十分相似。帖木儿在东征途中染病而亡，永乐帝在第五次亲征漠北的归途中将近北京时死去。

永乐二十二年（1424年）七月，永乐帝死于榆木川（今内蒙古自治区）时，秘不发丧。皇太孙到雕鹗谷（河北省）迎柩时，才向天下发丧。

皇太子朱高炽体弱多病，其弟汉王朱高煦勇猛体壮。长子朱高炽被立为皇太子，但武将们似乎更希望汉王即位。文官对粗野鲁莽的汉王没有好感，不过皇太子实在是弱不禁风，扶不起来。这个病恹恹的皇太子也有一个优势，就是他的长子朱瞻基天禀聪颖，风华正茂。前面说过，永乐帝亲征的时候，曾带这个皇太孙随军作战。

虽然皇太子不够理想，但是他的儿子十分优秀，这总可以吧——武将派和文官派在继承者问题上意见对立，经过调整，勉强达成皇太子与其子"捆绑"在一起即位的谅解。

皇太子朱高炽即位，是为仁宗。这个皇帝与其说是体弱，不如说是体质异常，极度肥胖，胖到连走路都很困难。永乐帝曾经严厉命令他减少饮食。即位的第二年，改元洪熙，仁宗依元号被称为洪熙帝。但是，这个元号只使用一年，洪熙元年（1425年）五月，洪熙帝死去。

洪熙帝在位不到一年，他虽然身体有臃肿肥胖的缺陷，但并不昏庸。正如庙号中带有"仁"字一样，是一个富有仁慈之心的明君。虽然正式在位不满一年，但由于父亲永乐帝经常率军外征，这期间他以皇太子的身份担任监国，实质上代替父亲行使皇帝的权力。

洪熙帝在担任监国主持内政期间，似乎对父亲的政治体制持有批判性的意见，但父亲在世，他十分注意不能偏离父亲的政治路线。

当洪熙帝得知父亲死讯、尚未正式即位之前，就释放关押在监狱已四年之久的前户部尚书夏原吉等人。夏原吉是永乐时期优秀的政治家，在兴修水利方面建树了巨大的业绩，担任户部尚书，管理国家财政，为永乐帝的迁都北京、对外征讨、大规模航海等大事业筹措资金。然而，他深知自己能力有限，永乐帝这些浩大辉煌的事业所需要的资金归根结底都是依靠对人民的征税。永乐十九年（1421 年），在提出北征议案的时候，夏原吉表示反对，触怒皇帝，被关进监狱。与他持同样意见的刑部尚书吴中也被投入监狱。表面上说咨询群臣意见，本质上永乐帝是一个独裁者。

洪熙帝未等即位就迫不及待地把夏原吉、吴中放出来，无非就是因为他与这些大臣的意见一致。大臣表明自己的主张而下狱也无可后悔，但身为监国的皇太子可不一样，虽然不得已顺从父亲的政治路线，但内心一直反对。

洪熙帝即位后，立即颁布大赦令，并决定停止已经进行六次的“西洋取宝船”，即郑和的航海。夏原吉、吴中官复原职，同时恢复三公制度。三公制度无疑是对皇帝独裁的制约。永乐帝不受任何制约，为所欲为，洪熙帝对父亲的种种横行霸道大概颇为不满吧。

另外，洪熙帝还赦免靖难之变时建文帝一方的人。建文帝诸臣下的家属有的被编入教坊司，有的沦为奴婢，洪熙帝让他们为“民”（自由民），归还原先的土地。永乐帝用武力消灭太祖洪武帝指定的继承人建文帝，造成伦理的混乱。洪熙帝也是父亲指定的继承人，他对武艺高强的弟弟汉王的存在恐怕也是很不放心吧，对建文帝诸臣下的家属的赦免也许正是出于对这种现状的考虑。

洪熙帝强调“依律拟罪”的大原则。这无疑是法治主义的宣言。强调这个原则，反过来也说明过去是滥用刑罚。禁止鞭笞囚徒，禁止宫刑，自宫者以不孝之罪论处。在那个时代，不孝之罪是仅次于谋反的大罪。对于连坐制，规定不适用于谋反以外的其他犯罪。

在父亲亲征期间主持国政的洪熙帝深知对外征战如何削弱国力，如何欺压榨取人民。夏原吉等所反对的那一次对外征战，就征用二十三万五千民工，将三十七万石的粮食运往漠北。洪熙帝似乎也考虑，父亲之所以经常亲征，或许是因为定都北京的缘故吧。这也许是一个先有鸡还是先有蛋的问题，总之北京是一个对漠北的动静极为敏感的地方。如果坚持以祖父决定的南京为首都，对漠北各民族的动静就不会如此敏感反应，也就没有必要对外征讨——洪熙帝在皇太子时代就似乎这样思考过，即位以后，便开始研究国都迁回南京的问题。

停止航海，郑和这样的能人另有重用，他被任命为南京“守备”。他是南京的都督，自然以迁都南京为前提。另外，洪熙帝还派遣皇太子去南京参拜孝陵，命他暂时留在那里一段时间。

永乐帝将其父亲洪武帝的收缩型民族国家理念转变为膨胀型世界帝国的理想，永乐帝之子洪熙帝打算回到祖父的政治方针上来。回迁南京的计划表现出将膨胀的国策收缩回来的政治意图。然而，由于洪熙帝的死去，他的这项计划未能实现。洪熙元年五月，他患病，在派遣紧急召回身在南京的皇太子的使者出发后的第二天，辛巳（十二日）死于钦安殿，享年四十八岁。

《明史》高度评价洪熙帝，说虽然在位只有一年，但在人事、行政方面业绩斐然，大有书不尽言之感。

使天假之年，涵濡休养，德化之盛，岂不与文、景比隆哉。

如果洪熙帝减肥成功，身体健康，延年益寿，明王朝将会大为改观，至少肯定会实现国都回迁南京。但是，《明史》的执笔者似乎不肯如此断定，略带疑问地说道：如果他治世时间久长，明朝果真会变好吗？

永乐帝改变父亲的政策也有他的理由。在元王朝的长期统治下，东亚形成一个包含漠北的游牧民与汉地的农耕民在内的共同体，经济也随着这个共同体的运转而变化。由于洪武帝采取收缩政策，必然出现各种龃龉分歧，受到的影响最大的莫过于漠北的游牧民。元王朝时代，漠北与汉地之间没有国境，人们自由往来。游牧民可以牵着在蒙古大草原饲养的马群来到汉地出售，用卖马的收入购买日常生活必需品带回去。元王朝被打败以后，国境线后退，他们的生活受到严重的打击。如果他们要继续维持以前的生活，就不得不侵犯国境，这就无异于掠夺。永乐帝为了消除这个争端，认为重新打造一个与元王朝时代同样大的共同体乃为上策。史学家指出他所追求的是元朝忽必烈的继承者的作为。

如果洪熙帝长寿，继续采取收缩政策，北方边境恐怕会变得很不稳定。虽然停止外征和航海，但边界纷争也许反而会引发更加频繁的战争。

洪熙帝的儿子宣德帝采取的是祖父与父亲的政策的中间路线。他取消父亲的回迁南京的计划，但也没有继承祖父的膨胀政策。宣德三年（1428年），他效仿祖父，也亲自率领精兵三千攻打兀良哈部族，斩其首。原因是兀良哈部族侵扰边境。如果是永乐帝的话，还会继续进兵扩大战果，但宣德帝到此为止，没有继续深入。两年后，他将开平卫（今内蒙古自治区）的国境卫队后撤至独石城（河北省）。此事遭到史学家的责难。

蹙地三百里，尽失龙岗滦河之险，而边地益虚矣。

因为永乐时期放弃了开平卫东面的大宁，开平卫就变成一座孤城。孤立无援，难以守护，那就索性撤到长城这一条线，加固防守。宣德帝大概认为这才是明智之举。

交趾（越南）也发生黎利之乱，明朝将军王通艰难苦战。宣德二年（1427年），王通与黎利媾和，放弃此地。黎利定国号为大越，从明朝统治下独立出来。这就是越南的黎氏王朝，黎利被称为太祖。

开平卫也好，交趾也好，宣德帝的政策是放弃必须付出巨大牺牲才能守卫的土地，倾注全力保卫与国力相适应的疆土。他依然以北京作为国都，如果发生外国侵扰已经后退的国境的行为，会断然亲征。宣德帝似乎具有良好的平衡感觉。

永乐帝以及当时的重臣对后来成为宣德帝的朱瞻基都给予高度评价，洪熙帝之所以能够即位也是因为有这么一个聪颖优秀的长子。永乐帝坚毅刚强，据说对不思进取的儿子朱高炽（洪熙帝）很是不满，只是看在孙子的份儿上才没有废黜他的皇太子职位。

宣德帝即位不久，就面临其叔叔汉王朱高煦叛乱这样严峻的问题。永乐帝对长子不满的情绪大概让次子汉王心存希望。汉王性情勇猛，在武将中有一定的影响。而且永乐帝在靖难之变中消灭侄子建文帝，自己登基称帝，这个历史事实不仅给汉王，也给满朝文武大臣一个暗示：历史可以重复。

两者的情况何等相似，所不同的是洪熙帝即位时间不到一年。建文帝的父亲临近即位时死去。如今永乐帝的孙子宣德帝即位，而永乐帝的次子、宣德帝的叔叔汉王窥视帝位。这与洪武帝的孙子建文帝和他的叔叔燕王（永乐帝）之间的关系极其相似，相似得令人害怕。靖难之变时，叔叔获胜，这一次也许还是叔叔获胜。既然史有前例，汉王大概胸有成竹。

汉王的领地在云南，但是他不去，总是跟随父亲永乐帝亲征。永乐十三年（1415 年），汉王获得青州的领地。他依然一再拖延赴任，还屡有违法行为，永乐帝曾将他幽禁在西华门内。第二年，封乐安州（山东省），才不得不勉强赴任。

洪熙帝死后，皇太子从南京急如星火奔回北京，汉王在其回京途中制造暗杀事件，但没有成功。第二年，宣德元年（1426 年）八月，汉王终于铤而走险谋反。

然而，历史没有重演，宣德帝的性格不像建文帝那样优柔寡断，而且他大概深深吸取靖难之变的历史教训，一获知叔叔谋反的消息，就采纳杨荣的进言，立即亲征。这与躲在南京的宫殿里一味大发善心叮嘱打仗的官兵不可杀叔父的建文帝的行为大相径庭。宣德帝攻取乐安，汉王投降。据说参与叛乱的人中有六百四十多人被诛杀，发配边境守军者一千五百多人。宣德帝在紫禁城的西安门内建造“逍遥城”，将汉王及其家族幽禁其中。

数年后，宣德帝去逍遥城察看情况，幽禁的朱高煦一脚踢倒这个侄子皇帝。宣德帝大怒，将叔叔封闭在重三百斤的铜缸里。膂力无双的朱高煦在缸里要把盖子顶起来，三百斤的铜缸摇摇晃晃。宣德帝命人在铜缸上面堆积木炭燃烧，铜被烧熔，朱高煦惨死于缸内。

宣德帝极具良好的平衡感，在亲征乐安时也显示出果敢毅然的决断力，但从虐杀叔叔这个场面来看，他的性格中也具有极其残忍的一面。对分封各地的皇族严加管束，也许与这种残忍性不无关系。各地诸王几乎失去行动自由，朝廷派去的监察官严密监视，任何外出都必须获得允许。这样一来，洪武帝所设想的皇室屏障已经名存实亡，各地诸王实际上都处于分散幽禁的状态。

洪武帝清洗几乎所有的功臣，其目的就是为了实现皇室独裁，国家政治的运营十分复杂，所以洪武帝只得依靠骨肉亲属。他是孤儿，对骨肉至亲有一种特殊的依赖感。然而，在他死后，儿孙们展开腥风血雨的权力之争。获胜的永乐帝家族竟然也发生侄子将叔叔烧死在铜缸里的惨无人道的事件。皇帝深知没有比骨肉至亲更可信赖的，他会怎么办呢？洪武帝为加强独裁体制，甚至废除了丞相制度。

如果把官吏视为也许会与皇帝对立的一股势力，那么依靠官吏制度治理国政是危险的。如果官吏在关键时刻不能成为可以依靠的对象，皇帝就必须重用个人信赖的身边人。国家政治极其复杂，完全依靠个人独裁无法治理。因此，亲信政治很快导致宦官的得势。明君时代情况尚可，一旦出现昏君，政治局面简直令人不忍目睹。

在明朝的历代皇帝中，宣德帝是明君之一。他的身边有三个姓杨的人作为自己的政治秘书。永乐帝之后，明朝的政治以“三杨”为核心运营。三杨之后，进入宦官时代。这“三杨”都是杰出的学者，汉王朱高煦叛乱的时候，向宣德帝进言迅速亲征的杨荣就是“三杨”之一。

“三杨”中最年长的是杨士奇（1365—1444年）。杨荣比杨士奇小六岁，年龄最小的杨溥仅比杨荣小一岁。“三杨”都是侍奉永乐帝的老臣，也都教育过皇太子。辅佐、教育皇太子（洪熙帝），自然与皇太子的关系密切亲近，就有机会得到信任。“三杨”真正发挥本领是在永乐之后，因为与皇帝具有个人的信赖关系。

永乐帝继承洪武帝的独裁政治，但挑选几个翰林学士作为文书助手处理日常琐碎事务。翰林学士官阶很低，不过是五品官。永乐帝挑选他们，大概觉得可以随心所欲地颐指气使。当然挑选宦官也可以，但当时的宦官中，除郑和等少数例外，几乎都没有学问。因为洪武帝禁止宦官做学问，因此只有翰林学士可以胜任处理需要学问的杂事。

杨士奇和杨荣在永乐时期就已经是翰林学士，尤其是杨荣，跟随永乐帝亲征，在军中担任书记。

永乐十二年（1414 年），杨溥和杨士奇被关进监狱，原因是没有及时迎接亲征凯旋的永乐帝。迎接永乐帝归来的最高领导人是担任监国的皇太子。对恭迎圣上有失礼仪首先发难的是皇太子的弟弟汉王朱高煦。如果皇太子犯有过失被废黜，自己就可以取而代之。汉王经常随父亲亲征，谗言诬告的机会应该很多。不过，恭迎圣上不够及时的错误还不是足以废黜皇太子的严重过失，没有办法，只好把辅佐皇太子的身边人投入监狱。

杨士奇很快就获释，而杨溥在狱中度过十年的岁月，直至洪熙帝即位以后，才把他放出来，被任命为翰林学士。

翰林学士是皇帝的政务助手，隶属于宫中的文渊阁，称为阁臣。这个阁臣集团后来总称为“内阁”。这个词作为制度在中国已不复存在，但日本还保留着。永乐帝组织阁臣集团的时候，成员有七人，其中杨溥最小。后来没有规定固定的人数，一般都是由几个阁臣担任皇帝的政务秘书。永乐帝时期，阁臣的官阶和权威都很低，至洪熙帝时代得到提高。

永乐帝时期的阁臣是提拔身份低微的秀才作为皇帝的心腹。如果高官成为心腹，知道国家核心机密，皇帝就会感觉自己的地位受到威胁，所以认为官阶五品、学问出众、对政界没有影响的人作为自己的政务秘书最为安全。然而，至洪熙帝时代，阁臣中的“三杨”都曾经是皇帝的老师，皇帝对他们无法像父皇一样颐指气使，而且洪熙帝也不像父亲那样具有强烈的暴君性格。这样，阁臣的地位势必提高。永乐帝时代，阁臣只是回答皇帝的垂询，不能参与决策。洪熙帝以后，随着阁臣地位的提高，其权限也越来越大，可以在奏文上“票拟”。大臣、地方长官向皇帝提出的报告、建议等称为“章奏”，皇帝对此加以“批答”。通过皇帝对章奏的批示，对臣子提出的建议是否合适、可行的批语来运作国家政治。例如有的章奏提出，某衙门无事可做，应予以废除，如果皇帝的批答是“宜速废除”之类，该衙门就会被撤销；如果皇帝的批答是“时期尚早”，该衙门则被保留下来。但是，章奏数量极大，皇帝一个人看不过来，于是分给阁臣阅看，阁臣向皇帝汇报中心内容。当然重要问题皇帝会亲自阅看全文，但一般章奏都是阁臣阅看后附上自己的意见，这就是“票拟”。原则上说皇帝会经过自己思考写上“批答”，所以“票拟”不过是参考意见，不过，“票拟”往往直接成为“批答”。如此一来，无异于阁臣通过“票拟”运行政治，内阁就具有极高的权威。

洪武帝废除丞相，所以只有六部尚书，即“各部大臣”，却没有“总理大臣”，皇帝兼任“首相”，日理万机，势必增加秘书集团阁臣的工作，他们的权限也就越发增强。翰林学士是五品官，相当于六部的郎中。郎中是六部的司的长官，“司”相当于现在日本各“省”里的“局”。现在中国还使用“司长”这个职称，也就是“局长”。郎中之上是侍郎，再上面是尚书。由此可以知道，明初实际上由“局长”执政。

阁臣的“票拟”始于宣德帝时代，此前的洪熙帝在位只有一年，但阁臣还兼任各部侍郎。这样，“局长”升为“次官”。“次官”身居国家政治的中枢，“大臣”们自然很不高兴，互不买账、互不配合的矛盾在所难免。洪熙帝、宣德帝时代，阁臣似乎故意撇开尚书直接向皇帝报告。尚书多为永乐帝时代的老臣，阁臣则是洪熙帝、宣德帝的亲信。不论哪个社会，权力继承者对前任所倚重的大臣都敬而远之，于是，兼任侍郎的阁臣不久又都兼任尚书。

虽然废除了丞相，但由于内阁的权限十分强大，阁臣中的第一把手具有与丞相相差无几的权威，于是世间就把他称为宰相。

新王朝的创始期都会伴随着混乱，这个时期过后，迎来稳定期。一个强大的王朝必然如此。西汉的“文景之治”、唐朝的“贞观之治”皆是如此。明朝的仁宗（洪熙）、宣宗（宣德）的治世被视为盛世，史学家称为“仁宣之治”。

宣德帝把北边的国境撤到长城，同时放弃对交趾的统治，但他的对外政策并非都是如此的消极，也曾亲征北方，也重新开始父亲洪熙帝停止下来的郑和大航海。

据说宣德帝擅长丹青，也有作品流传下来。这让人联想到北宋的徽宗，但宣德帝并不是感觉纤弱细腻之人，从他用铜缸烧死叔叔汉王朱高煦这件事就可以知道他的狂暴残酷的性格。说得好听一点，是感情率直付诸行动的人；说得难听一点，是缺乏纤细感情的人。

简朴是洪武帝朱元璋作为政治理念提出来的，可以说宣德帝忠实地贯彻执行他的曾祖父朱元璋视为理想的这条路线。他精简冗员也是贯彻简朴主义的一项措施。明王朝不习惯烦琐复杂的臃肿机构。从这个意义上也可以说，明王朝是元王朝的继承者，未必是宋王朝的复古者。

虽然被称为“仁宣之治”，但如果从文化史的角度来观察，这是一个文化不毛的时代。内阁的“三杨”，作为文人，都有各自的作品传世，他们的诗文风格世称“台阁体”。冗长乏味，形式主义，平庸模仿，阿谀奉承，现在无人研究这种文学体裁，读之令人感动、可以流传至今的诗歌一首也没有。说到散文，只有志怪故事集《剪灯新话》《剪灯余话》作为那个时代的作品留在记忆里。

收在《剪灯新话》中的短篇小说《牡丹灯记》是三游亭圆朝[1]的鬼怪落语《牡丹灯笼》的蓝本，也为日本人所喜闻乐见。但是，那个时代，有人上奏皇帝，讥谤此类小说都是俗儒的捏造，要求禁止发行。《剪灯余话》的作者李昌祺（1376—1452年）是江西庐陵人，官至广西、河南的布政使。他死后，江西的长官韩雍在学宫祭祀庐陵乡贤的时候，不同意将本应该受

① 三游亭圆朝（1839—1900年）：日本落语家。擅长歌舞伎故事、鬼怪故事、人情故事，自编自演。代表作有《真景累渊》《怪谈牡丹灯笼》《盐原多助》等。——译注

到祭祀的李昌祺放进学宫里，据说其理由就是他写过《剪灯余话》等作品。

那个时代大行其道的台阁体的诗文在后代无人问津，无人评说，而当年遭到轻蔑的志怪小说流传下来，甚至对邻国产生影响。

就这几篇志怪小说成为那个时代的文学代表，实在过于寒酸。那么，除了“三杨”等人的台阁体派之外，就没有别的诗文领袖吗？蒙古政权的元朝另当别论，此前的宋，还有唐，都是修养高深的官吏领导文化界，可明朝的官吏似乎缺乏这个力量。

与唐宋时期相比，明朝官吏的素质大为逊色。考试制度大概是其原因之一。明末的顾炎武在《日知录》中极力抨击明朝科举之弊害。只要能写一手形式主义的文章八股文就能合格，对其内容从不过问。说到形式主义，台阁体的诗文就是一个典型。

官吏录用考试的答案模式也是一成不变，僵化死板，必须按照“破题”“承题”“起讲”“起股”“虚股”“中股”“后股”“大结”的顺序撰写，其中的起股、虚股、中股、后股这四股各自成对，所以称为“八股”。句尾的平仄也必须相对。一旦被这种形式捆住手脚，内容便无从谈起。

汉字的语音非平即仄，即使认为此处如用平声最能表达中心内容，但格式规定必须使用仄声，这种情况屡见不鲜。只要死记硬背许多范文答案，然后按图索骥，对号入座，便可及格。这种范文答案集称为“时文”。书店刊行《房稿》。会试分为十八个场地进行，所以也称为“十八房”（万历之前为八房）。将考试及格者的答案集结成书便是《房稿》。考生只是默记背诵这样的答案集，根本不看四书五经。顾炎武这样感叹道：

> 嗟乎！八股盛而六经微，十八房兴而廿一史废。

大儒顾炎武痛心疾首，但八股文的考试制度也有其可取之处。宋代的科举必须熟读四书五经，为此必须长年累月潜心苦读，只有殷实之家的子弟才有条件参加考试，但如果掌握八股文的做法，大抵三年时间就可以应用自如。要说捷径，的确是一条捷径，以前与科举无缘的阶层中也会产生官吏。

明政府只需要会写文章的官吏，对官吏的思想深度不感兴趣，这令人感觉官吏不过是皇帝执政的道具而已。道具没有必要具有哲学思想。出于这个思路选拔的明朝官吏自然不可能引导时代的文化。在皇帝看来，既然官吏只是道具，其实也可以让宦官来做，于是洪武帝的“不能让宦官做学问”的遗训又被打破。

伺候皇帝生活起居的宦官有很多机会接触到最高机密的文件。只要识字，就会偷看，就可能泄露出去。为防止这种情况的发生，制定了“宦官必须是文盲”的原则。

永乐帝在靖难之变中获胜，因为得到宦官的帮助，因此洪武帝制定的这条铁则也被打破。宣德元年（1426年）七月，宫中开设宦官读书的学堂“内书堂”，挑选二三百人十岁上下的少年宦官，由翰林官教他们读书认字。其实，按照洪武帝的遗训，宫中宦官不得超过百人。在洪武帝死后不到三十年的时间里，仅十岁上下的宦官就多达数百人，洪武帝的遗训与其说是被打破，不如说是完全被无视。

宦官真正参政是在宣德帝死后，但开辟这条道路的不能不说是开设内书堂的宣德帝。宦官纷纷登上政治舞台的情况，我将在后面讲述，造成这种现象的原因，不仅仅在于开设内书堂，官吏的懒庸怠惰、贪污腐败也是重要的原因。被赞美为“仁宣之治”的时代也已经投下阴影。

洪熙帝的早死令人惋惜，但其子宣德帝死得更早。宣德十年（1435年）正月，他在紫禁城内的乾清宫结束三十八岁的生涯。《明史·宣宗本纪》盛赞宣德帝：

即位以后，吏称其职，政得其平，纲纪修明，仓庾充羡，闾阎乐业，岁不能灾。盖明兴至是历年六十，民气渐舒，蒸然有治平之象矣。

宣德帝时代的确是明朝的黄金时期，但破败的迹象已经开始浸漫而来。

土木和夺门

有人认为，明朝官吏的堕落不仅仅因为科举制度，而应该起因于靖难之变。永乐帝显然是篡夺正统的建文帝的帝位，不承认其即位具有正统性的方孝孺等正义之士遭受灭族的残杀。因此，有的史学家认为，期待这样的永乐帝系统的政权具有道义原本就是错误的。

仁宣之治的核心人物“三杨”既是皇帝的老师又是皇帝的秘书，他们的道德为人是否都很优秀呢？只是因为他们之后出场的政治人物过于卑劣无道，相比之下，他们算是稍好一点。

宣德帝宠爱孙贵妃，打算废黜除了没有生子别无过错的皇后胡氏，但是自己不便明说，让臣下以上奏的形式提出来。于是“三杨”之一的杨荣罗列胡氏的二十条罪状，连皇帝也觉得实在过分，怒叱他捏造。自己让臣下这么做，又嫌臣下做得过头，实在是自以为是。

最后还是杨士奇想出由体弱多病的皇后胡氏自己提出让出皇后之位的方法予以解决。

对权势者过于阿谀奉承，令人感觉不快。连“三杨”都是这种十足的媚态，他们的后任可想而知。《明史》评价宣德帝时期“纲纪修明”，但是从废黜皇后这件事就可以知道，《明史》多有粉饰之处，纲纪的紊乱只是没有表面化而已。

宣德三年（1428年），孙氏代替胡氏被册立为皇后，因为她生有皇子。《春秋》说“母以子贵”，这就成了立为皇后的理由。然而，这个皇子——

后来成为英宗的朱祁镇，其实并非孙氏所生。而是身份低微的宫女所生，孙氏悄悄地将他作为自己的孩子。正史《明史》也明确记述：

英宗生母，人卒无知之者。

明朝宫廷也有规矩，尽是女人的后宫的规矩更加严格。奉召进入皇帝寝宫的女子都有准确的记录，每一次都会给予女子某种东西作为凭证。要把别人的孩子变成自己的孩子绝非易事，需要拉拢很多人。孙贵妃要制造自己亲生儿子的假象，如果纲纪整饬严明，那是难以办到的。

宣德帝三十八岁死去的时候，作为孙皇后所生之子的皇太子年仅九岁。宣德帝的儿子，除这个皇太子外，还有一个吴氏所生的朱祁钰。本书以庙号称呼于宣德十年（1435 年）即位的皇太子朱祁镇为英宗。

明代实行一帝一元号制度。历史上皇帝的名字多有同样的庙号，因此以元号称呼不容易产生混乱。本书对皇帝的称呼也是如此，如洪武帝、建文帝、永乐帝、洪熙帝、宣德帝，但突然以庙号称呼英宗，是因为在二百八十四年十七帝的明代，只有英宗唯一的例外使用两个元号——正统和天顺。不论称正统帝还是天顺帝，都不合适，所以称为英宗。

洪武帝建国之后的第六十八年，明朝第一次出现幼帝。皇太孙建文帝即位的时候也已经二十二岁，而九岁的英宗即位后，自然无法治理政务。按照遗诏，由幼帝的祖母、太皇太后（洪熙帝的皇后）张氏作为监护人。张氏希望，依祖宗之法，自己不宜直接执政，以股肱之臣辅佐幼帝，管理国政。她信任“三杨”，但此时的“三杨”已经年迈。英宗即位的时候，最年长的杨士奇已经七十一岁。

英宗需要年轻的亲信。正如“三杨”曾是负责教育皇太子的老师一样，英宗也把自己的老师作为亲信，然而，问题是宣德帝给自己儿子安排的老师是宦官。

宦官里也有像郑和这样的杰出人才，如果皇太子的老师也是能与郑和并驾齐驱的优秀人物那就好了，可惜是人格缺陷太多的宦官。此人名叫王振。皇太子的老师人选不能不说是宣德帝的败笔。

《明史·宦官传》这样记述王振：

蔚州人。少选入内书堂，侍英宗东宫，为局郎。

从字面上看，似乎是从宦官学校内书堂学出来的，但据说他是自宫，不是在内书堂读书，而是在内书堂教书的学官。既然开办了宦官的学校，也同样需要开办教育宫女的学校，教育宫女的老师必须净身。据说王振自愿净身。以牺牲性的愉悦自愿为宦官者，多是认为这是通往荣华富贵的最佳捷径。

宫中所用的物资由宦官采购，称为“采办”。这种采购得到敕命特许，几乎可以为所欲为。宣德六年（1431 年），宦官袁琪借采办之名，肆无忌惮地搜刮官民财物，事情败露后，被处磔刑。据史料记载，袁琪家产被没收，金银财宝以千万计。

袁琪是宣德帝幼小时候的侍童，所以仗势欺人，有恃无恐，但是他做得过分，就栽了跟头。据说不要显山露水，适可而止，财产就相当可观。为了家族的荣华富贵，一个少年去势当宦官，这在当时司空见惯，时而也会有王振这样的成年人自愿接受去势手术的。

像郑和这种小时候被强制去势的宦官令人同情，但像王振这样成年人自愿为宦官者，其目的非常明确，就是为了挣钱，所以我认为是人渣。这种人负责教育皇太子，而且即位后成为亲信，会把事情搞得一塌糊涂。英宗不得不使用两个元号，可以说完全是王振一手造成的。

按照规矩，英宗在即位的第二年改元正统。本来应该称他为正统帝。年幼即位，在监护人太皇太后张氏身体健康期间，王振也还不能野心毕露。张氏对“三杨”完全信任，但是，她不折不扣地恪守祖宗之法，不能做出与阁臣直接见面这样违背礼教之事，而她可以接触的异性就是不再是男人的宦官。尽管信任“三杨”，但咨询他们的意见，或者将自己的意见告诉他们，还得靠宦官转达。王振巧妙地利用这个转达的角色，伺机而动，实现野心。

“三杨”中的杨荣在正统五年(1440年)死于回乡扫墓途中,享年七十岁。正统七年，太皇太后死去，王振终于可以无所顾忌展开行动。这个时候，杨士奇因为儿子的行为不端正在闭门思过，于正统九年八十岁时死去。他晚年没有出现在政治舞台上。只有杨溥一个人还在政界，孤立无援，根本无法压制王振的专横霸道。杨溥也于正统十一年结束其七十五岁的生涯。当时内阁里还有马愉、高谷、曹鼐这些阁臣，但没有“三杨”那样德高望重。

内阁的权限逐渐移至司礼监。司礼监其实就是宦官的内阁，其长官是掌印太监。身居其位的王振无疑成为管理国政的第一把手，他要让所有的人都知道自己具有说一不二的权威。英宗从小就是他的学生，即位后也还称他为“王先生”。王先生说的话，英宗从不反对。王振把英宗驯化得对自己言听计从。

太皇太后死后的第二年，王振在皇城东面建造豪宅，营建智化寺，还出兵征讨麓川蛮（缅甸系的民族）。王振是一手遮天，孤行己见。

翰林院侍讲刘球应诏上疏，王振认为其中有涉嫌毁谤之词，命指挥马顺杀死刘球，而且采用极其残忍的肢解的手段。

祭酒李时勉是主张禁止发行《剪灯新话》之类书籍的硬骨刚耿的学者，平时对王振也不打招呼。因扩建国子监之事，王振曾造访李时勉，受到冷遇，因而怀恨在心，伺机报复。国子监彝伦堂旁边的一棵大树枝叶过于茂密，李时勉命人砍去一些树枝。这本来不算什么事，但王振以“擅伐官树”的罪名将其“荷校”，在国子监门前示众。这对士大夫来说，是奇耻大辱。国子监学生三千人求情释放，未被允许。恰好会昌侯孙忠（孙皇后的父亲，英宗的外祖父）过生日，参加寿宴的教授们恳求孙忠从中斡旋，终于皇太后说话，三天后才释放李时勉。这起事件表面上是李时勉擅自砍伐官树，但谁都明白受处罚的真正原因。

御史李铎因为不向王振下跪，被左迁至铁岭卫。王永、张环、顾忠等人以匿名信形式揭露王振的累累罪行，被处以磔刑。王振通过这样穷凶极恶的手段让大家都知道他手里握有对别人生杀予夺的大权。

其实这也是一种交易。越是这样炫耀自己的权势，就越会有人企图利用他。当然不能空手而来，要见王振一面，需要一百两银子。这还只是见面礼，要是有事求他帮忙，当然必须送给他相应的酬谢。不仅王振，他的死党同伙如马顺、郭敬、陈官、唐童之流也是心狠手辣，拼命敛财。

这是一个毫无道德理念的社会。披枷带锁在国子监门前示众三天的李时勉愤慨不已，怒而辞职，却不被接受。四年之后，正统十二年（1447年），才终于告老还乡。国子监的学生以及满朝大臣都为他送行至都门外，乐队开路，观者如云，人山人海，道路堵塞。还有不少人一直送他上船离去。

史书记述：

无不泪下。

可以说这是为正义与理念的送葬。

有人认为王振的飞扬跋扈只是把朝廷以及周围的人群卷进激流漩涡里，对庶民百姓几乎没有影响。朝廷中想明哲保身的人、想飞黄腾达的人、想权钱双收的人，都如蚁附膻，投靠王振。一旦离开这个圈子，人们过着一成不变的生活。王振所掀起的也许不过是杯中的暴风雨。如果是这样的话，那就天下太平，但是，一旦涉及对外关系，问题就没那么简单。王振身处国家政治的顶点，在涉外问题上，他也必须决定外交政策。他缺少外交经验，在政治上也没有哲学理念，身上的负担大概过于沉重。然而，他实在贪得无厌，打算把外交问题也作为提高自己权威的资本。

在这里回顾一下当时明朝的对外关系。前面说过，在永乐帝数次亲征之后，宣德帝将国境线后撤。

永乐帝的业绩中，最光辉耀眼的是一次又一次的亲征，但其实平定辽东之地更为重要。在女真族叫作吉林的土地上设立建州卫。卫，我在讲述锦衣卫的时候已经说过，是军队的单位名称。一般规定一个卫的兵员是五千六百人。在女真族的土地上设立建州卫，意味着他们已经臣服，他们的军事力量编入明朝军队的编制。永乐帝亲征漠北的时候，一部分女真族部队也随军前往。

永乐帝对女真族并非一味使用武力逼其屈服，也给予他们一定的利益。他给各部族的首领颁发敕书，只要持有这个敕书，就可以以朝贡的形式进行交易。女真族进贡毛皮、朝鲜人参，获得织物及其他日用品。

不仅仅是经济利益，还把女真族首领的女儿接到宫里，还建造白头山寺，形成女真族的信仰中心。女真族成为文殊菩萨的信徒，自称“文殊之徒”。文殊的发音是Manchu，音译成另外一个汉字词语“满洲”。大概忌讳直接使用菩萨的名字作为民族称呼，所以就使用与其发音相近的汉字。所以“满洲”是民族称呼，不是地名。

永乐帝对女真族采取怀柔政策，以此对蒙古造成威胁，稳定北方边境的局势。

北方的主要敌人蒙古族发誓要对把自己赶出汉地的明王朝报仇，但是，他们分裂为卫拉特部和鞑靼部。除了这两个集团外，还有称为兀良哈的另外的蒙古集团。他们在洪武帝的时候就臣服明朝，设置泰宁、朵颜、福余三卫。这是兀良哈的三卫。兀良哈的蒙古族剃光头，不像其他蒙古族那样留长发，而且也从事农耕，可以说是独具特色的蒙古族。虽然臣服明朝，但绝非忠心耿耿的藩属。

当时漠北的蒙古族，鞑靼已经日落西山，由脱欢领导的卫拉特正逐渐实现蒙古的大统一。脱欢将兀良哈的三卫纳入自己的势力范围，依靠其力量屡犯边境。明朝对藩属的背叛极为愤怒，对兀良哈的三卫予以惩罚性的打击，然而这更使得他们倒向卫拉特一边。

脱欢死后，其子额森（也先）继承父亲未竟的统一事业，充分发挥比父亲更加优秀的领导才能。犹如成吉思汗、帖木儿那样，草原的英雄都是从小部落的首领成长起来的，额森的军队迅速扩大，建立起自己的霸业。额森的扩张势力，其速度之快简直令人无法置信。原因很简单，游牧民的习惯，是谁强大，跟着谁。跟着强者，自己也有利可图，所以各地的小部落自发地前来投奔归附。

如此庞大的、期待得到利益的势力集团集结在自己的麾下，脱欢及其继承人额森不能让他们失望。否则，如同骤然聚集而来一样，也会迅速四散而去。

上面说过，卫拉特很大一部分的利益是通过与明朝的朝贡交易而获取的。对于明朝来说，朝贡形式的交易是一种以利益怀柔外夷的政策，不使他们制造事端。犹如宋朝的岁币，从一开始就做好巨大赤字的思想准备。用金钱购买和平，如果这个赤字太大，感觉难以支撑，就会尽量减少其数额。卫拉特部的使节团人员，原先规定不超过五十人，后来卫拉特部单方面增加人数，因为必须给每个使节恩赐，明朝自然不希望增加使节人数。但是，卫拉特部的理由是，自从脱欢领导以后，集团势力迅速膨胀，增派使节理所当然。

卫拉特部朝贡的货物主要是马匹，数量也逐渐增加，由原先的几万匹增加到十万匹，其中还有不少毫无用处的驽马，明朝还必须悉数购买。

卫拉特部使节团于每年的十一月来到北京。正统十三年（1448 年），使节团人数号称二千五百人，其中一千多人属于虚报。王振指示按实际人数发给恩赏，并且将马的价格压低到对方提出的五分之一。

额森震怒，于第二年七月一举侵犯边境。额森率领的主力军攻占山西的大同。对于卫拉特部来说，朝贡是非常重要的财源。虚报人数，历来如此，已成习惯，突然不被认可，实感意外，而且对马的压价也太过分。额森采取的大概是一种威胁性的军事行动，其目的是要明朝明白，减少为和平所付出的代价会得到什么样的后果。然而，明朝参将在猫儿庄（山西省北面的阳高县以北）战死，西宁侯宋瑛、武进伯朱冕在阳和（山西省阳高县）战死。在阳和作战中，监军宦官郭敬判断错误，他本人躲在草堆里才幸免一死。史书记述：

诸边守将俱逃匿。

明朝的边境守军不堪一击。

王振建议英宗亲征。兵部尚书邝埜、侍郎于谦等朝廷大臣都反对轻率亲征，但王振一意孤行。在绝对独裁制的明朝，由皇帝做最后决定。王振是皇帝的老师，英宗对他无条件地绝对信任。既然王振决定亲征，谁也无法改变他的主意。朝廷群臣越是反对，王振越是意气用事地固执坚持亲征。

英宗之弟郕王留守北京，英宗亲率五十万大军出发，大批的公侯伯、尚书、侍郎等随军前往。虽说是五十万大军，其中包含为数众多的高官、将领等，也许是大家一起上战场，可以壮胆吧。连贵族、次官也都随军前往，无异于整个朝廷的搬迁。

大军过居庸关后，群臣请皇帝留在此地。因为只要出居庸关，就可以说是皇帝亲征了，前面的作战就交给野战部队。但是，王振绝不听从，谁敢违抗他的意志，无论多大的官，都要受到处罚。兵部尚书邝埜、户部尚书王佐就受到跪在草原上直至傍晚的惩罚。

王振一介教官出身，几乎毫无军事知识，只是依仗着五十万大军的人多势众。八月己酉（二日），英宗到达大同。王振还打算继续北进。永乐帝亲征的时候，蒙古军好几次逃之夭夭，未见其踪影。王振的如意算盘大概是估计卫拉特见到明朝五十万大军压境，也会望风而逃，这样明军可以在无人之地示威一番，班师回朝。然而，当王振听到镇守大同的太监、在阳和一败如水的郭敬讲述卫拉特军队如何勇猛攻击的情况以后，才终于改变主意，决定撤兵。王振对朝廷官员的意见充耳不闻，但还是倾听与自己同样身份的宦官的意见。

自愿接受去势手术的这个王振是一个常人无法想象的偏执狂、极端的自我中心主义者。一切事情都以自我为中心进行判断。决定撤兵的时候，原定方案是从大同向东南方向行走，经过蔚州（河北省蔚县），再从紫荆关（河北省）去北京。蔚州是王振的故乡，他的老家大概已经修建成大豪宅了。如果皇帝临幸他的家乡，自己自然是荣宗耀祖。王振大概出于这种打算，最初选择这条路线。但是，后来王振出于“爱乡之心”，改变了回京路线。

蔚州地区的农作物已经成熟，即将收割，五十万大军一过，可以想象会被践踏得一塌糊涂。王振亲眼看到大军行军大同这一路上农作物遭受毁坏的惨状，其他地方无所谓，自己故乡的土地不要遭此蹂躏。王振匆忙改变撤兵路线，改行宣府（河北省宣化县）。

军队按照原先的方案已经向东南方向进发，接到王振的变更路线的命令后，迂回向北，士兵困顿疲惫。兵部尚书邝埜调动精兵强将组成强大的殿军，请求皇帝一行“疾趋入关”。但王振怒斥道：

腐儒安知兵事，再言者死。

邝埜回答道：

我为社稷生灵言，何惧？

王振呵斥左右，命邝埜退出。

由于临时仓促改变路线，行军速度严重迟缓。不仅仅路途距离增加士兵的负担，身心的疲惫、粮草、辎重等也出现很多问题。更令人担心的是，紫荆关路线靠南，是卫拉特部队出没可能性很小的地方，而偏北的宣府路线相当于现在的京包线铁路走向，有的地方非常贴近长城，离卫拉特的势力范围极近。王振为保住自己家乡的农作物，却给五十万大军选择一条危险的路线。

游牧部队的特长是具有高度灵活的机动性和优秀的情报收集能力。在侦察方面，明军望尘莫及。额森的情报部门对五十万大军的动向了如指掌。额森集中力量攻击明军长蛇般队伍的殿后部队。指挥殿军的恭顺侯吴克忠及其弟都督吴克勤战死。这兄弟俩虽然姓吴，其实是蒙古族，其父把都帖木儿归顺永乐帝，赐姓名吴允诚。兄弟俩身为明朝将军，被同族的卫拉特所杀。成国公朱勇和永顺伯薛授率四万人马回师救援殿军，也在鹞儿岭被歼。朱勇是靖难之变的功臣朱能之子，善骑射，精书法，文武双全。薛授名似汉人，其实与吴氏兄弟一样，也是蒙古族。这两个将军都战死于鹞儿岭。

鹞儿岭作战是在八月庚申（十三日），翌日，殿军溃灭的明军进入土木这个地方。唐朝在此地设置统漠镇，据说后因讹音称为土木。永乐帝的时候，在这里修筑堡垒。现在北京的西面有一座大水库“官厅水库”，土木就位于这一带。离土木大约十公里是怀来城（河北省怀来县），明军打算进入该城。但是，王振认为辎重队未到，让大军在土木的堡垒里等候。

只要稍具军事常识，大概都不会让几十万大军驻扎在堡垒里。首先没有水源。明军的军事专家应该明白这个道理，但不能违背王振的意图。也许辎重队运送着王振个人的重要东西吧。

第二天，卫拉特的军队包围这座堡垒。明军挖地两丈多，任何地方都没有挖出水来。这意味着即将全军覆没。就在人马又饥又渴的时候，卫拉特的部分军队开始后撤，空出一块地方。稍微懂得兵法的人大概都知道这是敌人布下的陷阱。即使明知是陷阱，龟缩在土木堡垒里的明军也要拼死冲出去。因为留在无水的堡垒里只能是坐以待毙。明军开始突围，却掉进卫拉特的包围圈里，遭到毁灭性的打击。

据说死伤者数十万人，前所未有的大惨败。一意孤行坚持这场愚蠢透顶的亲征的王振，也在混战中被杀死。

也先入犯，一边将足制之。陛下为宗庙社稷主，奈何不自重。

如此强烈反对亲征的邝埜与英国公张辅、阁臣曹鼐、王佐等一样壮烈玉碎。

英宗茫然自失，不知所措，坐在草原上，被卫拉特军俘虏。有像宋徽宗那样国都沦陷被俘的皇帝，在作战阵地上被俘的皇帝大概除英宗之外别无他人。

“土木之变”的消息传到北京，自然朝野大为震动。侍讲徐珵等说观天文历数，天命已去，主张迁都南京。兵部尚书于谦毅然决然表示反对。

言南迁者，可斩也。京师天下根本，一动则大事去矣，独不见宋南渡事乎！

如果在这个时候迁都南京，则明朝立即灭亡。那样的话，黄河以北地区会落入卫拉特之手，额森肯定会在汉地重新建立蒙古政权。

按照皇太后孙氏之命，英宗的异母弟郕王朱祁钰先是任监国，后来即位称帝。称呼被卫拉特俘虏的英宗为上皇。这是异常的皇位继承。第二年，改元景泰，郕王被称为景泰帝。本应英宗之子朱见深即位，但国家多难之秋，年仅三岁的幼帝根本无法继任。景泰帝异常即位，虽然自己有子，但还是册立英宗之子朱见深为皇太子。

景泰帝首先清洗主张此次愚蠢至极的亲征的王振的党徒。王振家族全部被诛，财产悉数没收，据史料记载，有金银六十余库，玉盘百个，高六七尺的珊瑚二十多株。

额森将英宗作为人质，打算以此为条件与明缔结有利于自己的条约。但是，明朝已立新君，作为人质的英宗的价值就没有额森所期待的那么大。额森率兵包围北京，但已升为兵部尚书的于谦英勇固守，额森久攻不下，无奈解围撤回。

额森不愿意一直与明朝处于断交状态，只有明朝才能够恩赐给几千人使节团金银财宝，才能够购买自己的十万匹马。额森也有他的弱点，尽管是蒙古的领袖，却不能称呼“汗”的名号。不是黄金氏族成吉思汗的后裔，就不能使用“汗”的称号。额森的父亲拥立黄金氏族的脱脱不花为汗，将女儿嫁给他，自己安于大师的称号。额森也像他的父亲那样，把这个姐夫脱脱不花汗作为傀儡政权。明朝劝说亦剌歹汗朝贡，额森不愿意贩马的利润被亦剌歹汗抢走，所以决定送还英宗。

景泰元年（1450 年）八月，卫拉特送还英宗。派往卫拉特媾和的明朝使节李实在当地会见英宗，说了这样一句意味深长的话：回国以后应该“引咎自责”。

将国家推入灭亡的深渊，责任重大，回国以后，不要提什么复位之类不切实际的要求。

英宗回国后，被软禁在紫禁城的南宫，郁闷度日。

另一方面，景泰帝虽然册立英宗之子朱见深为皇太子，但想来想去还是自己的亲生儿子好，有意更换，于是收买大臣，准备废立皇太子。景泰三年五月，实现皇太子废立，景泰帝终于如愿以偿地立自己的孩子朱见济为皇太子。但是，第二年十一月，皇太子朱见济死去。这个小孩子在皇太子之位仅有一年半。

景泰帝即位前有正妻汪氏，即位时立她为皇后，但所生两个孩子都是女孩。朱见济为侧室杭氏所生。据说皇后汪氏反对废立皇太子，于是景泰帝废黜汪皇后，立皇太子的母亲杭氏为皇后。

景泰八年（1457 年）正月，景泰帝病。病情相当严重，群臣请求立皇太子，景泰帝不同意。独子朱见济死去后，他一直没有指定继承人。

宫廷里弥漫着神秘怪异的气氛：无子的皇帝；皇帝的哥哥是前任皇帝，如今还在被软禁；皇帝重病卧床……这些情况都给心怀叵测的野心家提供造谣惑众的机会。无论哪个朝代，拥立皇帝者都会飞黄腾达。靖难之变其实就是拥立永乐帝的行动，有功者一个个都荣华富贵。

把什么人抬出来当皇帝，其实不言自明。除了软禁在南宫的英宗，别无他人。而且谁都明白，这个上皇也是在窥视时机，随时准备回归帝位。

如果等到景泰帝死后，英宗自动回归，这样拥立者的功劳就不会太高，所以野心家们在景泰帝卧病期间就要图谋起事。武清侯石亨、右副都御使徐有贞、宦官曹吉祥等就是这样一伙野心家。

景泰八年正月壬午（十七日），发生称为“夺门之变”的政变。如此轻而易举的政变大概史所罕见。虽然调动两千士兵参加政变，但兵不血刃。士兵们摧毁南宫的石墙，破门而入，请软禁中的上皇上轿，抬到奉天门。这时正是群臣上朝的时刻，上皇在奉天门对群臣说道：

卿等以景泰皇帝有疾，迎朕复位，其各任事如故。

于是群臣高呼“万岁”。

英宗复位后，改元天顺。这一次不是父死之后的即位，所以不等到第二年就立即改元号。这样，在明朝历史上，英宗就成为使用两个元号的皇帝。

躺在病床上的景泰帝被废黜，回到原先的郕王，二月乙未（一日）死去。虽然他身患重病，但处在这样特殊的时期，是否自然死亡，似有疑点。夺门之变令人感觉是一场闹剧。英宗复位后，立即诛杀拥立景泰帝的主要人物于谦。土木之变这一场历史上最愚蠢的举动导致国家濒临灭亡，是于谦千辛万苦解救国家于倒悬。英宗竟然杀害这个国之功臣，就凭这一点也应该给他捺上昏君的烙印。

下面介绍几则后来的情况。

夺门之变的三个主角——石亨、徐有贞、曹吉祥后来都没有好下场。

石亨被封为忠国公，权势熏天，无人堪比。但其侄子石彪犯法，石亨受到株连，下狱，死于狱中。

文官的徐有贞罕见地被封为武功伯，进入内阁，但因石亨等进谗，下狱，被流放至金齿卫（云南的蛮地）。本应处死，但所犯之罪在恩赦之前，勉强保住一命。夺门之变的三个主角表面上团结一致，实际上尔虞我诈，互相掣肘。石亨因罪入狱后，徐有贞受到谗言之祸被流放到金齿，大概只是受人陷害。三年后获释，准许回到故里苏州。这个徐有贞，后来改名，起先改名叫徐珵。土木之变发生以后，主张迁都南京，受到于谦怒叱的那个侍讲徐珵正是这个徐有贞。夺门之变后，于谦被诛，徐有贞心里终于出了一口恶气。

宦官曹吉祥于石亨死去的第二年天顺五年（1461年）因其养子曹钦谋反被诛。

参加夺门之变的都是品质恶劣的家伙吗？也许是英宗有意识地清洗那次政变的功臣。在土木之变中被卫拉特俘虏、回国后被软禁的英宗按说应该仇恨罪魁祸首王振，可是他还命人制作王振的塑像，供奉于智化寺。

昏君英宗也曾做过几件值得肯定的事情。其中之一就是释放建文帝的遗孤朱文圭。靖难之变的时候，朱文圭才两岁。连永乐帝也不忍心杀害这个侄孙婴儿，只是将他幽禁。英宗第二次即位的天顺元年，朱文圭五十七岁，英宗赐其凤阳（安徽省）的房屋、奴婢，准其娶妻以及行动自由。两岁的婴儿自然什么也不懂，这个可怜的朱文圭，到五十七岁才呼吸到外面的自由空气，据说是第一次见到牛马。

英宗于天顺八年（1464年）三十八岁时死去，遗诏表示免除宫妃殉葬。明洪武帝以来的规矩，皇帝死去，后宫女性要殉葬。殉葬的宫女的遗族会得到优厚的待遇，洪武帝死时殉葬的张凤、李衡、赵福、张璧、汪宾的家属都被赐予可以世袭的锦衣卫千百户俸禄地位的特别恩典。世人称她们的家族为“太祖朝天女户”。

景泰帝死去的时候，不是皇帝，而是回到原先的郕王地位，但还是有宫女殉葬。杭皇后早景泰帝一年死去，如何处置被废黜的汪皇后成为棘手的问题。

在景泰帝废立皇太子的问题上，汪皇后表示反对。为此英宗似乎对这个弟媳妇怀有好感，就是否让她殉死一事征求李贤的意见。李贤回答道：

妃已幽废，况两女幼，尤可悯。

就这样，汪皇后免于殉葬。由此可知，殉葬并非自愿的行为，完全是一种不人道的习气。

被废黜的汪氏活到英宗的曾孙正德帝时代。英宗之子成化帝知道自己被景泰帝废黜的时候，汪氏曾表示反对，据说给予她优厚的待遇。汪氏死去，其葬礼的规格也成为一个问题，足智多谋的大学士想出一个绝妙的方案：

葬以妃，祭以后。

虽然英宗这个人多有问题，但是他在遗诏中禁止殉葬还是应该予以肯定的。

用人殉葬，吾不忍也。此事宜自我止，后世勿复为。

北 虏

下面简单讲述一下在漠北建立大帝国的卫拉特部后来的情况。

卫拉特部在与同为蒙古族的鞑靼部的争斗中获胜，成为漠北的巨大势力，但是从父亲脱欢手里接过领导权的额森并非黄金氏族。对于蒙古族来说，成吉思汗就是神，不是他的后裔，即黄金氏族，就不能成为真正的君主。脱欢只好很不情愿地把脱脱不花汗立为傀儡君主。额森也继承父亲的这个方针。然而，虽说是傀儡君主，脱脱不花长期身居汗的地位，也逐渐形成自己的力量。随着卫拉特部势力的膨胀，脱脱不花掌握实权处理政务也日益增多。

例如土木之变的时候，在额森率领卫拉特部的主力部队进攻大同的同时，还有两支部队配合行动，分别从东西两面侵犯明的国境。脱脱不花汗率部负责从东面进攻，不仅对永乐帝苦心经营的女真族建州卫予以重创，还大肆摧毁与建州卫不同系统的女真族海西卫。建州、海西都躲避卫拉特部的锐利锋芒，回到原先的居住地避难。这后来成为相当复杂的问题，那是后话，但从这件事可以看出傀儡脱脱不花汗羽翼渐丰，令人关注。

尽管是傀儡，长期处在实权者身边，也会逐渐懂得如何培植自己的实力，如何积累培养心腹部下所需的财力。与明朝的朝贡交易——马市是最大的财源。土木之变以后，明朝对卫拉特部采取挑拨离间的手段，极力接近拉拢脱脱不花汗。据史料记载，明朝的手段极其简单传统，就是对额森派来的使节冷漠对待，对脱脱不花汗派来的使节热情接待。

虽然是老一套的离间手法，却很有效果。有名无实的君主脱脱不花汗与实权派额森之间互相猜忌，疑心暗鬼。因为与马市的利益这个切切实实的利害关系纠结在一起，双方的对立越发严重尖锐。再加上脱脱不花汗不册立额森的姐姐所生的儿子为太子。前面说过，脱欢把自己的女儿，即额森的姐姐嫁给脱脱不花汗，这样脱脱不花汗就是额森的姐夫。然而，脱脱不花汗立别的女人所生的孩子为太子。于是两人之间依靠亲缘维系的关系戛然绷断，额森认为连有名无实的君主也没有必要继续存在下去了。

成吉思汗已经死去两百多年，额森认为其实现在没有必要由黄金氏族独占君主的位置。虽说连帖木儿都没有称"汗"，忍耐着苏丹的称号。但即使如此，离帖木儿时代也过去了半个世纪。

土木之变两年后，明景泰二年（1451年），额森决意杀掉脱脱不花汗及其家族，自己即位称汗。这是非黄金氏族者第一次即汗位。额森自称大元天圣大可汗。对于蒙古族来说，成吉思汗的时代已经成为遥远的过去。

额森即汗位不仅仅意味着改朝换代，也表现出敢于打破蒙古铁则的额森的傲慢骄狂。土木之变固然起因于王振无视马市的长期规则所使用的拙劣手段，但也不能不说额森侵犯东起辽东西至甘肃的国境是进行报复的野蛮暴行。正是因为傲慢粗暴的额森，才会做出打破蒙古二百年铁规的狂妄举动，卫拉特内部对他的所作所为自然也会有反对者。

对于部族内部的不满，额森采取强硬政策，将矛头引向明朝。与其说是"强硬"政策，也许不如说"恐怖"政策更为合适。从"大师"升格为"汗"以后，额森对部下采取更加高压的姿态，大概想通过独断专行的作风显示汗的权威吧。不久，额森为部下所杀。杀他的理由很简单：非黄金氏族者即汗位。

脱欢、额森两代实权者建立起从西伯利亚横跨中亚的卫拉特大帝国，但随着额森的被杀，大帝国极其脆弱地土崩瓦解。我多次说过，从草原兴起的游牧帝国，其兴也浡焉，其亡也忽焉。

卫拉特部因内讧而大势已去，一直萎靡不振的鞑靼部终于缓过气来，开始复苏。明朝不愿意看到这样的状况。北方出现一个统一的强大的政权，对于汉地的和平没什么好处。

明朝的北方政策是努力阻止出现成吉思汗第二那样的强大实力集团，在额森与脱脱不花汗之间施加离间计也是一种策略。策略属于机密，所以史料上很少记载，虽然没有从文献中发现明确的证据，但不难想象明朝不断地采取各种措施。

额森死于明景泰五年（1454年），他在汗位上不过四年。

卫拉特部每况愈下，给予了鞑靼部东山再起的机会。然而，鞑靼部产生达延汗统一蒙古是在额森死后三十多年。

论述明代历史，对其衰亡的原因，肯定要说到“北虏南倭之祸”。所谓北虏，指的就是北方的蛮夷，即草原蒙古族的屡次犯边。所谓南倭，指的就是倭寇对中国东南沿海的进攻掠夺的侵扰。

虽然北虏和南倭之祸同时发生，但由于二者地区相距遥远，似乎相互之间没有关联，本书为避免混淆，分别叙述。

上一章已经叙述过震惊朝野的土木之变，下面首先论述北虏。

从额森死后至达延汗登上政治舞台的三十多年间，北方草原没有实现大统一。如果明朝出现锐意进取的皇帝，也许会采取积极行动趁机彻底解决北方问题。然而，明朝缺少这样意气风发的活力。

没有实现统一的北方地区就由众多小部族的首领割据，争夺势力范围。其实明朝对他们可以各个击破，但却一直没有出手，一直在明统治下的鄂尔多斯地区反而被蒙古族占领。鄂尔多斯地区，指的是黄河从兰州一带向北拐弯后再往南流淌所流经的地域，称为“河套”。对农民来说，这个地区的土地最为肥沃；同时也是牧草丰饶的地区，游牧民对这块土地垂涎三尺。

取代卫拉特强盛起来的鞑靼部频繁发生下克上事件，虽然拥立黄金氏族的君主，但实权掌握在重臣手里。

英宗于天顺八年（1464年）死去，其子朱见深即位，翌年改名成化。朱见深曾被他的叔叔景泰帝废黜过皇太子之位。成化帝时代，鞑靼部经常威胁北方边境，鞑靼部的实权者名叫DASHI、DAFU、CHENGXIANG，这是元朝统治中国时候的官名的残余，分别取“大师”“大夫”“丞相”的发音。

明朝的朝贡交易原则上只与受册封的王（蒙古则是“汗”）进行，所以鞑靼的实权者只好拥立黄金氏族的汗，否则就无法与明朝进行“马市”交易。对于生产力很低的游牧民来说，马市之重要关乎生死存亡。鞑靼的犯边大抵都是因为发生马市的纠纷。

《明史·宪宗本纪》成化十八年（1482年）六月项目中这样写道：

亦思马因犯延绥，汪直、王越调兵御败之。

第二年成化十九年七月项目中这样写道：

小王子犯大同。

亦思马因是重臣拥立的黄金氏族的汗，第二年的小王子是他的继承者。这一年小王子攻打大同，据说率兵三万，连营五十里，杀掠人畜数万。

成化二十三年（1487年）八月，成化帝死；第二年，改元弘治。这个时候，鞑靼部的小王子从重臣手中夺回政权。黄金氏族中又出现一个杰出人物。小王子原名把秃·猛可，但自称达延汗。达延就是“大元”的意思，但《明史》本纪此后也一直使用“小王子”这个名称。

弘治六年（1493年）五月，小王子犯宁夏，杀指挥赵玺。弘治十年（1497年）五月，小王子犯潮河川（河北），并进攻大同，明朝指挥刘钦战死。翌年，明将军王越在贺兰山袭击小王子的军队。

如此看来，似乎鞑靼部与明朝都是在打仗，其实动兵只是在马市发生纠纷的时候，含有为了让马市贸易继续有利于自己而炫耀武力的意思；或者是对马市贸易不利于自己表示不满的行动。这样的诉诸武力为数不多，总体上说，明朝与鞑靼部的关系，在小王子，即达延汗时代并不是很紧张。

被称为蒙古中兴之祖的达延汗为建立统一的蒙古的体制而日夜奔忙，虽然整个蒙古几乎全部都是草原，但因为面积极大，达延汗就把整个帝国一分为二，左面由皇帝汗统治，右面由副帝统治。蒙古左为东，右为西。达延汗的三子巴尔斯被任命为副帝，统治帝国的西部。

达延汗死后，副帝巴尔斯·博罗特即汗位。蒙古的传统继承法原则上是幼子继承。但是，也许由于在统治汉地时受到儒教思想的影响，蒙古族也变成一般由长子继承。所以，达延汗把长子图鲁撇在一边，让巴尔斯即位的做法是有问题的。

果然，长子图鲁的儿子博迪要求叔叔巴尔斯归还汗位，获得成功。但是，达延汗统一的鞑靼蒙古从此东西对立。巴尔斯的儿子阿勒坦把博迪的儿子达赉逊赶到热河，逼他承认自己即汗位。这不是从达赉逊手里夺取汗位，而是达赉逊称为大汗，阿勒坦称为汗。

鞑靼出现两个汗，但左翼（东）的大汗没有实力，说到鞑靼的汗，无论是谁都承认是大实力者阿勒坦汗。

下面这张图中的箭头表示汗位的继承。

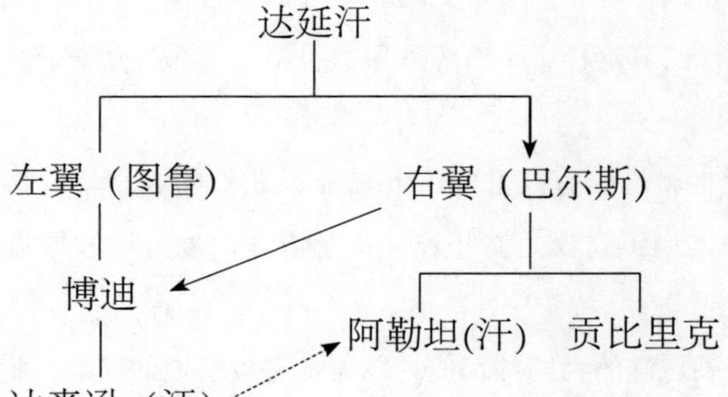

鞑靼的黄金氏族如此执着于汗位的原因，除了继承成吉思汗的荣誉外，还因为可以获得与明朝进行马市交易的资格。

《明史》所谓的北虏之祸，指的主要是阿勒坦汗的侵犯。阿勒坦汗逼迫达赉逊承认他的汗位，这是鞑靼内部的事情，明朝不会轻易承认。朝贡交易造成明朝巨大的赤字，所以打算尽量压缩。

阿勒坦汗频繁出兵侵犯边境，也是为了敦促明朝尽快开放马市。

《明史》将阿勒坦称为“俺答”，也有写为“谙达”；一般将副帝写为“吉囊”或“济农”。

阿勒坦的犯边与大同的兵变大有关系。大同是明朝抵御蒙古军的要地。唐朝末期，全国各地发生军队叛乱，最主要的原因是军队待遇太差。明朝至成化帝的孙子嘉靖帝（1521—1566 年）初期，军事要地大同频繁发生军队叛乱，其原因除了军官无能庸碌外，还克扣士兵的军饷。

嘉靖三年（1524 年）八月，大同发生兵变，巡抚都御使张文锦被杀。嘉靖十二年（1533 年），大同再次发生兵变，总兵李瑾被杀。

军队发生叛乱非同小可。发动叛乱的士兵究竟是为了什么目的呢？如果派兵讨伐，一般情况下肯定要被镇压下去的，但是大同的士兵有后路可逃，所以敢于这样杀死军官，发动兵变。他们逃跑的后路就是蒙古族——当时是鞑靼部统治的地方。鄂尔多斯等鞑靼部统治的地区，不仅可以游牧，还有适合农耕的土地。只要逃到阿勒坦汗的地方，就会分给自己田地，很多兵士认为，与其这样辛辛苦苦地服兵役，不如去那边重新建立自己熟悉的农耕生活。

不仅蒙古族，也有大批的汉人投靠漠北的阿勒坦汗，这样，居住在鞑靼帝国的人们不仅仅是游牧民，也有农民。塞外政权的性质在逐渐发生变化。

投降阿勒坦汗的大同叛军成为鞑靼部进攻汉地的向导，据说他们建议阿勒坦汗成为第二个成吉思汗、第二个忽必烈汗重新统治汉地。如果阿勒坦汗在汉地建立第二次元王朝，这些投降的叛军也都成为建国功臣。

于是，嘉靖二十一年（1542 年），阿勒坦汗从朔州进入雁门关，侵犯太原，从潞安进入沁州、汾州、襄垣、长子等山西各地，长驱直入，一直深入到现在的河北。阿勒坦汗侵犯明朝的借口是大同没有接受鞑靼的使节。阿勒坦汗一路上杀戮二十多万人，抢夺牲畜二百万头，沿途十分凄惨。

阿勒坦汗的南侵像是每年的例行公事。嘉靖二十九年（1550 年），南侵军杀大同总兵张达，攻占古北口，进兵通州、白河，最后包围北京。各地援军疾驰而来，阿勒坦汗包围北京数日后撤兵。这起令明王朝丧魂落魄的事件称为“庚戌之变”。

第二年，嘉靖三十年，在大同、宣府开设马市，阿勒坦汗达到目的。在朝廷商议开设春秋两次马市的时候，兵部官员杨继盛表示反对：

仇耻未雪，遽议和示弱，大辱国。

大将军仇鸾对他大声呵斥道：

竖子目不睹寇。

于是决定重开马市。持反对意见的杨继盛左迁。因为私下已经向鞑靼方面承诺开设马市，如果出尔反尔，阿勒坦汗的大军势必排山倒海般南下。反对派的意见很可能导致国家灭亡，所以受到处分。而厉声怒叱杨继盛的仇鸾是通敌者。

所谓的马市，其实就是国家认可的集体掠夺，边民不堪其苦。于是嘉靖帝命令仇鸾将鞑靼族从大同驱逐出去。仇鸾在行军途中遭伏兵袭击，战况不利，发疽而死。死后，因为发现他与鞑靼部私通的书函，受到弹劾，追戮其尸，传首九边。

明朝立即废止马市，但阿勒坦汗又开始频繁侵犯扰乱。

至嘉靖帝的儿子隆庆帝时代，北虏之祸才平息下来。

这是因为鞑靼部发生一起不可思议的事件。隆庆四年（1570年）十月，阿勒坦汗的孙子把汗那吉突然降明。把汗那吉娶他的表妹为妻，这个女人是绝世美人，却被阿勒坦汗看上，霸为己有。从辈分上说，她是阿勒坦汗的外孙女，所以有悖常理，简直无法想象。把汗那吉怒从心起，愤而降明。

不能不说这个盖世英杰阿勒坦汗也已经年迈昏聩，他既喜欢美女，也疼爱孙子。阿勒坦汗为了让明朝同意归还把汗那吉和重开朝贡交易，答应明朝最迫切的要求，就是把背叛明朝投降鞑靼的赵全等九人送还。遣送回明的赵全等被处以磔刑。虽然这些人都是明朝的叛徒，但他们被年迈的英杰阿勒坦汗出卖，也不无可怜。

明朝封阿勒坦汗为顺义王，授予被送还的把汗那吉“昭勇将军”的称号。第二年，隆庆五年，重开马市，双方相安无事。

明朝边境稳定下来，此后二十多年间国境未发生武力冲突。

其实这个时候鞑靼部的政治方针从重视东方转为重视西方，阿勒坦汗的眼睛盯着中亚，同时成功地将势力扩张到青海，也与西藏地区开始接触。

从成吉思汗时代开始，蒙古族就与藏族关系深远，蒙古族的官方文字八思巴文就是西藏的高僧八思巴发明的。从那个时候开始，西藏的喇嘛教就逐渐渗透到蒙古族之间。但是，蒙古族全族喇嘛教化则是在阿勒坦汗统治青海之后。

阿勒坦汗本人皈依喇嘛教，修建寺院。有人认为，喇嘛教教义诫杀生，所以阿勒坦汗决心与明朝和解。有人说喇嘛教扼杀了蒙古族野性的力量，蒙古族一直都是过分杀生，滥杀无辜，由于成吉思汗的后裔过于懦弱，才被喇嘛教阉割了骨气。这种说法其实是本末倒置。少杀人是人的理智的进步，应该说喇嘛教从精神上拯救了蒙古族。

明朝和日本

福建省的福州市是一座古老的城市。公元804年，一艘日本遣唐使船漂流到福建海岸。当时遣唐使船一般在明州（今宁波市）靠岸，这艘船被暴风吹到遥远的南面。由于福建是第一次接待遣唐使船，加上福建的观察使更换，新官尚未到任，所以遣唐使一行只好长期滞留在福州。遣唐使一行中有一个年轻的僧人名叫空海，后来成为弘法大师，受人景仰。1980年我访问福州的时候，特地前往也许空海曾留下足迹的福州郊外的鼓山游览。

现在的福州也有很多古刹，白塔、乌塔耸立市内。然而，现存的寺塔都是宋代以后的建筑，空海时代的古迹似乎几乎没有。白塔矗立于小山岗上，附近有图书馆，感觉是一个风景山。乌塔则在民居鳞次栉比的街巷中。我参观白塔之后，当地陪同带我去一个祠堂。好像是从后门进去的，进去后也不知道此为何地，等转到祠堂正堂，才知道原来这里祭祀的是戚继光。正堂正面安放着一个相貌魁梧、表情坚毅的武将塑像，无疑这就是戚继光像。

在阿勒坦汗骚扰明朝北边国境的时候，以日本海盗为首的倭寇在中国东南沿海烧杀抢掠。出生武将门庭的戚继光任参将赴任福建，作为总兵官俞大猷的副将与倭寇作战，并驱逐倭寇出境。

倭寇的历史相当悠久，从元末开始，像是对元军进行报复一样，骚扰朝鲜沿海，并扩大到中国沿海，被足利义满取缔以及日本与明朝建立正式贸易关系以后，明朝初期，倭寇才势力渐衰。这个时期称为前期倭寇，或者称为 14 世纪倭寇也可以。

后期倭寇产生于日本与明朝的正式贸易关系恶化的时期，可以称为 16 世纪倭寇。俞大猷、戚继光在福建击败倭寇是在嘉靖四十二年（1563 年），与残余势力的作战虽然还持续了一段时间，但后期倭寇由此大势已去。

戚继光的祠堂相当大。在福建与倭寇作战的明军，俞大猷是总司令，戚继光是副司令，但不知何故，戚继光的声誉比俞大猷更高。在福建击退倭寇以后，戚继光担任首都北京附近的蓟州的司令十六年，之后又被派往广东。阁臣们说戚继光适合在南方作战，万历帝采纳这个意见，将他调往南方。此时的戚继光已经老迈年高，似乎对这次调动很是不满，病归故里定远（安徽省），三年后死去。也许因为他晚年不得志，大家对他表示同情吧。另外，戚继光精通战法，往往出奇制胜，战果辉煌，大概这也是富有声望的一个原因吧。然而，正是在福建的英勇善战，让阁臣们知道这个“南方将军”的大名，最终很不情愿地被调任广东。

戚继光总结其长期的军队指挥生涯和丰富的野战经验，著有《纪效新书》一书。虽然主要论述练兵，但成为军人必读之书。他不是一般的武将，还能著述，这在尚文的中国会得到高度的评价。

明末思想家、历史评论家李卓吾对往往推举戚继光为士大夫平定闽浙的最大功臣表示不满。总司令俞大猷则容易被人遗忘。李卓吾引用兵部尚书谭纶致俞大猷信函中的一节加以解说，函中说“节制精明”你不如我，“信赏必罚”你不如戚继光，“精悍驰骋”你不如刘显，但这些都是末节，整体上还是你最优秀。臧否历史人物，似乎也有运气的问题。然而，像李卓吾这样敢于对历史定论的人物提出异议，其实这是对历史评价的一种平衡。所谓奇谈怪论，也有它的效果。

戚继光在近代再次成为光芒四射的人物。因为当时日本侵略中国，割据台湾，在东三省炮制傀儡国家，中国在生死存亡之秋想起了戚继光的丰功伟绩。四百多年前曾出现这样一个以勇略智谋战胜日本的杰出人物。在国家危难时刻，期待出现第二个戚继光以拯救中国。戚继光祠堂内的岩石上镌刻着各种各样的文字，都是盛赞戚继光的伟业。其中有第二次世界大战刚刚结束后在苏门答腊被日本宪兵杀害的作家郁达夫的诗，其内容是面对日本的侵略，呼吁同胞们奋起反抗，缅怀戚继光的勋绩。

前期倭寇的猖獗虽然具有对元军报复的因素，但其背后隐藏着镰仓时期至室町时期工商业迅速发展的经济需求。工商业的发达导致货币经济的膨胀，可是当时在日本市场上流通的是中国的铜钱。中日的贸易形式是日本出口金、银或者扇子、泥金绘漆器等工艺品，从中国进口丝绢、铜钱，另外还有书籍、药品、陶瓷器等，贸易商获利甚丰。

元末明初，相当于日本的南北朝时期，日本国内的战争费用很可能通过与中国贸易的利润筹措。南北朝时代，幕府的势力扩大到地方，个人贸易商反而可能自由往来于中日之间。元末，方国珍控制浙江海面，在当时群雄纷争中，他的海上商业意识最为浓厚。方国珍并没有夺取天下的野心，只是攫取丰厚的利润。日本九州一带的贸易冒险家与方国珍自然来往密切。

当时中日贸易没有国家之间的协定，日本是南北朝时代，中国是元末明初的动乱时期，如果发生贸易纠纷，没有通商协定以及裁定机关，大概只有通过武力进行沟通吧。前期倭寇就是以这种形式产生的。

朝鲜半岛上，高丽王朝走向衰微，于 1392 年灭亡，李朝取而代之。高丽王朝衰亡的最大原因是蒙古政权贪得无厌的剥削榨取，但倭寇在朝鲜半岛沿海的猖獗掠夺也是其中一个原因。

“倭寇”这个词汇最初是“倭（日本人）在某地为寇（加害）”的意思，后来逐渐成为固有名词，倭与寇密不可分。最早见于史书的是《高丽史》，在高宗十年（1223 年）五月的项目中这样写道：

甲子，倭寇金州。

《明史·太祖本纪》洪武二年（1369 年）正月项目中这样写道：

是月，倭寇山东滨海郡县。

编纂期早于《明史》，并成为《明史》参考资料的《太祖实录》就有这样的记载。一般认为，“倭寇”作为固有名词第一次是出现在《明史·成祖本纪》的永乐三年（1405 年）的项目里：

日本贡马，并俘获倭寇为边患者。

在两国处于无政府状态或者说政府无能的状况下，倭寇才那样气焰嚣张，恣意妄为。明太祖洪武帝朱元璋夺取天下后，第二年就遣使日本，一方面通报自己已经即位，同时要求日本取缔倭寇。因为这一年的正月，倭寇袭击侵扰山东沿海一带。明朝派遣的使节是行人（外交官）杨载。他抵达九州的大宰府，将国书递交给征西将军怀良亲王①。

大宰府长期以来是日本外交的窗口。元军征日的时候，元朝的使节来过大宰府。但是，南北朝时代的大宰府作为外交窗口已经有名无实，由于倭寇对山东沿海的侵扰，洪武帝的国书的措辞极其严厉，严词责难，要求日本立即派使节来明朝道歉，否则修兵自固，态度强硬高压。

倘必为寇盗，即命将徂征耳，王其图之。

怀良亲王杀掉使节团的五个成员，将杨载和吴文华关押三个月后释放。虽然洪武帝的国书态度粗鲁，但怀良亲王的做法更是野蛮强暴。这大概是沿袭镰仓幕府的北条时宗斩首元使的先例吧。

第二年，洪武三年（1370 年），洪武帝再派莱州府同知赵秩出使日本，所携带的国书比上一次更加严厉。

征讨之师，控弦以待。

---

① 怀良亲王（1329—1383 年）：后醍醐天皇的皇子，南朝的征西将军，曾控制九州地区。——译注

《明史·日本传》记述怀良亲王这样回答道：

吾国虽处扶桑东，未尝不慕中国。惟蒙古与我等夷，乃欲臣妾我。我先王不服，乃使其臣赵姓者訹我以好语，语未既，水军十万列海岸矣。以天之灵，雷霆波涛，一时军尽覆。今新天子帝中夏，天使亦赵姓，岂蒙古裔耶？亦将訹我以好语而袭我也？

怀良亲王给左右使眼色，要他们斩来使，但赵秩岿然不动，镇静自若，说道：

我大明天子神圣文武，非蒙古比，我亦非蒙古使者后。能兵，兵我。

《明史》接着写道：

良怀（《明史》误将怀良写为良怀）气沮，下堂延秩，礼遇甚优。

最后双方的气氛相当友好。第二年，怀良亲王派僧祖来前往明朝，除送去马和方物外，还送还被倭寇掠劫的浙江明郡、台郡的居民七十多人。

明朝根据收集的情报，知道日本的风俗是信仰佛教，所以决定利用这个“西方的教诲”去感化对方。洪武帝选派僧侣作为使节。后来随着情报的增加，对日本国内的南北朝斗争也逐渐有所了解，而且判断似乎京都的北朝占据优势。

洪武帝派嘉兴府的天宁禅寺住持仲猷祖阐、金陵瓦官教寺住持无逸克勤僧侣出使日本，翻译是在明朝的日本留学僧椿庭海寿（后来成为东山建仁寺长老）。一行的目的地是京都，但在九州被怀良亲王扣留。不过，僧侣有僧侣特殊的途径，无逸克勤给北朝的皇族、天台座主承胤法亲王寄去一封信，终于可以前往京都。《太祖实录》等史书记述“日本国王良怀”说的话，怀良亲王的使节祖来到南京的时候，明朝似乎误以为怀良亲王是日本国王。也许怀良亲王考虑到贸易的利益，也就将错就错，装作日本国王的样子。前面说过，甚至连鞑靼部的阿勒坦汗都希望明朝承认他的汗位，以获得与明进行贸易交易的资格。元末明初那个时期，中国有相当多的日本留学僧，只要调查，就会了解日本的真实情况。明朝廷派遣这两个僧侣后才真实了解日本的南北朝真相，虽然也可以这样解释，但我认为在派遣这两个僧侣的时候就已经知道。

明朝廷终于与日本真正的权势者北朝的足利义满开始接触。

明朝对日本的最大要求就是取缔倭寇。室町幕府大概希望通过对明贸易获得的利润稳定财政。明朝在洪武帝时代颁布禁海令，洪武帝的目标是建立民族型国家，目光向着国内。逃到漠北的蒙古族自不待言，只要一说到外国，就认为是危险的，都有可能与国内的野心家、不满分子勾结在一起推翻明政权。洪武帝进行大清洗的“胡惟庸之狱”，其罪状之一就是胡惟庸借助日本的力量图谋反叛。他被指控派遣心腹宁波卫指挥林贤去日本向国王借来四百多兵卒，假装贡使将火药、武器偷运入境。考虑到日本处在南北朝斗争的时期，不可能发生这样的事情，而且日本没有发现丝毫可以印证的史料。这不过是说明洪武帝如何看外国的一则故事而已。不过，胡惟庸出于贸易利益的目的派心腹去日本这或许倒有可能。

明朝的对外贸易在以建立世界帝国作为理想的永乐帝时代才得到认可。前面说过，郑和的大航海就是国营贸易活动。日本与明朝的公家贸易也是从这个时候开始，这说明日本对私人的武装贸易集团——倭寇的取缔更加严厉。

我在论述明朝与卫拉特、鞑靼等蒙古族交易的时候说过，明朝原则上实行朝贡交易。这种贸易对明朝不利，要把数倍于贡品的物品“恩赏”给对方，尽管不利，但这是原则，不能变更。

明朝非常自负，自以为是天下之主，具有极端的中华文明中心论思想。大概把世界征服者蒙古政权驱逐出去使明朝产生这样的自信。它认为自己就是文明的中心，必须以这种文明统治全世界。但由于世界太大，未开化的蛮荒之地实在太多，明朝无法直接统治所有的土地，于是采取通过分封各地的首领——王进行间接统治的方式。仰慕明朝之道德、奉行明朝之正朔（明制定的元号及历法）的首领被明朝封为“王”。被明王朝认可的王就有资格朝贡。在朝贡的时候，各地的王对明朝皇帝必须称“臣”。

由此可见，朝贡对明朝造成巨大的负担，所以只好认为这是皇帝的恩惠。但这样的恩惠无限度地膨胀，明朝的财政支撑不住，本意上想尽量削减。然而，正如英宗时期的王振那样，只要稍微严格限制，对方就骚扰边境以示反抗。

既然是天下之主，自然希望越来越多的王前来朝贡，但同时又制定尽量缩小朝贡规模的方针。日本室町幕府的将军足利义满也自称日本国王，向明朝皇帝递交称臣的国书。不言而喻，皇国史观[①]的史学家责难这是足利义满的国耻外交。

倭国国王臣源表：臣闻太阳升天，无幽不烛；时雨沾地，无物不滋。矧大圣人明并曜英，恩均天泽；万物向化，四海归仁。钦惟大明皇帝陛下，绍尧圣神，迈汤智勇……

上述文字是足利义满国书的开头部分，末尾罗列朝贡的物品。

伏献方物。生马二十匹，硫黄一万斤，玛瑙大小三十二块计二百斤，金屏风三副，枪一千柄，大刀一百把，铠一领，匣砚一面，匣扇一百把。

私人贸易的出口物品大概也是这些东西。这份国书写于永乐元年（1403年），所以是对永乐帝即位的贺表。永乐帝经过靖难之变的血腥争斗，终于登基称帝，他非常在意别人非难自己篡位，所以肯定对日本国王这么

① 皇国史观：皇国史观是日本以天皇为中心，来评判某一历史人物、事件之于天皇是否忠诚的思想观。明治维新后这一思想发生质变，逐步演变成军国主义历史观，二战时期达到顶峰。——译注

及时就派使节前来祝贺感到高兴。永乐帝在同年十一月十七日的致日本国王的国书中这样写道：

咨，尔日本国王源道义，知天道，达理义，朕登大宝，即来朝贡。归向之速，足以褒嘉。赐用印章，世世守尔之服，眷兹之海甸。密尔东郊，素称文物，慕向诗书。朕今命尔惟谦谨以进学，惟戒惧以治心，惟诚敬以立身。

皇国史观论者对这样的国书自然气急败坏。明朝皇帝对日本国王就像大人训诫小孩一样，告诉他要好好读书。国书明确赐给日本国王一枚印章。这枚印章大概是用来进行朝贡交易时盖在国书上的吧。当时日本的元号是“应永”，但呈送明朝的国书使用的是明的元号永乐。这就是所谓的奉行正朔。从元军出征日本时候的史料记录来说，日本与元的日期相差一天。这是因为使用不同的历法。明朝使节带来明朝使用的“大统历”，送给足利义满，让他以后使用大明历法。按说在日本国内也应该使用明的元号和日期，但足利义满没这么彻底。

日本表面上臣服明朝，明朝命令日本取缔倭寇。足利义满将军立即遵命，严厉取缔，并将逮捕的倭寇献给明朝廷。“倭寇”作为名词最早出现在《明史》是在永乐三年的项目里，这无疑是日本国王忠实执行明王朝命令的结果的记录。

第二年，明朝使节来到日本，表彰日本国王镇压倭寇。看来足利将军对倭寇的取缔相当得力。永乐五年（1407年），明使给日本国王送来国书，其中这样写道：

敕日本国王源道义。王忠贤明信，敬恭朝廷。殄戮凶渠，远献俘获，使海滨之人底咸安息。厥功之茂古今俪鲜。兹特赐王礼物，滨以示旌嘉之意。王其受之，故敕。

足利幕府自己要和明朝开展贸易，倭寇，即私人贸易商无疑是买卖上的敌手。幕府对倭寇的严厉取缔未必就是遵从明王朝的命令，也出于保护自己的商业利益。南北朝的混乱时代结束以后，足利政权勉勉强强统一全国，其势力扩展到九州沿海一带，所以取缔倭寇也取得相应的成效。

由于幕府的取缔措施，前期倭寇就此销声匿迹，但一百多年以后，明嘉靖年间，后期倭寇十分猖獗。这就是16世纪的倭寇。同样都是倭寇，14世纪的倭寇处在明王朝的鼎盛时期，而16世纪的明王朝已经走向衰败，所以明朝遭受的损害十分惨重，而且北虏——阿勒坦汗的犯边也在这个时期。

据《明史》记载，永乐年间，日本与明之间第一次达成朝贡协议——其实是明朝单方面的主张——十年一贡，而且人数不得超过二百，船只不得超过两艘。然而，至宣德初期，人数增加到三百，船只增加到三艘，都有所增加。其实，规定这种限制的时期本身似乎就有问题。例如，晚于宣德的景泰四年（1453年），日本的进贡船由九艘组成，其中三艘是天龙寺船。朝贡是获利很高的买卖，寺院为获得建造、维修寺院的经费，想方设法弄到船只。另外六艘是伊势法乐社、大和多武峰、九州探题、岛津、大友、大内的船只。

这次景泰四年的进贡，正使是东洋允澎，人数超过一千。《明史·日本传》这样记述：

景泰四年入贡，至临清，掠居民货。有指挥往诘，殴几死。所司请执治，帝恐失远人心，不许。

这是日本派出的正式贡使，但是其行为与倭寇无异。掠夺居民的财产货物必然伴随着暴力。贡船的人员似乎可以携带个人货物进行交易，据说个人携带的货物是正式的进贡品的十倍。这样，贡船的人员实质上就是私人贸易商，他们与当地居民进行私人交易。由于语言不通等原因，双方发生纠纷，官员前来处理，被殴打重伤，几乎致死。而且，取代被卫拉特拘禁的哥哥英宗即位的景泰帝害怕失去外国的人心，不许逮捕、处罚打人者。

从这次进贡的规模来看，当时还没有三艘三百人的限制，也许有口头谅解事项的协议，但明文规定大概是发生此类事件后才制定的。另外，正使东洋允澎回国时病死于杭州。

在日明贸易中十分活跃的是五山[1]僧侣。僧侣们就要求提高进贡品的价格、增加购买数量、增加前来北京的进贡人数等问题与明王朝进行交涉。

乘遣明船来中国的商人需要支付乘船费，所以他们拼命做买卖。那可真是赚红了眼，与当地人常有纠纷，后来发生暴力伤害事件。连国家的正式进贡船都尚且如此，那些非法驾船前来的个体贸易商在中国各地发生纠纷更是司空见惯。“倭寇”，除原本就是以掠夺为目的的职业海盗外，还有因这种交易引发暴力的商人。

即使有限制的规定，但似乎并不被严格遵守。《明世宗实录》记述：

四船六百人以期先至。

如果多于规定数倍的船只，那就违反规定，但如果只是增加一艘，也就睁只眼闭只眼。朝贡的时期是十年一贡，如果在前一次朝贡后没过几年又要来，那就违反规定，但如果在八九年之后，也就不予过问。是否持有“勘合”则是最重要的问题。

明王朝每次新皇帝即位，都要给足利幕府颁发百份“勘合”。所谓“勘合”，就是双方相互印证核实。明方面所持的贸易许可证是原本，查验进贡船持有的对号牌是否真实。没有勘合的船只属于非法，被视为海盗。十年一贡三艘船，十年间使用的勘合只要三份，这一百份勘合足以使用三百多年。这包含着祝愿皇帝长寿的意思吧。

勘合是很宝贵的，为得到勘合的竞争异常激烈。上面谈到的九艘船中，

① 五山：指京都五大寺院。即天龙寺、相国寺、建仁寺、东福寺、万寿寺。——译注

能得到勘合的，除寺院外，其他都是大友、岛津、大内，还有九州探题这样的实力派。足利幕府势力衰微，陷入以下犯上的混乱世道，守护大名中的实力派掌握政权后，手里也就握有发放勘合的大权。于是，在勘合贸易问题上，细川氏与大内氏发生对立。细川氏是堺的商人，大内氏是博多的商人，各有自己的势力集团，他们的对立也就是堺与博多的商权争霸战。

国内的对立都打到中国去。嘉靖二年（1523 年）四月（《明史》记载为五月），大内氏的遣明船进入宁波。完全按照规定，只有三艘，也有勘合，正使是僧侣宗设谦道。然而，几天以后，细川氏的遣明船也进入宁波。其正使是相国寺的鸾冈瑞佐，跟随一个名叫宋素卿的人。两个正使同时进入宁波，于是互相争夺正统地位。

宋素卿本名朱缟，据说是浙江人，父亲从日本商人那里购买漆器，因无力付款，就把他带去日本作为“抵押”。他在日本成为学者，侍奉于细川家，正德年间曾来明国。这次派船去明国是为重建相国寺筹款，原先分配是大内氏两艘，细川氏一艘，但细川氏不满，私自增加一艘，宋素卿随船同来。细川氏属于非法进贡，但宋素卿前往会见宁波官员，他带来足利义澄的信函，里面说想在国都建造孔庙。超过的船只就一艘，尤其是他们要在中国修建孔庙，于是宁波官员就允许细川氏的船只进贡。

宋素卿回到细川的船上，带回来勘合。三份勘合都被大内氏拿走，细川氏十分恼火。既然上一次的黑贡船已经得到明国的认可，所以这一次继续让宋素卿担任非法的贡使。这个宋素卿手眼通天，很有门路。细川船虽然比大内船晚到几天，但是宋素卿早已收买了宁波的市舶太监赖恩。入境手续办完以后，明国方面要设宴招待日本的贡使，结果赖恩让宋素卿坐在宗设谦道的上手，而且核查勘合后前往北京也是让晚到的细川船先行。

大内船自然勃然大怒，虽然不知道细川通过什么路径把勘合搞到手，但这次进贡船的正使就是宗设谦道，明确无误。宗设谦道虽然是僧侣，却也性情暴躁，于是放火焚烧细川船只，杀害细川正使的相国寺鸾冈瑞佐。宋素卿逃到绍兴躲藏起来。

如此一来，就变成一场混战。由于对明国方面的歧视待遇表示不满，大内方面违法动武，所以作为正式进贡使节团的大内就变成了海盗。大内集团索性一不做二不休，在宁波周边烧抢掠夺，不仅如此，还抓捕指挥袁琎，抢走明国的船只扬长出海而去。都指挥刘锦率船追赶，战死。这样，以五山高僧为正使的日本使节团完全沦为“倭寇”。

发生这起事件后，明朝决定对日本

闭关绝贡。

躲藏在绍兴的宋素卿被发现后，下狱，死于狱中。

闭关绝贡期间，琉球的使臣居间为两国相互传话。闭关绝贡十七年后，重开朝贡交易，但严格规定只允许十年一贡三艘，人员在百人以下。

嘉靖二年的宁波事件导致的闭关绝贡成为后期倭寇开始的信号。既然正规的朝贡通商被禁止，非法的私人贸易就会蔓延横行。对日本来说，对明贸易具有如此巨大的诱惑力。因为在日本只能卖一贯的日本刀拿到中国去就能卖五贯，所以一纸禁令根本无法阻挡贸易的往来。

连正式的使节都会挥刀杀人抢船，不难想象，从一开始就注定非法的这群私商绝对是诉诸武力。职业海盗混在私人武装贸易商中为非作歹可以说是必然的趋势。

明朝的闭关绝贡遭到倭寇猖獗的报复。

倭寇以残虐著称。郑若曾所著《筹海图编》中有这样的话：

倭奴即长陆短水。

虽然是海盗，却擅长陆战，不惯水战。船只是移动所使用的工具，真正的本领是上岸以后的作战，所以倭寇往往弃船深入腹地，在各地恣意暴虐。

劫仓庾，燔室庐，贼杀蒸庶，积骸流血如陵谷。缚婴儿于柱，沃之沸汤，视其啼号以为笑乐。捕得孕妇，则计其孕之男女剔视以赌酒。荒淫秽恶，殆有不可言者。吾民之少壮与其粟帛席卷而归巢穴，城野萧条，过者陨涕。

这段文字引自《筹海图编》，其中为赌婴儿之性别而剖开孕妇肚子的记述在各种书籍中均有记述。

倭寇之所以被视为洪水猛兽，大概就是因为其嗜血成性的疯狂残忍，连明朝的军队都害怕遇见倭寇。史料记载畏惧倭寇如雷电鬼神，如遇到倭寇，犹如遭雷击，可以说就是天灾。

连明朝军队都唯恐避之不及，倭寇犹如进入无人之境，人们惊慌逃难，两手空空，倭寇则可以有充裕的时间掠夺放火，然后优哉游哉地离去。不久，有的草寇山贼发现倭寇的那一身打扮干活容易得手，便也“髡发薙顶”，即头发剃成半月形，穿着兜裆裤，挥舞日本刀，到处杀人越货。他们是假倭寇，被称为“假倭”。只要加入倭寇集团，很快就会发财，所以也有明国人受雇于倭寇，他们被称为“从倭”。《明史·日本传》嘉靖三十四年（1555 年）项目这样记述：

大抵真倭十之三，从倭者十之七。

有人认为这个数字还是过大估计了倭寇的人数。《洋防辑略》一书对袭击福建南部的倭寇这样记述：

真倭十之一，余皆闽浙之通番徒。

明朝的讨伐倭寇，不仅仅是打击外敌，也具有平定内乱的性质。

由于俞大猷、戚继光的努力剿灭，倭寇的大乱终于平息下来，但这未必完全只是武力镇压之功。闭关绝贡的实施，那些丧失生计、生活绝望的人往往铤而走险，煽动骚乱，明朝政权了解这个事实，后来采取的重开交易、放宽出国限制的措施也有助于成功镇压倭寇。

倭寇侵犯最多的地方是浙江沿海，深入到长江沿岸的内地，对江苏各地造成巨大的损害。福建至广东的沿海一带也经常遭受倭寇的蹂躏。倭寇的侵害甚至到达海南岛，北面则到达山东半岛。

不论真倭、假倭、从倭的人数比例如何，对倭寇的猖獗姑息养奸不能不说是明朝政治败坏的最大原因。

俞大猷、戚继光是武将，只要打胜仗就是完成武将的使命，相比之下，奉命执行倭寇对策的政治家的命运则是悲惨的。

嘉靖二十六年（1547 年），右副都御使朱纨被任命为浙江巡抚，兼任福、兴、漳、泉、建宁这五府的军事指挥。可以说就是浙江和福建两省的总督。倭寇在这两个地方最为猖狂。在明代的政治家中，像朱纨这样能干杰出的人物并不多见。

朱纨打算坚决贯彻国家的海禁基本方针。当时的状况与清末的鸦片问题十分相似，国家的基本方针是禁止鸦片，然而名存实亡，可以说几乎是默认众多人公开抽鸦片，进行鸦片买卖。嘉靖时期的海禁也是如此，尽管禁止对外贸易，而浙江、福建沿海的巨商豪族公然和日本的私人贸易商进行交易。虽然有海禁的原则，实际上是默认私人贸易。朱纨采取断然措施，坚决取缔这种黑市。他一上任，就扫荡铲除黑市贸易的基地——浙江的双屿港和福建漳州的月港。朱纨的做法的确相当鲁莽，但是他认为，不这样大刀阔斧，就不能彻底斩断倭寇的祸根，所以才横下一条心，擒获走私贸易的罪魁祸首李光头。

浙江、福建那些依靠走私贸易大发横财的豪族巨贾自然对朱纨强硬的海禁政策大为不满。朱纨赴任的第二年，在九山洋抓获一个日本人稽天和许栋。许栋和李光头一样，也是走私贸易的首领。许栋手下一个名叫王直的人率领残余势力逃到日本，盘踞在五岛[1]负隅顽抗。朱纨在演武场公开

① 五岛：指五岛列岛，日本长崎县西部的东海，由中通、若松、奈留、久贺、福江五个主岛以及其他属岛组成。——译注

处刑六十个真倭、九十多个通番奸民。

地方豪族对朱纨的做法大加责难。他们与官吏密切勾结，通过高官向朝廷散布诋毁朱纨的言论。

御史陈九德弹劾朱纨未等朝廷裁决就私自处刑这么多人，兵部给事杜汝桢奉命前往当地调查。杜汝桢的调查报告认为陈九德的弹劾“是”。杜汝桢来到当地，大概败于豪族的贿赂攻势。在豪族看来，不除掉朱纨，就会失去自己的利益。朱纨似乎对此早有思想准备，他在反驳弹劾的奏章中这样写道：

去外国盗易，去中国盗难！去中国濒海之盗犹易，去中国衣冠之盗尤难。

比惩治海盗更难的是惩治衣冠官吏这个大强盗。果然如此，朱纨被这群衣冠强盗逼进死路。他留下这样悲恸欲绝的话后，饮鸩自绝。

吾贫无贿赂不任狱，病痔不任狱。负气不忍诟，不任狱。纵天子不欲我死，大臣且死我。闽浙人必死我。我自决之，不以授人也。

许栋的部下王直逃到五岛后，成为倭寇的核心人物，建立走私贸易组织。王直是安徽新安人。这个时期，新安出现很多巨商。前面说过，明朝建国初期，洪武帝采取极端的重农政策，商业错误地备受轻视，甚至采取农夫可穿绸、商人不许穿的歧视措施。可是到这个时期，已经无法阻止货币经济的扩大，即使是租税，过去是实物缴纳，而商人使用货币缴纳，从而提高了自己的地位。新安商人从行商起步，十分广泛地收集流通经济的信息，逐渐积蓄财富。王直在浙江可能是新安财阀的对外贸易主管的身份。

由于朱纨严厉的海禁措施，新安财阀的对外贸易总部转移到日本的五岛。

朱纨自杀后，海禁又变得有名无实，倭寇开始猖狂嚣张起来。

自纨死，罢巡视大臣，不置巡抚者四年。中外摇首不敢言海禁事。

衣冠强盗对倭寇连一根毫毛都不敢碰。朱纨死后七年，朝廷终于任命一个心怀壮志的人胡宗宪担任浙江总督。胡宗宪不像朱纨那样鲁莽僵硬，而是采取柔软迂回的政策，就是设法让王直归顺明朝。

胡宗宪的计策获得成功，王直回国归降。在王直看来，他对自己很有信心，认为这样做是新安财阀的势力通过宦官渗透进宫廷内部，只要宫廷里有后台，自己首先性命无虞。

胡宗宪说服王直归顺的同时，动用武力镇压倭寇。他似乎没有杀害王直的意思。王直回国以后，被关进监狱，这不过是一个程序，据说王直在狱中享受极好的待遇。胡宗宪以劝降王直有功期待朝廷对自己加官晋爵，然而事与愿违，他在朝廷中被逐渐孤立，最后也无法保护王直。

王直关在狱中大约两年，嘉靖三十八年（1559 年），被斩于杭州官港口。胡宗宪大概意识到如果过分保护王直，将会引火烧身，祸及自己。也有人认为是胡宗宪出卖了王直。朝廷内部的宗派斗争错综复杂，胡宗宪的同党赵文华失势以后，朝廷里支持他的力量急遽减弱，他感觉焦躁不安。

被委派负责讨伐倭寇的大臣也无法专心致志地执行艰巨的任务，还必须时刻都关注探听北京朝廷的动静。不仅在倭寇问题上如此，无论多么优秀的政治家，如果朝廷里没有支持自己的势力，根本无法安心工作。

王直被处刑以后，他的党徒自然暴跳如雷，不断地在浙江至福建、广东沿海一带进行报复性的袭击。

胡宗宪后来向迷信很深的嘉靖帝献上据说是瑞兆的白龟、五色灵草等，极力讨好奉承。但即使如此，最终也没有逃脱灭亡的命运。嘉靖四十二年（1563 年），胡宗宪以侵吞军费等十宗大罪被罢免浙江福建总督之职，他选择自杀这最后的道路。此时正是俞大猷、戚继光平定倭寇建树功勋的时期。

宫廷日夜

朱纨、胡宗宪的下场实在可悲。明朝自太祖洪武帝的大清洗开始，重臣大官遭受苦难一直持续到王朝末期。在土木之变时，反对迁都南京、死守北京、拯救明王朝于分崩离析之危机的于谦也在英宗的夺门之变后以拥立景泰帝的罪状被杀。而且，在历代王朝中，明代官吏的俸禄最低。《明史·食货志》记述：

自古官俸之薄，未有若此。

明代还有廷杖制度，滥用之极。所谓廷杖，就是如果触怒了皇帝，就要挨木杖打。廷臣每天早晨出门上朝的时候，都和家人告别，随时都可能被杀，不知道今天能否平安回来。

洪武帝的大清洗是为了确立皇帝独裁制。这个独裁制牢固地确立起来。宋代，皇帝坐在龙椅上，大臣站立汇报政务。宋以前，听说是皇帝和大臣相对而坐在椅子上。明代则是皇帝坐着，大臣必须跪在他面前。丞相这个职务被废除，明朝皇帝具有绝对的独裁的权力，后来设置若干阁臣，但内阁的本质是皇帝的秘书团。这只是一种亲信政治。

在皇帝独裁的体制下，如果是一个英明优秀的皇帝，这种政治雷厉风行，富有效率；但如果是昏君，其结果是昏天黑地，目不忍睹。明代在洪熙帝、宣德帝的“仁宣之治”之后的皇帝，虽说还不算昏君，但不能说是英明的君主。宣德以后的二百多年，算得上明君的只有一个孝宗弘治帝。但弘治帝治世不满二十年。

明朝的历代皇帝似乎多是反复无常的性格，不知道是皇帝这个地位造成的，还是因为是朱元璋家族的血统，大概二者兼具吧。英宗杀于谦，后来又后悔，但死者不能复生。

在性格反复无常的皇帝手下，官吏们满脑子就盘算着怎么不受廷杖，怎么逃避东厂秘密警察的监视而苟活于世。其结果是人人明哲保身，得过且过。像朱纨这样积极从政的人，必然树敌（他的敌人是福建、浙江的豪族），最后连自己的命都保不住。树敌固然很危险，挚友至交也不安全，被别人视为结党营私，一旦对方发生问题，就会殃及自己。投靠朝廷的权势重臣对自己的升迁本是好事，但如果过分密切，也很危险。胡宗宪因为朝廷重臣赵文华的失势而被孤立，最后被逼自杀便是一例。

生于明代，与其成为官吏，尤其是朝廷高官，还不如当一个普普通通的老百姓生活在市井小街。明代的民间社会充满生机活力。闽浙的豪族具有将总督这样的地方高官赶下台的力量，这无疑也是一种活力。

民间的活力以贿赂为武器可以在一定程度上干预政治的走向，执政的官吏俸禄微薄，朱纨死前曾说“吾贫……”。如果仅仅依靠薪俸不能养活一家人，那就必然考虑其他的收入来源。能坚决抵制贿赂诱惑的官吏实在是凤毛麟角。如果大家都这样，贿赂就公开大行其道，受贿的罪恶感随着淡薄下来。如果再进一步认为受贿理所当然，必然导致纲纪废弛。

明朝最高级别的官吏，即正一品官的月俸是大米八十七石，年俸一千石多一点，而且其中的一半不是直接发给大米，而是换算成钱支付，然而这个换算率要比大米的实际价格低得多，所以实际的年俸只有八百石左右。

地方长官又称为“良二千石”，这种叫法始于汉魏时代的郡太守年俸二千石。按魏的九品官法规定，郡太守不过五品官。唐的正二品官年俸虽然只是七百石，但分有职分田（在任期间占有）十二顷（一顷约合百亩）、永业田（辞职后依然为自己所有的田地）六十顷，此外每个月还支付杂费三万一千文。宋代官吏的待遇极其优厚，以各种各样的名目下赐。

甚至生病的时候，皇帝还以慰问的名义赐以巨额金钱。宋代的官吏觉得拿得太多，提出要退还一部分，但皇帝没有答应。

明末的顾炎武阐述“俸薄之害”。任何朝代都有贿赂，但明代如此普遍则是问题。纲纪废弛导致士大夫原本浓厚的理想主义的丧失和精神的颓废。任何朝代的朝廷都是玩弄权术奸计的老巢，但明朝尤为厉害，丑闻之多可以说位居历代王朝之首。虽然勉强也有一套各级机构，却无规则可循，一旦皇帝具有绝对的独裁权，制止阴谋诡计得逞就只能依赖皇帝个人的素养。

上面说了明朝的很多缺陷，当然并非一无是处。即使是一人之下、万人之上的重臣，皇帝一句话就可以让他身首异处，这种独裁的确造成官吏的消极平庸，但反过来也可以防止官吏肆无忌惮的专横跋扈。因为一旦触怒皇帝，自己就彻底完蛋。

皇帝掌握生杀予夺的大权，在他面前，大臣也好，属吏也好，平民百姓也好，都是一个样。这是一种畸形的“平等”。由于绝对专制君主的存在，出现平等状态的产生这种讽刺性的现象。

在绝对君主制的统治下，很难出现特权阶级。虽然有人受到皇帝的宠爱和信任而享有特权，但他们只是这一个皇帝时代的特权者，一旦新皇帝即位，就会出现新的特权者，老权贵随之消失，所以不会形成一个阶级。

最典型的例子是宦官。清代赵翼在《廿二史札记》中这样说道：

有明一代宦官之祸，视唐虽稍轻。

唐代的宦官在朝廷形成根深蒂固的一大势力，中唐以后，他们时而拥立皇帝，时而废黜皇帝。

明代宦官的飞扬跋扈并不比唐代宦官逊色。比如那个王振，士大夫只是因为没有向他打招呼，就遭到打击报复，其骄横狂妄可以说比唐代的宦官有过之而无不及。赵翼引用稗史中这样一段话：

永乐中，差内官到五府、六部，俱离府、部官一丈作揖。途遇公侯、驸马，皆下马旁立。今则呼唤府、部官如属吏，公侯、驸马途遇内官，反回避之，且称以翁父，至大臣则并叩头跪拜矣。

永乐帝无视父亲的遗训，开始重用宦官的时候，宦官对政府官员、公侯、驸马还毕恭毕敬。但后来逐渐完全倒过来，宦官称呼政府官吏如同呼唤属吏，公侯、驸马称呼宦官为“翁父”，避之犹恐不及。大臣们对宦官也是叩头跪拜。

气焰如此嚣张的宦官也未能在朝廷形成根深蒂固的势力。皇帝一换，宦官也随之改换，新皇帝信任的新宦官出场。明代的宦官始终在皇帝的控制之下，不像唐朝那样，宦官可以废立皇帝。这大概是洪武帝加强皇帝独裁权的结果吧。

强横霸道的头号宦官王振在“土木之变”中战死，他的所有党徒都被景泰帝清洗，势力集团灰飞烟灭。也有嘉靖帝那样不重用宦官的皇帝。宦官作为一种势力未能一直延续到明末。

明代宫廷的另一个特点是皇后、贵妃等并不是从很高的阶层挑选。明代的民间社会充满活力。宫廷后妃多从接近民间社会的阶层中挑选。《明史·后妃传》中不少后妃的父名没有记载，即使记述，也是“父某以女贵”这样的文字。因为女儿成为后妃，父亲沾女儿的光被封为伯、侯等。所以，可见女儿入宫的时候，其家门属于比较低的阶层。

洪熙帝的皇后张氏是永城（河南省）人，其父张麒沾女儿之光，追封为彭城伯。宣德帝废皇后胡氏，立孙氏。孙皇后的父亲孙忠是永城县的主簿。县主簿不过是一个小官。

关于两度即位的英宗的皇后钱氏，《明史》这样记述：

帝悯后族单微，欲侯之，后辄逊谢。

单微无疑是下层人。皇帝想封皇后的家族为侯，但是她予以婉拒。

二百多年间唯一的明君弘治帝的生母纪氏是贺县（广西）瑶族人。成化帝讨伐瑶族时被俘，纳入后宫。

成化帝的妃子邵氏，其父邵林极贫，将她卖给杭州的镇守太监。太监是宦官，买了女孩子也只好让她做杂事。因其容貌姣好，便献给皇帝，纳入后宫，深受帝幸。

据说万贵妃完全把成化帝控制在手里，成化帝十六岁即位的时候，她已经三十五岁，是所谓的“看护小孩”的贵妃。

后妃出身于下层，给明皇室不断注入新鲜的健康的血液。各种问题缺陷如此之多的明朝竟然能延续这么长时间，也许与这个不无关系，没有出现专权妄为的外戚集团。

宋代的宫廷文化极其纤柔细致，明代的宫廷文化则令人感觉粗率疏放。派往各地的宦官搜罗漂亮的女子作为宫女，不太过问门第家风，昨天还在小城镇或者光着脚丫在田地里跑动干农活的这些姑娘进入后宫后，逐渐形成后宫独特的氛围。

不仅宫廷如此，整个明代是一个朴素的充满男性气质的时代。这大概也是洪武帝的建国理念。万贵妃比成化帝年长十九岁，据说她扈从皇帝的时候，身披铠甲，腰佩宝剑。

成化帝似乎是一个神经质的皇帝，非常迷信，笃信道士。他把一个名叫孙道玉的道士尊为“真人”，还将李孜省等道士提拔到礼部侍郎的位置上。不仅仅是道教，连僧继晓等僧侣也相继成为国师、法王。道士在朝廷里无所事事，却也能听到国家的大事要事，所以世人称他们为“传奉官”。

回顾一下成化帝的成长经历，他是英宗之子，还是皇太子的时候，被叔叔景泰帝废黜，但父亲再次即位后，他也随之东山再起。也许正是这种跌宕起伏的人生使他成为命运论者，相信道教、佛教。他出生以后，这个万氏女人就一直在他身边照顾，对他产生巨大的影响。由于年龄差距实在太大，万氏未能立为皇后，但是她的地位在皇后之上，甚至废黜皇后吴氏，新立王氏。《明史·后妃传》这样记述：

万贵妃宠冠后宫，后处之淡如。

王皇后过于淡泊，缺少女性的魅力，但是万贵妃为了不让皇帝痴迷于女人，就把风情万种的吴氏废黜。其实，万贵妃大可不必如此，成化帝已经被她调教得服服帖帖，离开她简直活不下去。成化帝口吃严重，非常害怕与人接触，例如与家臣的接触都是由万贵妃代劳。

万贵妃生有一子，但夭折。她忌妒心极强，从此以后，只要别的妃子怀孕，她就强迫她们喝药流产。柏贤妃生有一子，皇子却即刻死去。《明史》认为是被万贵妃害死的。然而，"蛮土官女"纪氏生有皇子。这个皇子为什么能逃出万贵妃的魔掌呢？万贵妃得知纪氏似乎怀孕的消息后，派婢女前往探听，这个婢女汇报说纪氏不是怀孕，而是生病。于是万贵妃将纪氏送进"安乐堂"。安乐堂即是后宫的医院，也是后宫的女囚收容所。纪氏幸亏被万贵妃废黜皇后地位的吴氏所收容，所生之子由吴氏抚养。

有一天，成化帝照镜子，感叹自己"老将至而无子"。深知内情的宦官张敏忍不住如实禀告。这时纪氏所生之子已经六岁。父子立即会面，不胜感慨，万贵妃自然恨得咬牙切齿。把实情告诉皇帝的宦官张敏害怕遭受万贵妃报复，自杀身亡。皇子的母亲纪氏在这一年的六月突然死去，一说为万贵妃所害，一说自杀。

居住在安乐堂的六岁皇子朱祐樘于这一年的十一月被立为皇太子，交由成化帝的生母周太后抚养。这是万贵妃的魔爪无法触及的地方。有一天，万贵妃请皇太子吃饭。周太后叮嘱皇太子"儿去，无食也"。当食物端上来时，皇太子说"已饱"，不肯食用。汤羹端出来时，他又说"疑有毒"。万贵妃大怒，据说从此患病，不久死去。

成化二十三年（1487年），成化帝死，十八岁的皇太子朱祐樘即位。

明有天下，传世十六，太祖、成祖而外，可称者仁宗、宣宗、孝宗而已。

这就是《明史》盛赞的孝宗弘治帝。之所以成为明君，除了天赋秉性外，教育的作用极为重要。教育弘治帝的是宦官覃吉。宦官并非全都是坏人，弘治帝重用的宦官怀恩也是品德优秀的人物，怀恩担任司礼监的掌印太监，成为协恭堂的最高领导。

内阁设在文渊阁，宦官的最高机构司礼监设在协恭堂。内阁有徐溥、王恕、刘健、谢迁、李东阳这些名臣，人才济济。弘治帝即位后做的第一件事就是把父亲成化帝任命的一千一百人传奉官，四百三十七人各寺的国师、法王等，七百八十九人喇嘛教僧侣，一百二十三人真人以及其他道士全部驱逐出朝廷。这些家伙拿着朝廷的俸禄，过着舒适自在的生活。作为罪魁祸首的道士李孜省死于狱中，僧继晓被处刑弃市。

为了调查弘治帝生母纪氏的死因，鱼台县丞徐顼请求逮捕当时的医生以及万氏家族，但弘治帝未准。其理由是有违先帝之意。官吏的这个请求或许是出于对纪氏惨死的义愤，但也有可能是阿谀奉承地迎合新帝。不过，万氏家族的万喜及其党徒皆按其罪行之轻重分别判处流放等徒刑。

弘治帝虽是明君，也曾接近宣扬长生不老道术的李广，但很快就发现他的奸邪歹恶，李广自杀。

弘治帝也有他的弱点。皇后张氏的娘家仗势欺人，获取暴利，弘治帝居然听之任之，视而不见。尤其是皇后的弟弟张鹤龄、张延龄建造堪与帝陵媲美的壮丽豪华的家庙，多有不堪入目之言行，令人厌恶。这兄弟俩在弘治帝死后才受到处置。

弘治帝有一段时期受到李广的妖言迷惑，后来振作起来，励精图治。然而，与仁、宣二帝并称的明君，也同样惜其短命，他在晚年尤其倾注精力于政治。弘治十八年（1505 年）五月，弘治帝病死，享年三十六岁。

弘治帝的长子朱厚照即位，是为武宗正德帝。这是明王朝的怪物皇帝，多有怪异言行。

正德二年（1507年）八月，在西华门旁边建“豹房”，其状类似清真寺。不过这只是外观，内部却像喇嘛教，不伦不类，气氛怪诞。正德帝昼夜在里面做一些莫名其妙的事情，他自称太庆法王，用藏语读经，沉湎于喇嘛教的房中术，迷恋歌舞音乐，声色戏曲。

正德帝与禁欲的父亲弘治帝截然不同，是一个享乐主义者。他时常跑出宫廷，到市井坊间寻欢作乐。豹房里的游戏对象也往往在政治权力上春风得意。

正德帝对政治不感兴趣，政务几乎完全交给宦官刘瑾处理。刘瑾后来失势，据说没收的黄金达二百五十万两、白银五千万两，还有各种珠宝古玩，数不胜数，价值达到国家年收入的数倍。正德元年（1506 年）十月，刘瑾成为司礼监的长官，他的失势是在正德五年八月。仅仅五年的时间，居然搜刮如此巨额财富，据说他的收入主要是卖官鬻爵。明代官吏的薪俸微薄，为什么还有这么多人不惜巨额贿赂买官呢？虽然名义上的薪俸不足以道，但做官有很多外快。为了得到可以巨额受贿的官位，现在就要给实权派人物巨额行贿。整个社会似乎靠贿赂进行运转。

吏部尚书负责官员的任命。吏部史书张彩为保住自己的地位，与刘瑾沆瀣一气。受贿的不只是刘瑾，张彩也受贿。当时在全天下运转的贿赂金钱总额究竟有多少呢？完全无法想象。

大概刘瑾也感到害怕吧。与唐代宦官不同，明代是只要皇帝一句话，自己就会坠入深渊。皇帝交替时期权臣失宠的例子不胜枚举。荣华富贵能够享受到何时，虽然坐拥金山银山，但刘瑾也在为自己的未来提心吊胆。他对心腹张彩流露出这种担心，张彩献计道："如今陛下无子，所以只能从皇族中拥立皇帝。只要挑选一个幼小懦弱的皇族，我们的地位就稳如泰山。"刘瑾听了张彩的这一番话，心头略微宽松，可是想到未来的事情，还是忐忑不安。刘瑾思来想去，最后认为：只有自己当皇帝，才会真正万事大吉。

这实在是前所未闻，连具有废立皇帝的势力的唐代宦官也不敢这么想。据说因为刘瑾相信方术之士所说的他的侄孙将来大贵的预言。宦官无子，他即位以后，下一代的皇帝就是自己的侄孙。他认为，所谓的"大贵"，就是这个意思。恰好他的哥哥死去，所有的官员都要参加哥哥的葬礼，刘瑾决定就在这一天举事。

揭发刘瑾谋反的张永也是宦官。这是宦官之间的破裂争斗。不知道张永检举什么样的证据，不言而喻，权势熏天的刘瑾一夜之间天上地下，被捕处刑。

要说这是明朝的特点，刘瑾的掌权的确也是只有明朝才会这样。他是志愿宦官，正德帝还是皇太子时候的玩伴，猎鹰、斗犬、歌舞……吃喝玩乐，样样精通，深受正德帝的器重，即位的第二年，就任命他担任宦官的最高职务。感到危险的阁臣们暗中策划铲除刘瑾，事情败露，反被刘瑾残酷镇压下去。

刘瑾将五十三个“奸党”的名字挂在朝堂上，让群臣跪在金水桥的南面，对他们训诫。刘瑾的镇压比王振更加残忍。弘治帝时代的名臣大多受到迫害，此后没人敢对他说半个不字。王振当过教官，多少还有点学问，而刘瑾就只是一个游手好闲之徒。重用素质如此低的无赖，应该说正德帝负有最大的责任。

据说张永告发刘瑾谋反的时候，正德帝正喝得醉醺醺，他说：“想谋反的话，随他的便。”好像要把天下送给他似的。

正德帝放荡不羁，穷奢极欲，大概觉得坐在天子这把交椅上很不自在，过于拘束，真的愿意让给别人。刘瑾被处刑以后，正德帝又和射箭高手钱宁、江彬等军人玩在一起。对手是军人，玩法也粗野鲁莽。皇帝在紫禁城里亲自练兵，呐喊声全北京城都听得见。后来，正德帝不满足于在禁苑里玩这种小打小闹的游戏，正德十二年（1517 年），他率兵出德胜门，过居庸关，前往宣府。几年前，宣府还遭到鞑靼小王子的袭击。正德帝自称“总督军务威武大将军总兵官太师镇国公朱寿”，从宣府再前往阳和，再出顺圣川（阳和以东），直奔大同。当时小王子已经出兵阳和，宣德帝的行动其实十分危险。他在宣府过年。他的行为绝对不是“亲征”那样的正统行为，之所以来宣府，因为江彬是这里人，吹嘘这里美女多。就是说，宣德帝跑到这里是为了搜罗美女，昼夜淫乐。正德十四年（1519 年）才结束“远征”，回到北京，接着提出要南巡。

员外郎夏良胜、舒芬等接连上疏，谏请停止南巡。正德帝以及他的佞臣们恼羞成怒，逼迫联名上疏的一百零七人官员跪在午门外五天，以示惩罚。早晨开始跪在午门外，晚上关进监狱，其状：

累累若重囚。

佥事张英恐血污帝廷，装数升土于袋中，欲自刃以谏，被卫士夺刀，送进监狱。正德帝处罚张英杖八十，最终张英死于棍棒之下。谏请停止南巡的夏良胜等一百零七人官员分别受到五十或者四十板杖刑，其中也有几个人死去。不过，毕竟正德帝也不敢犯众怒，不顾群臣反对一意孤行，他不得不取消南巡。

这件事发生于三月。六月，宁王朱宸濠在封地南昌发动叛乱，正德帝终于有了亲征南方的借口。但是，宁王的叛乱被巡抚王守仁（阳明）迅即一举扫荡。捷报传到北京，正德帝秘而不宣，一旦发表，他就失去了南巡的借口。十一月，正德帝到扬州，过长江，进入南京。

正德十五年（1520年）八月，正德帝终于从南京启程。九月，游积水池，覆舟，虽然获救，却从此患病。第二年三月，在豹房结束其三十一岁的短暂生涯。遗诏云：

前事皆由朕误。

正德帝意识到这一点，为时已晚。

正德帝无子，按照遗诏，由其十五岁的堂弟朱厚熜即位，是为世宗嘉靖帝。嘉靖帝的父亲兴献王朱祐杬是正德帝的父亲弘治帝的弟弟。兴献王的封地在湖北安陆。朱厚熜于四月癸未日自安陆启程，二十天后到达北京。这期间，宫廷清洗正德帝留下来的污泥浊水。

解散正德帝自任大将军的威武团练的各营地，驱逐豹房里的外国僧侣以及其他不三不四之徒，允许各地进献的女子回乡，停止北京正在兴建的可有可无的各项工程，放置在宣府离宫的金银珠宝全部收回藏入北京的内库。正德帝的心腹江彬在都督李琮的唆使下正打算举兵谋反，被捕，没收的财产有黄金七十柜、白银两千二百柜以及其他数量庞大的珍珠宝石。

嘉靖帝即位后，江彬、钱宁等被处刑，正德年间被撤职的群臣复职，并颁发诏书，宣布明年减少一半田租；还削减三万多锦衣卫。人们对新政怀着巨大的期望。

嘉靖帝大刀阔斧地进行人员整顿，由于宦官的为所欲为，各地各处都有通过贿赂安插进来的党徒，这些人全部被撤职，据说人数高达十几万。不仅仅牵涉被权臣侵吞的金银财宝，这十几万人的薪俸更是国家财政不必要的支出。他们身居官位的时候，可以免税，如果加上这部分钱，国家蒙受巨大的损失。

被人们寄予厚望的嘉靖帝其实并没有多大的本领，就明的体制而言，如果出现一个明君，政治会大为改观。独裁制是一把双刃剑。《明史》评价嘉靖帝是一个“中材之主”。

嘉靖帝时代，虽然宦官不再飞扬跋扈，但纲纪废弛极为严重，嘉靖帝即位不久就发生“大礼之议”的大问题。

嘉靖帝是继堂兄正德帝之后即位，这不符合中国皇朝的规矩。简单地说，就是嘉靖帝继承了本家的地位，所以就成为正德帝的父亲、嘉靖帝的伯伯弘治帝的后嗣，那就应该尊弘治帝为“皇考”（亡父），而自己的生父变成叔叔。

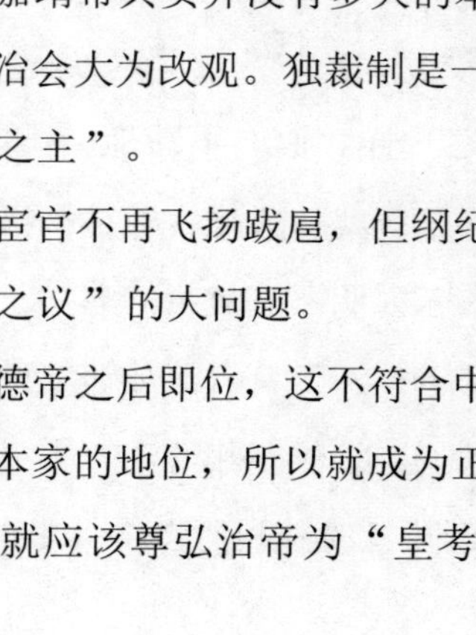

如上图的两条线所示，这是本家系统。本家的正德帝无子，唯一的弟

弟朱厚炜三岁死去，于是将血统最近的兴献王的长子作为本家的继承者。

但是，嘉靖帝希望将已经亡故的生父作为“皇考”，将弘治帝作为“皇伯父”，如此一来，本家就转移到兴献王家族一方来。严格地说，这是篡位。

首席阁臣杨廷和按照礼法，决定弘治帝为皇考，生父为皇叔父，与嘉靖帝发生对立。

皇帝不允许是私人的存在。正德帝想成为私人，做了很多出轨的事，可见皇帝这个位置还是相当受约束的。嘉靖帝成不了私人，却怀着私情与内阁作对。这个时候，就会出现心怀叵测的野心家。虽然内阁已经提出统一见解，却仍有人拍马屁上疏表示赞成兴献王为“皇考”。他们是进士张璁、南京刑部主事桂萼等。

嘉靖帝一意孤行，终于撤销杨廷和的职务，张璁和桂萼升任翰林学士掌握政权。当群臣知道“大礼之议”的问题是这个结果时，伏阙恸哭，犹如当年谏阻正德帝南巡一样。他们不断地大声叫喊“孝宗皇帝”的名字。按照嘉靖帝的决定，皇统就从成化帝转移到兴献王一方，孝宗弘治帝就消失了，所以他们才大喊大叫孝宗皇帝的名字。嘉靖帝怒不可遏，将伏阙的臣子一百九十人全部下狱，为首者流放边境的军营，四品官以上剥夺薪俸，五品官以下处以杖刑。编修王相等十六人受杖刑而死。历时三年多的“大礼之议”以皇帝追随者的胜利而告终。史书记述道：

自是衣冠丧气。

正义派受到镇压，寡廉鲜耻的家伙坐在权力的宝座上，原本对国家责任充满自信的官员们垂头丧气，意气消沉。得志的小人为了巩固自己的地位，将所有的反对派都赶出朝廷。

政权更迭，所有的官员都随着更迭的“党祸”自此开始。

政权掌控在只知道奉承迎合皇帝、没有操守的张璁、桂萼之流手里，可想而知会变成什么样子。嘉靖帝信奉道教，憧憬长生不老，重用擅长写作“青词”的人，政治越发腐败。人称“青词宰相”的严嵩等人实行贿赂政治，其毒辣卑鄙的程度甚至会让前一代的宦官感觉小巫见大巫，尤其是他的儿子严世蕃更是无所不用其极，人见人怕。

除了贿赂别无所长的一群奸徒盘踞在备受北虏南倭之苦的政权巅峰，不能不说是明朝的悲剧。北虏南倭不是天灾，只要具有坚强的政治力量，在一定程度上可以防御。例如，倭寇的发生是贸易上的货款纠纷作为导火索，只要政府采取妥当的行政指导就能够解决。北虏的进攻也可以说是与大同军队的叛乱相呼应。兵变的发生是因为军队上层腐败、士兵待遇恶劣，完全是政治问题。

具有绝对权力的嘉靖帝身居紫禁城的深宫内院，一心一意地祈祷道教的神赐予自己长生不老，看来《明史》对他的“中材之主”的评价还是太高。治世初期的革除弊政的功绩，其实是杨廷和等阁臣送给他即位的“见面礼”。

嘉靖四十一年（1562年），嘉靖帝罢免严嵩。青词宰相严嵩已经老迈，撰写的青词失去文采，嘉靖帝对他感到厌恶。因为出来另一个撰写青词的高手徐阶，皇帝转而青睐他。这个徐阶在“大礼之议”的时候属于最后一排，曾为此被贬，是一个内心颇有骨气的士大夫，但一直渴望重新成为政治舞台上的主角。他将这种政治欲望隐于心中，深藏不露，只是专心致志撰写青词，博取皇帝的欢心。因为他知道，没有皇帝的信任，一事无成，经历过政治挫折以后，如今只好暂时以青词作家的身份韬光养晦，伺机再起。当他感觉到皇帝对严嵩失去信任的时候，认为时机已到，终于采取行动。

明代设有言官一职，专门提意见。徐阶与言官合伙开始责难严嵩，另外，道士蓝道行也向嘉靖帝揭发严嵩的奸罪。所有的人都看得出来，严嵩已经失宠。严嵩的儿子严世蕃无恶不作，比父亲更坏，弹劾的罪状更多，结果严世蕃被诛杀，失势的严嵩不久病死。严嵩掌权二十年，一朝灰飞烟灭。这与正德帝时候的刘瑾一样，可见明朝皇帝具有何等绝对的权威。权倾一时的刘瑾因为害怕失势而想当皇帝的心情虽然令人意外，但还是可以理解的，因为皇帝不必担心自己失势。

将疲于边，贼讧于内。

嘉靖帝这种状况的四十五年治世终于结束。嘉靖四十五年（1566年）十二月，这个中材之主死去，享年六十岁。尽管没有长生不老，却比明君仁、宣、孝宗（弘治帝）的寿命长多了。

乱民和逸民

现在让我们把目光转向宫廷外面。在正直的官员心情沮丧、明哲保身的日子里，民间充满生机活力。刘瑾、严嵩之流利用贿赂运作政治，这些钱财最终还是取之于民。换言之，平民百姓还有被他们榨取的油水。

这个时代，无论朝野，物欲横流，贪得无厌，从某种意义上说，赤裸裸不加任何粉饰，倒是率直。这种重利的现实主义大概继承了蒙古族政权时代的风气。

中国地域辽阔，每年总有一些地方发生自然灾害。仅仅从史书的记述看不出来，很多天灾其实是人祸。《明史》本纪的记载像是标题一样极其简略的文字罗列着，例如嘉靖元年的事项，这一年南畿、浙江、江西、湖广、四川都发生旱灾，二年“辽东饥”，三年“淮阳饥”，四年“振辽东灾”，这说明辽东地区肯定发生什么自然灾害。五年三月“京师饥”，八月“湖广饥”。

史书对大同的兵变有所涉及，但其实各地还时常发生民乱。最典型地体现明代特点的民乱应该说是英宗前期发生的邓茂七之乱。邓茂七是福建沙县人，曾做过甲长。按照福建的老规矩，佃农向地主缴纳谷物，必须亲自把谷物送上门，还要送上礼物，请地主以后多加关照。邓茂七对佃农说没有必要这样做，收割以后，让地主自己来收取谷物，废除送礼物的风气。

邓茂七大概是一个性情耿直、富有正义感的人。佃农一年到头在田地里汗流浃背辛勤劳动，为什么还要把收获的果实亲自送到地主家里去呢？

这是一个朴素的问题。赠送礼物是表达感谢的心情，地主把土地让佃农耕种，自己不劳而获，过着舒适安逸的生活，应该是地主向佃农表示感谢才对。邓茂七这么想，也让佃农这么做。

地主自然满心不高兴，想租地耕种的农民有的是。地主拥有土地，是当地的实力派，而且都与官府有着密切的关系。他们向县衙门告状，佃农反抗地主是一种小叛乱，于是，煽风点火的邓茂七就成为叛乱的头目。县令命令巡检抓捕邓茂七，但是前来逮捕的士兵反而被邓茂七杀死几个。事情闹大了，县里派遣三百士兵来抓人，结果被邓茂七全部杀光，连指挥的巡检也被杀死。如此看来，邓茂七已经聚集来相当多的人马。

佃农煽动者变成了叛乱的首领，劫富济贫，自称"剗平王"，下面分别任命各种官职，据说人数达到几万人。这些造反者不仅仅是佃农，连叶宗留、陈鉴胡领导的宝丰县银矿工人也起来响应。邓茂七攻陷二十多个州县，杀死官军的指挥范真、彭玺。

这已经不是单纯的佃农骚乱。福建布政司阮勤是安南人，平时对人民残酷剥削，人民怨声载道。参加邓茂七叛乱的人数之所以这么多，其背后正是这个原因。

朝廷命御史丁瑄招讨，都督刘聚率大军前来福建。虽然邓茂七攻占延平（今南平市），但由于官军兵力众多，力量悬殊，最终被镇压下去，邓茂七被斩。

邓茂七的叛乱事件于正统十三年（1448年）发生，至第二年结束。邓茂七于正统十四年二月被斩。半年后的八月，发生英宗在土木堡被卫拉特俘获的事件。

响应邓茂七叛乱的银矿工人造反团被称为"处州之贼"。叶宗留也自己称王，在浙江、江西、福建三省的交界地区恣意扰乱，在崇安杀死都指挥吴刚。但是，军队发生内讧，陈鉴胡杀死叶宗留，自称"大王"，定国号为太平、元号为泰定，很是雄心勃勃的样子。但邓茂七在延平被斩以后，陈鉴胡孤掌难鸣，最后在英宗被卫拉特俘获后不久的这一年九月投降浙江巡抚张骥。在北京的朝廷风雨飘摇的时候，处州之贼的平定算是黑暗中的一道亮光吧。

与邓茂七以及处州的造反几乎在同样的时期，广东的瑶族、贵州的苗族也发动叛乱，原因大概是当地的官吏压迫过重。福建的银矿也是如此，当地的监督官吏只考虑自己的业绩，采取非常苛刻的劳动定额制。史书记载，在叛乱发生的第二年，北京就颁布“免浙江福建之银课”的命令，大概这是反省的措施吧。

苗族的叛乱慢性地拖延下来，英宗第二次即位的天顺年间，一个名叫李添保的人由于滞纳税金逃到苗族地区。他自称是唐太宗的后裔，集聚万余之众。也许因为苗族人敬畏唐太宗，也许因为李添保能说会道，花言巧语骗取苗族人的信任。

李添保称王，定元号武烈，频繁向四方出兵征战，后来被贵州总兵官李震镇压，李添保被俘。

邓茂七造反之后，广东的黄萧阳也发动叛乱，以千余艘船只包围广州，他们大概可以称为“海盗”吧。都督董兴率两广和江西的军队和他们水战，黄萧阳战死，其部下或被杀或溺死，残余投降。

在英宗的两次治世期间，发生的民乱最多，这说明以王振专横跋扈为象征的英宗政治体制存在巨大的问题。

至于只知道花天酒地、寻欢作乐、佞臣当道的正德帝时代，到处发生民乱则是理所当然的。

正德五年（1510年）的刘六、刘七之乱大概可以称为“贿赂之乱”。刘六、刘七是兄弟，本名刘宠、刘宸，文安（位于北京南面大约一百二十公里，保定与天津之间）人。兄弟俩骁勇精悍，当地的官吏利用他们维持社会治安，就是代行警察的职务抓捕盗贼，立下汗马功劳。他们的手下有杨虎、齐彦名等一些干将。当时是贿赂盛行的时代，不会行贿，建树多少功劳都没有用处。正是宦官刘瑾日方中天时期，他的部下也是狐假虎威，作威作福。刘瑾的一个部下梁洪要求刘六行贿，遭到拒绝，于是诬陷刘六为盗贼。

这件事实在令人发指，本来是协助政府，代行警察职务，应该受到表彰，却被与衙门有关系的人索要贿赂。刘六一下子变成政府讨伐的对象。前来讨伐的还是刘瑾的手下、捕盗御史宁杲、柳尚。在这种情况下，刘六被迫逃到真正的盗贼头子张茂那里寻求庇护。张茂好像是避风港，那些无法缴纳税金、被政府追捕的人都跑到他那里躲藏，于是呼啸山林，割据一方。

朝廷派参将袁彪讨伐张茂，大军压境，张茂也感觉束手无策。那是有钱能使鬼推磨的时代，部下刘六开始利用行贿挽救困局。宦官张忠也是文安人，过去和张茂还是邻居，刘六首先从他身上下手。张忠狮子大开口，开出的价码是白银两万两，而且说这事要求助刘瑾帮忙，另外还要给刘瑾一万两表示感谢。

必须想办法筹措这三万两银子，只有官库才有如此巨额的钱财，为了通过行贿保住盗贼团伙，就必须采取盗贼的行为。袭击官库是一件大事，需要大批人马。在准备阶段，逐渐聚集相当规模的人马，于是索性下决心造反。刘六攻破霸州城（河北文安以北），杀守将，热火朝天地扩大队伍。

一个名叫赵鐩的读书人在霸州加入刘六的队伍。此人曾逃避民乱，当妻子被叛军抓捕的时候，他奋不顾身地扑上前去，赤手空拳杀死两个士兵。被叛军擒获，刘六欣赏他的虎胆勇猛，说服他入伙。赵鐩俗称“赵疯子”，赵疯子成为叛军的领导后，告诫全军：

毋淫掠，毋妄杀。

于是，这支叛军具有了义军的性质。

朝廷任命惠安伯张伟为总兵官、右都御使马中锡提督军务。张伟是仁宗洪熙帝皇后张氏的弟弟张升的曾孙，是与皇室有血缘关系的贵族。马中锡的出身阶层也相类似，史书记载他们“书生不习兵事”。他们的工作似乎主要不是讨伐，而是说服归顺。

参将桑玉是地道的职业军人，与刘六兄弟遭遇，将他们围在一家民居里。刘六手下兵卒不多，情势危急，便对桑玉行贿。桑玉放松包围圈，正好齐彦名的援军赶来，刘氏兄弟才勉强逃脱。

正是从这个时候开始，刘氏兄弟叛乱的规模迅速扩大，兵分两路，刘氏兄弟、齐彦名率领一路进发山东，杨虎、赵疯子率领另一路从河南奔向山西，纵横数千里，攻破州县百余座，所过之处如入无人之境。

马中锡乘坐抬轿只身来到山东得县的刘六军营劝降。刘六本来就没有反叛的意思，以前还协助政府干过防贼防盗的工作，他想顺水推舟，归顺政府。其弟刘七表示反对：

骑虎不得下。今奄臣柄国，马都堂能自主其言乎?

如今是骑虎难下之势，宦官政权，一切都是他们说了算。马中锡虽然许诺保证性命安全等各种条件，但是否说到做到，的确难以预料。宦官反复无常，言而无信，被杀的可能性还是很大。刘六反复考虑，最后放弃归顺的想法。

刘氏兄弟率领数万之众横扫河北、山东，杨虎、赵疯子率领十三万步兵和五千骑兵，组成二十八个营，与天上星宿二十八宿相对应。拥有骑兵以后，活动范围更加扩大，到达江苏、湖北。

讨伐军经常向北京报捷，这是欺上瞒下，但是张伟和马中锡还是以战绩不佳为由被召回北京，下狱，宣判死刑。不知道是否因为行贿，他们似乎并没有被处刑。接替他们的兵部侍郎陆元和副都御使彭泽知道如果报送具体翔实的捷报，自己的性命也很危险，但如果谎报战果，又害怕事情败露，于是袭击平民百姓，制造战场胜利的假象。史书记载讨伐军“食残嗜杀剽掠甚于贼”，同时也说刘六的军队是：

官兵追及，贼辄驱良民在前，官兵所杀皆良民。

史书说刘六军把良民百姓推到前面作为挡箭牌。因为这是官方的记录，这样说也许是为官军残杀平民百姓的行为辩解开脱。叛军本身就是平民的队伍，赵疯子还严禁淫掠妄杀。

都督佥事兼总兵官冯祯，副都御使马炳然，指挥王保、蔡显，知县张汝舟等诸多政府官员战死，这说明叛乱军的势力相当强大。

朝廷调动宣府和辽东的军队才将刘六的叛乱军镇压下去。刘六在汉口的作战中落水溺死，刘七和齐彦名乘舟逃到镇江，然后据守狼山（江苏省），被陆完军队包围，齐彦名战死，刘七自杀。赵疯子薙发逃到江夏（湖北省），但被俘，送往北京，处刑。正德七年（1512 年）八月，叛乱军在狼山全部被歼。

始于贿赂的叛乱终于平息下来，在这过程中，也发生一些贿赂的故事。朝廷镇压刘氏兄弟，据说仅中央国库的支出就多达白银二百万两，被卷入战火的各地府库都空空如也。

在发生刘六之乱的同时，江西、四川也发生叛乱。蓝廷瑞在四川自称顺天王，聚集十万之众，下设四十八总管。蓝廷瑞等主要领导中了官军的圈套被俘，其中廖麻子逃脱，坚持抵抗到最后。朝廷撤职讨伐司令，以镇压刘六之乱的彭泽取而代之，才平定四川的叛乱。

在发生正德年间的叛乱之前，明朝的国家财政其实并不十分充裕。仁宣之治的积蓄在英宗的“土木之变”等愚蠢的失政后都已亏空。这必然给人民造成巨大的影响，官府对百姓的催缴税金越发严厉。在正德初期、刘六之乱刚刚兴起时死去的沈周（1427—1509 年）写有这样的七绝：

啼饥儿女正连村，况有催租吏打门。

一夜老夫眠不得，起来寻纸画桃源。

催田吏就是催缴田租的官吏。沈周出生于苏州北郊长洲的富豪家庭，没有经历过诗中所写的那种“啼饥”的体验。但是从这首诗来看，作者对提心吊胆害怕催租的农民没有采取旁观者的态度。

不论哪个村子都能听见孩子们饥饿的哭声，然而，凶神恶煞的催租人依然使劲敲门，老人心惊肉跳，彻夜不眠——这里的“老夫”似乎也可以解释为贫农老人，但与最后一句的内容对照起来，“老夫”起来寻找纸张画桃花源，“老夫”就不是贫农，而是生活富裕的苏州文人画家沈周本人。沈周是资本家，却对农民、对社会忧心忡忡，夜不能寐。

苏州是张士诚反抗洪武帝朱元璋的最后阵地，明王朝对苏州采取惩罚性的措施，课税比其他地方要重得多。然而，苏州像不死鸟一样重新复苏。虽然还有贫农，但从中国整体来看，苏州是最富裕的地方。在不公平的课税的重压下，依然发展成为明王朝的经济中心之一。

上面这首诗给人一种作者生于动乱时代的感觉，其实并非如此。他生于宣德二年（1427 年），是一个洪武帝的清洗、靖难之变的风暴都已经过去，继承着仁宣之治的遗产的时代；他去世的时候，正德的混乱时代尚未开始，应该说他生活在一个和平稳定的时代。

即使如此，沈周对那个时代依然感觉惶恐不安，无法入眠，爬起来拿出画笔描绘乌托邦的世界，以此平静自己的心灵。

沈周的雅号中，石田最为著名。文徵明、唐寅这样的画坛泰斗都是他的弟子，他在苏州文化界被视为长老。他生长在四代著名的书画家、文化资本家的家庭里，锦衣玉食，万事如意，如果想当官的话，也一定官运亨通，但是他不问仕途，作为一个逸民终其一生。

比沈周晚一代的弟子们的作品中所表现的细致温雅的风格在他的作品中并不明显，不如说反而显得粗健苍劲。他是一个温文尔雅的绅士，没有经历过人生挫折，举止行状也不怪诞奇特，作品却呈现这种风格，大概是心怀不安的缘故，无疑具有比别人更加敏锐的感受性。

沈周一生不问仕途，只是作为一介普普通通的苏州市民终其八十三岁的生涯，从表面上看，风平浪静，没有波浪起伏的经历，然而，也许他心中翻腾着别人无法估量的惊涛骇浪。他的弟子中，最忠实地继承他的平和温情风格的是文徵明，与此相反的是唐寅。

文徵明与其师沈周一样，也是名门出身，据说家祖是南宋忠臣文天祥。文徵明体弱多病，却活到九十岁，长寿这一点，与沈周相似。他曾在朝廷当官三年，在九十年的生涯中，可以说极其短暂。他不像其师沈周那样毫无仕途之意愿，而是屡次参加科举，屡次失败，五十三岁还参加科举，第二年通过关系在北京的宫廷里谋个官职。他连进士都没有及第，待在宫廷里大概觉得难受。如果中举进士，也许会长期走仕途这条路。

屡次科举都名落孙山的文徵明大概属于大器晚成型的人物，或许说是勤奋努力型。就绘画而言，四十岁之前只是模仿前人的作品。他吸取许多前人的营养，学沈周最多，也通过作品学习元末四大家的风格。他的学习方法也很独特，富有个性，不是从一家模仿，而是博采众长，兼收并蓄。有人认为这样缺少主体性，但也可以说具有巨大的包容性，有的美术史学者认为他没有接受系统性的学习是因为性格懦弱的缘故。

苏州的艺术家群体称为“吴派”，富有个性的文人颇多，但因为文徵明的存在，才勉强形成一个群体。他不喝酒，不近女色，具有兼容并包各种风格予以消化吸收的咀嚼力。有关他的逸闻趣事很少，也没有什么天才的传说，但是纵观苏州的艺术史，他是一个重要的存在。

与文徵明生于同年的唐寅是一个性格截然相反的艺术家，与文徵明一样精通书画，但属于天才型的人物，一生也是跌宕起伏。他似乎不是生于士大夫的家庭。祝允明为他撰写的墓志铭说道：

其父德广，贾业而士行。

其父做买卖，但道德品行与士大夫一样。可以推定唐寅的父亲经营饮食店，这在当时社会地位比较低。唐寅的起跑线与文徵明就不一样。

唐寅二十九岁时，南京乡试首席及第，第二年，参加北京的会试。悲剧在此发生。

担任会试的主考官是阁僚级的人物，那一年的主考官是程敏政。觊觎他的位置，想取而代之的一个人唆使别人弹劾程敏政泄露考题，说是把考题泄露给唐寅和徐经，结果这两个人下狱。徐经和唐寅同为苏州人，他们在考试前的确拜会过程敏政，但考题泄露属于子虚乌有。经过调查，弹劾者被关进监狱，大概查明完全是捏造陷害。

可是唐寅被赶出京城，终生剥夺为官的资格。因为考试前拜会主考官是极不妥当的行为。这是唐寅遭受的巨大挫折。他参加科举考试，说明他还是希望走仕途之路。

客来便共饮，去不问，醉便颓寝。

墓志铭所记述的这种放荡不羁的生活大概与上面的挫折无关吧。乡试第一名称为解元，所以唐寅称为唐解元，自称六如居士。六如居士这个号出于佛经。《金刚经》说“一切有为之法如梦幻泡影露电”。他还自称“江南第一风流才子”。有钱就花，所以他经常身无分文。

领解皇都第一名，猖披归卧旧茅蘅。
立锥莫笑无余地，万里江山笔下生。

他住在无立锥之地的破茅屋里，君莫笑，只要我拿起画笔，满纸万里江山展宏图——表现一种不肯服输的气势，从他的这首诗里感觉到放荡生活的气息。

比文徵明、唐寅年长十岁的祝允明也过着自由奔放的生活。没考上进士，曾在乡下当过一段时间的知县，后辞职回到苏州。唐寅善画，祝允明精于诗歌和书法。文徵明、唐寅、祝允明，加上徐祯卿（1479—1511 年），被称为吴中四才子。徐祯卿最年轻，也最早死，是一个早熟型的人才，擅长诗歌。他在四才子中独放异彩的地方，就是唯有他及第进士，曾担任国学博士的官职。他又与何景明、李梦阳、边贡合称弘正（弘治、正德时期）四杰。

弘正四杰中，除徐祯卿外，其他都是北方人，如按作品排序，还是感觉徐祯卿的风格最为华丽。为什么徐祯卿与三个北方人并称四杰？因为他们都是鼓吹古文辞运动的诗人。古文辞运动的领袖是李梦阳（1472—1529 年）。

文必秦汉，诗必盛唐。

这就是古文辞运动的口号。这无疑是彻底否定宋诗。这个运动以杜甫、李白作为诗歌的巅峰，认为白居易等中唐以后已经萎靡衰弱。他们为什么全盘否定宋诗呢？主要认为宋诗过于纤细理智，将诗歌的生命“调”摆在次要的位置上。所谓“调”，就是感情喷发的节奏。

自李梦阳提倡以后，古文辞主义就成为明代文学的信条。明代人之所以对古文辞主义产生共鸣、欣然接受，因为明朝是一个按照洪武帝的理想建立起来的朴素的、阳刚的社会，没有阴郁幽暗的气氛，具有坦然开放的性格。乱民为了缓解包围，竟然与讨伐军的将军谈判贿赂的数额，没有什么不可告人的。

如果要想了解这个时代的总体情况，只要阅读小说《金瓶梅》就可以。《金瓶梅》是将《水浒传》中打虎的武松的嫂子潘金莲与其情人西门庆的故事加以演绎而创作的一部长篇小说。《水浒传》的故事发生在北宋，但《金瓶梅》大概创作于明朝万历年间，完全是明代中期以后的社会氛围。

主人公西门庆有六个妻妾，从其中潘金莲、李瓶儿、庞春梅三个人的名字中各取一字作为书名。由于细腻描写爱欲生活，作者也未署名，起初是手抄本流传，成书年代不详。刊刻本大概在明代万历三十八年（1610 年）问世，现存最早的刊刻本附有写于万历四十五年（1617 年）的序。

西门庆以毒辣凶狠的手段聚敛钱财，成为富豪，通过贿赂买获名誉，过着荒淫无耻的生活，但由于春药饮用过度，猝死，其子出家，家破人亡。从表面上看似在劝善惩恶，但鼎盛时期的西门庆的确是当时人们羡慕向往的对象。这部小说的出场人物上自大臣下至乞丐，尤其详细描写家庭生活。文笔老辣透辟，相当水平的文人才能写出来，有人推测真正的作者是万历年间的文豪王世贞。不过，王世贞不会写这样的小说，而且《金瓶梅》的一个特色是经常使用山东方言，出生于苏州附近的王世贞几乎没有这种可能性。

按照中国的传统观念，《金瓶梅》中的爱欲描写过于露骨，物欲横流，赤裸裸贪得无厌，生动深刻地反映出贿赂横行的世相。爱欲、物欲的素朴（确切说应该是粗野）可以说正是明代社会的真实反映。但是，必须注意的是，明代不是只有爱欲、物欲，精神生活——无论在学术还是在文艺方面，其核心部分含带着朴实无华的本质。可以说古文辞运动就是其体现。

我现在简单讲述一下南北差异的问题，上面所说的明代风气是总体的风气，其实南方与北方存在相当大的差异。明代否定宋代的理智性、偏重理论、纤细文弱等，这种否定在北方表现得尤为强烈，在南方就比较缓和。

吴中四才子中，参加古文辞运动的只有徐祯卿一人，这四人中也只有他一个进士及第。他是苏州人的四才子中唯一的“非逸民”，到北京的朝廷做官。他在北京听到李梦阳的古文辞主义的主张，产生共鸣，这在苏州看来，徐祯卿是“崇北派”。苏州的文化环境与宋代纤细旖旎的文风有共通之处，不像北方那样彻底否定。被拟定为《金瓶梅》作者的王世贞虽然出生于苏州附近，但是热烈响应古文辞运动。

某吴人也，少尝从吴中人论诗，既而厌之。

他甚至对苏州的氛围都很讨厌。这样以出生地机械地进行性格分类，如果出现特殊的例子，则容易否定自己的命题，但还是有助于大体上的理解。

尽管苏州受到明朝廷的惩罚性歧视待遇（可以说是镇压），但是以其经济实力予以回应。苏州不过是江苏的一个州，苏州府仅仅统辖七个县，然而，它所负担的税金数额与统辖七十五县的浙江省相同。浙江省也有杭州府、绍兴府这样在中国数得上的富庶之地。

明朝设一百四十府，下设一千零三十八县。苏州府的七个县相当于全国的县的总数的一百六十分之一，负担的国税却是全国的十分之一。明朝一方面对苏州采取歧视政策，另一方面在经济上不得不依靠苏州。

苏州是丝绸之都，丝绸的巨大生产地。据万历六年的统计，苏州府大约六十万户，人口二百万。苏州的丝绸也远销海外，最后以白银结算，所以苏州集中有大量的白银，一部分作为税金被北京攫走，但北京要购买高档丝绸之类的东西，还得依靠苏州商人，白银又回到苏州。

如果苏州停止其经济功能，恐怕整个明国的经济就会崩溃。苏州人有这样的自信，多有不喜仕途的逸民，也应该出自这种自信。

无论是朝贡交易，还是私人贸易，最终都是苏州商人在做买卖，也有不少外国人来到这里。

国立京都博物馆收藏有吴中四才子之一的唐寅写给日本人重直彦九郎的送别诗真迹。

重直彦九郎何许人也？如今一无所知。既然与唐寅交往，看来也是风雅情趣之人。在那个时代，一般不会是单纯的旅行者。送别诗的日期是正德七年（1512 年），在前一年以八十七岁高龄的僧桂悟为正使的遣明船出发前来中国，也许重直彦九郎是一名随员。《六如居士全集》中此诗的序文是“彦九郎还日本，作诗饯之，座间走笔，甚不工也”，全诗如下：

萍踪两度到中华，归国凭将涉历夸。
剑佩丁年朝帝扆，星晨午夜拂仙槎。
骊歌送别三年客，鲸海遄征万里家。
此行倘有重来便，须折琅玕一朵花。

从诗中看，重直彦九郎两次来到明国。

苏州是经济城市、文化城市，乃至国际城市，但是从另一方面来看，也许偏离了洪武帝所追求的农本主义、朴素主义的理想。逸民在苏州舒适安居，热爱苏州，而热衷仕途的非逸民，尽管是苏州人，对苏州似乎有一种排斥的情绪。苏州这座城市与明代的国家理念产生冲突。

既是吴中四才子之一，又是弘正四杰之一的徐祯卿属于古文辞派，但他依然具有浓厚的苏州气息。据说古文辞派的李梦阳批评他“故习犹在”。下面这首《春思》七绝可见徐祯卿性格之一斑。

渺渺春江空落晖，行人相顾欲沾衣。
楚王宫外千条柳，不遣飞花送客归。

除了风土习俗使然外，朝廷的镇压也促使苏州产生根深蒂固的反政权的情感。吴中四才子中除徐祯卿之外的其他三人都进士不及第，这大概与明朝科举强制推行的八股文对具有独创性思想的文人不利有关吧。真正的艺术才华不能被八股文束缚手脚。

祝允明的祖父是进士，但父亲是商人。唐寅的父亲似乎是开小餐馆的。这说明苏州各阶层的市民对诗书绘画都很感兴趣，不言而喻，这是因为有富裕的经济背景作为保障。

下天风

把徐祯卿断定为苏州的“叛逆者”似乎有失公允，他年纪轻轻就进士及第，侍奉于北京的朝廷，大概感受到与苏州不同的北方朝气蓬勃的活力，发现平庸之人未能发现的巨大魅力。他具有敏锐的感受性、开阔的胸襟，刻骨铭心地体会到北方的优点。我觉得应该这样好意地来认识他。徐祯卿早死，《明史》说二十三岁，我觉得应该是三十三岁。即使如此，也还是太早，死于正是刘六之乱的正德六年（1511 年）。

为夭折的徐祯卿写墓志铭的是他的朋友王守仁（1472—1528 年）。王守仁的号阳明比名字更有名，本书称其为王阳明。

王阳明生于成化八年（1472 年），比徐祯卿大七岁，浙江余姚人。二十一岁乡试合格，二十八岁参加会试，进士及第。父亲王华官至南京的吏部尚书。永乐帝从南京迁都北京，但在南京还设置一个小政府。在南京担任吏部尚书，令人感觉有名无实，是个虚职，但无论如何也是阁僚。在如此优越的家庭环境中，家人都期待王阳明走上精英仕途之路。

王阳明进士及第后，担任观政工部，后遇到挫折，患病修养，使他有时间深入思考问题。回乡以后，时而痴迷道教，时而求助于佛教拯救，经历过思想的磨砺转变。他具有高昂的激情，以执着彻底的精神钻研问题，他以一个“溺”字表现自己的生活状态。他沉溺于任侠、骑射、文学、道教、佛教，称为“五溺”。

他作为学者，自然起步于朱子学的格物论，这在当时是最严密的学问。

朱熹主张儒教理想的圣人就是理本身。他认为不仅仅是自己内心的理，还必须格物穷理致知。这个格物致知是严格的理智主义。

在文学领域，明代的风气是拒绝宋诗的理智主义；在哲学领域，也否定宋代朱子的理智主义。王阳明对格物论进行研究，心与理无论如何也无法统一起来，经过反复思考研究，得出“心即理”的结论，必须深入穷究的不是朱子的所谓“外物”，而是“心内之物”。

这些理论似乎很难懂，但简单地说，朱子学是客观唯心论，王阳明的学说是主观唯心论。朱子学主张平静的宇宙的秩序，从而导出稳定的君臣父子关系。阳明学具有强烈的主观性，所以缺少从外部关照的仲裁装置，往往呈现狂热性。加强实践哲学似乎成为阳明学的特点，强调“知行合一”的阳明学认为不表现于行动的“知”没有意义。

阳明学在日本的传播，从中江藤树[①]至熊泽蕃山[②]形成一个体系，他们热心地在藩政改革中进行实践。还有像大盐平八郎[③]那样发动叛乱，阳明学甚至对幕府末期的实践派高杉晋作[④]、西乡隆盛都产生影响。

阳明学的唯心论认为，“致良知”的良知已经存在于人心。王阳明觉悟到“心即理”，但如果将理想的“良知”作为核心，心与理的角度还是不一样。从理的角度来看，阳明学变成严格的伦理主义，这与朱子学没有太大的差异。有人称为阳明学的正统派，但因为重视人伦，这个思想没有什么危险的因素。由于重视实践，感觉要比朱子学稍微活泼一点。执政者最担心的是过分实践的程度。

---

① 中江藤树（1608—1648年）：江户时代初期的儒学家，阳明学派的创始人。初修朱子学，仕于伊予国大洲蕃，后回故乡创办藤树书院，倡导阳明学。著有《翁问答》、《鉴草》等。——译注

② 熊泽蕃山（1619—1691年）：江户前期阳明学者。师从中江藤树。受到冈山藩主池田光政重用，主持藩政。著有《大学或问》，遭幕府嫉恨，流放下总的古河监禁，后病死。还著有《集义和书》、《集义外书》等。——译注

③ 大盐平八郎（1793—1837年）：江户后期阳明学者。曾任大阪町奉行与力，后开设私塾“洗心洞”教授弟子。天保七年（1836年）发生饥荒时，向奉行提出救济平民的主张，未被采纳。翌年举兵起义，失败，自杀。著有《洗心洞札记》。——译注

④ 高杉晋作（1839—1867年）：幕府末期尊攘派志士，长州藩士。文久三年（1863年），曾组织奇兵队，防止外国舰队炮轰下关。1865年后建立长州藩的军事体制，进行倒幕活动，打败第二次讨伐常州的幕府军队。——译注

但如果从心的角度来看，因为所有的人都已经存在“良知”，因此所有的人都是平等的。统治国家必然需要官阶等级，社会划分阶级，制定长幼之序，如果引进人皆平等的观念，执政者就会感觉维持秩序的不安。

如果承认人心存在良知，就无法强烈否定人们心中存在各种各样的欲望。有一派阳明学者具有强烈的肯定人的欲望的倾向，这也是不为执政者所欢迎，认为他们违反公序良俗，自然对他们怀有戒心。

任何人都具有的良知与佛教中的任何人都具有的“佛性”很容易结合在一起。大概阳明学者与佛教信徒关系密切。阳明学左派的行动看上去与传教活动很相似。如此一来，与执政者作为统治理念的儒教就大相径庭，成为严重的政教问题，受到镇压。

王阳明一生几起几落，波浪起伏，被卷入政治漩涡里。嘉靖二年（1523年）会试的时候，发生故意刁难王阳明的事件，但是他的学问被定性为“伪学”被禁、受到镇压则是在他死后的事情。

王阳明的第一个挫折就是前面所说的疾病，然后是正德元年（1506年）的贬职。放荡不羁的正德帝即位后，宦官刘瑾掌权，不久发生南京的言官戴铣、薄彦徽上疏谏言被下狱的事件。在这起事件中，因为王阳明为他们辩护，受鞭笞四十的刑罚，被打得遍体鳞伤，半生不死，性命虽然保住，但被左迁为贵州龙场驿丞。这个处分，与其说是左迁，不如说是发配。

正德五年（1510年），刘瑾被诛杀后，王阳明等人的名誉也得到恢复。和上一次患病时一样，他在左迁期间从来没有停止过思考，创立“心即理”、“格物致知”的学说理论。

正德十二年（1517年），他在江西担任南赣巡抚的时候，发生宁王朱宸濠之乱，王阳明迅速平定。由于群臣谏言打消南巡念头的正德帝以亲征为借口，前来南方。王阳明平定宁王之乱的捷报被正德帝压下来，秘而不宣。

分封于南昌的皇族宁王的叛乱与刘六之乱性质不一样，他不是民乱，而是谋取帝位的举兵，属于与靖难之变同样性质的谋反。昏君正德帝即位以后，天下对他的口碑极坏，宁王认为自己有可能取而代之，正因为对方是正德帝，宁王才会决意谋反。他的准备相当充分，招兵买马，笼络人心，甚至还引诱在苏州游手好闲的唐寅前去做官。一无所有的唐寅来到宁王面前，好说歹说才拒绝当官的劝诱。如果唐寅在宁王手下当官的话，大概也会被视为叛乱分子遭到诛杀。

王阳明抓获宁王等人，“亲征”前来的正德帝的心腹张忠、许泰要求王阳明释放宁王。他们的如意算盘是先由王阳明释放，再由亲征军抓俘，这简直是荒唐透顶。性情耿直的王阳明严词拒绝，这下得罪了张忠，他诬告“王阳明必反”。这是王阳明人生中最危险的时刻。由于王阳明在各地讲学，出版发行《大学古本》《传习录》等著作，有不少热情的支持者。亲征军中的随军宦官张永就是其中一人，他极力奔走，上下活动，才让王阳明逃过这一劫。

嘉靖六年（1527 年），广西田州发生民乱，王阳明当时是南京兵部尚书，奉命讨伐。田州一带靠近越南，瑶族、壮族混居，十分复杂。王阳明带兵出征，平定民乱。第二年，又降服从未臣服明朝的断藤峡的瑶族。

这时，在朝中掌握实权的桂萼主张趁机直取交趾（越南），但遭到身在广西的王阳明的反对，为此，他尚能参加论功行赏。第二年，嘉靖八年正月，王阳明死去，享年五十七岁。由于桂萼的反对，甚至都没有赐予对功臣应有的谥号。只是到隆庆帝时代，王阳明才被追赠谥号文成。

王阳明作为诗人，属于古文辞派。他虽然“溺”文学，却对诗歌似乎并不热心，大概一有时间，就埋头思索哲学问题。他的诗作最著名的当数七绝《泛海》：

险夷原不滞胸中，何异浮云过太空。
夜静海涛三万里，月明飞锡下天风。

这首诗似乎不像古文辞派视为最高理想的盛唐诗歌，倒是相似禅诗的风格。

阳明学派肯定人的欲望，这与明朝直言不讳自己的欲望的风气是一致的，然而，王阳明一生所表现的刚直不屈的精神与明哲保身的时代风气又格格不入。拒绝把宁王交给正德帝的亲征军、反对出兵越南，这些都是豁出去舍命的行为。

王阳明既是一个思考者，也是一个激情澎湃的人。笼统地说，朱子学是理智型，阳明学是情感型。李梦阳的古文辞运动主张去知取情，这大概会引起王阳明的共鸣，但他还是没有和古文辞运动结缘。因为他认为头等大事是追求真理，文学运动于事无补。

王阳明离李梦阳而去，但是两人的气质十分相似。史评李梦阳“粗刚”，激情满怀，诗歌疏阔粗粝，他认为这是对宋诗的反抗，是回归盛唐的诗歌。王阳明上述诗歌中“海涛三万里”、“飞锡下天风”之类气冲霄汉的豪言壮语，李梦阳的诗中也不少。他主张如同书法家、画家临摹前人作品一样，诗文也要忠实地照搬汉魏盛唐的诗句。也许王阳明对他的这个主张感觉不满。

激情家李梦阳反对宦官刘瑾的专横霸道，结果被关进监狱，他还因为弹劾外戚也被下狱。一生三次入狱，所以他绝非明哲保身的人。下面这首《狱雨》作于狱中，但文字表现略嫌空泛过头，感觉空虚。

冷雨横天八月来，黑云来往赤云开。
浔阳李白何如此，宋玉悲秋未是哀。

关押在浔阳（江西省）监狱中的李白背负着十恶不赦之罪等待死刑的判决。这是李梦阳以夸张的手法描述自己因弹劾外戚而入狱，认为状况比李白还要严重，同时把《楚辞》作者宋玉提出来，认为与自己相比，他的悲秋心情简直不值一提，这样的写法令人感觉突兀。

古文辞派的干将大抵都是北方人，李梦阳是陕西人，李攀龙是山东人。王阳明与李梦阳分道扬镳，也许浙江的南人不习惯北人的风气也是原因之一吧。徐祯卿始终在自己的诗作中保留南人的要素。

出生于苏州附近的王世贞可以说是真正的南人古文辞派吧，这是因为他个人的激情燃烧与古文辞的风格十分相契的缘故。

嘉靖二十六年（1547 年），王世贞进士及第，晋京仕于朝廷，此时他二十二岁。与徐祯卿一样，年轻时候就来北京，吸收北方的文化氛围，其结果甚至不喜欢南方。在同期进士杨继盛因弹劾严嵩入狱的时候，他积极开展营救活动。然而，他的努力无果而终，杨继盛在狱中关押三年，于嘉靖三十四年（1555 年）刑死。王世贞将弃于街市的杨继盛的尸体收殓，此事触怒严嵩，将王世贞的父亲王忬关进监狱。王忬是浙江巡抚，负责领导与倭寇作战，因为朱纨被杀，内外交困，所以讨伐倭寇的战绩不佳。后来，他被调往大同，防御北虏，但抵御阿勒坦汗的侵犯力不从心。严嵩以战败为借口将王忬下狱。王世贞自然竭尽全力营救，却未能拯救父亲一命。

嘉靖帝死后，王世贞请求恢复亡父的名誉，获得成功。他是一个充满激情的行动派，与讨伐倭寇的名将戚继光交往甚笃，写有《戚将军赠宝剑歌》，作于万历十三年（1585 年）。

曾向沧流剸怒鲸，酒阑分手赠书生。
芙蓉涩尽鱼鳞老，总为人间事渐平。

从这首诗可以看出，世间逐渐趋于稳定，由于戚将军的勇武和海禁的宽松，东南沿海一带也很少出现倭寇的影子。

长期的北虏南倭的灾祸使国家财政濒临危机，于是加紧苏州的丝绸、景德镇的陶瓷的生产，以便获取更多的外国金钱，但难以恢复。明王朝开始走向衰微，日薄西山。

有仁人志士殚心竭虑，力挽狂澜，拯救国家于倒悬，其代表人物就是海瑞。

海瑞是海南岛人。宋朝的苏东坡曾流放到海南岛，与黎族一起生活，在其诗中有所表现。海瑞自然也很习惯少数民族的生活，乡试及第后来到北京，提出政治意见书《平黎策》，进言在黎族居住地区开道置县。他一贯主张做学问应该以“刚”为主，自号刚峰。他的性格与明王朝的明哲保身的风气背道而驰，直言不讳地谏言。

那个时代，如果谏言触怒皇帝，就会立即下狱，甚至还有杀头的危险。说是谏言，一般语言都尽量委婉温和。然而，海瑞在嘉靖四十五年（1566年）二月的上疏是直言敢谏，其中谏劝皇帝斋醮祈祷道教的长生不老的段落尤为激烈。

且陛下之误多矣，其大端在于斋醮。斋醮所以求长生也。自古圣贤垂训，修身立命曰“顺受其正”矣，未闻有所谓长生之说。尧、舜、禹、汤、文、武，圣之盛也，未能久世，下之亦未见方外士自汉、唐、宋至今存者。陛下受术于陶仲文，以师称之。仲文则既死矣，彼不长生，而陛下何独求之？至于仙桃天药，怪妄尤甚。

从尧、舜这样的圣人到鼓吹长生不老的方士，哪一个还活着呢？如果说这样的质问还能接受的话，开头那一句“陛下之误多矣”，大概一般人是想写而绝对不敢写的。嘉靖帝自然火冒三丈，下令逮捕海瑞，还加上决不许他逃跑这样的话。宦官黄锦说道：“闻其上疏时，自知触忤当死，市一棺，诀妻子，待罪于朝，僮仆亦奔散无留者，是不遁也。”

海瑞入狱。嘉靖帝长期不事朝政，一心斋醮，满朝文武都想谏劝，但谁也没有这个胆量。朝廷大臣们大概都暗中佩服海瑞的勇气吧。

这一年的十二月，嘉靖帝饮用方士王金进献的丹药死去，留下遗诏云：

召用建言得罪诸臣，死者恤录。方士悉付法司治罪。罢一切斋醮工作及例外采买。

说是遗诏，其实不是嘉靖帝的话，而是宰相徐阶所撰。皇帝是猝死，徐阶认为遗诏应该是这样的内容，从而纠正了恶政。

关押十个月的海瑞出狱后，官复原职户部主事，接着升任为大理丞。

上面只是引用海瑞上疏中的斋醮部分的内容，其实他的政治主张是警惕贫富悬殊，必须尽快采取对策。他担任大理丞，后来官至应天巡抚，一直以井田法作为政治理想，但时代过于久远，难以适用于当代，便主张应该实施限田法。

所谓限田法，是纠正土地集中在少数大地主手里的现状、防止土地兼并的法律。海瑞还主张实行均税法，认为必须改正纳税不公平的状况。然而，他的意见受到众多大地主出身的重臣的抵制。海瑞这个人刚直不阿，甚至敢于冒死批评皇帝多有失误，认为正确的就决不妥协。这首先引起朝廷实权派张居正的不满，在政界备受冷落。张居正死后，海瑞才重新得势。

为了克服明王朝财政困难的局面，即使无法实施海瑞所主张的井田法，至少也应该实行限田法和均税法。各地豪族兼并土地，并且凭借其财力与朝廷重臣勾结在一起，通过他们诱导制定有利于自己的政策。大地主自然需要贿赂，但这些钱财都被朝廷高官中饱私囊，不会进入国库。通过这样的贿赂，大地主可以少交税。

对倭寇积极采取对策的朱纨之所以失势，以致丢掉性命，就是因为他的做法有损闽浙豪族的利益。可以想象，浙江、福建沿海一带的走私贸易造就多少腰缠万贯的豪族。后来日本人耳熟能详的国姓爷郑成功，他出生的福建南安的郑氏家族也是依靠对日贸易发家的。泉州是宋、元时代对外贸易的基地，但因为是河港，泥沙淤积，河道水浅，外洋船的港口地位只好让给厦门港。厦门岛的对面是鼓浪屿，作为贸易港口更加合适。郑成功的家族以贸易起家，君临这个地方，几乎成为自己的小独立王国。豪族分别在各地拥有自己的地盘。

有的经济史学家认为，中国的资本主义萌芽出现在明朝中期。对外贸易如此繁荣发达，应该具有相当的加工制造能力。

虽然土地一直被兼并，但如果只有农业，无法刺激对外贸易的活跃，因此通过兼并土地积累大量财富的豪族就把资本投放到农业以外的领域，兴办各种产业。国家从豪族兴办的新产业中征税依然困难，所以尽管各种产业如雨后春笋，国家财政依然未见改观。

国家的基本收入是田租和赋役，随着资本主义萌芽的工商业的发达，货币经济开始普及，可以用白银缴税，这样出现金融业者，尤其山西、新安的金融业十分活跃，商人的社会地位逐渐提高。政府对食盐、茶实行专卖，同时控制铸造铜钱等所必要的金属矿。

农民以种植棉花、养蚕、织布作为副业，但由于商人通过压价、预付制度等攫取大部分利益。国家也曾直接经营苏州的织造、景德镇的陶瓷器等。

据说景德镇从明初就设置御器厂，当然有大量的小民窑，但官窑的规模最大。现存的明代瓷器中，没有一件带有洪武、建文、永乐、洪熙等的元号。最早的铭文是“大明宣德年制”，其实明代的瓷器，以“宣德”作为铭文字款是一种习惯，一直延续到明末，这样可以提高售价。就是说，宣德年间（1426—1435年）烧制瓷器技术达到顶峰。宦官王振掌权的正统年间，曾下达这样一道命令：

禁私造黄、紫、红、绿、青、蓝、白地青花诸瓷器，违者罪死。

景德镇所有的窑只能为宫廷烧制瓷器。为了举行先帝的牌位供奉大庙的仪式，需要数量庞大的祭器，所以强制民窑烧制的瓷器也已经上交。

御器厂的官窑专门为宫廷烧制日常生活用品和祭器。民窑的瓷器用于市场买卖，所以必须考虑成本，官窑在某种程度上可以不计成本、不惜工本地进行各种试验。官窑为中国瓷器的发达所做出的贡献的确应予以高度评价，但也存在残酷驱使工人的现象，为此有人向朝廷谏言。《明史·食货志》这样记述：

隆庆时，诏江西烧造瓷器十余万。万历十九年命造十五万九千，既而复增八万，至三十八年未毕工。

宫廷用品、祭器果真需要这么庞大数量的瓷器吗？肯定是用于出口国外赚取白银。财政状况越是窘迫，越要大量烧制瓷器，以弥补收入的不足，而当牛做马干活的自然是窑业劳动者。被誉为明君的弘治帝为民力的休养生息，曾一时废除景德镇的御器厂，所以铭款“弘治年制”的瓷器数量极少。

弘治之后的正德、嘉靖、隆庆、万历四代不顾一切地大量烧制瓷器，可以说是挽救财政的无奈之策。

明的瓷器也有青花瓷，但釉里红更为著名，也有不少出口日本，深受喜爱。明瓷器还出口到东南亚、西亚，甚至欧洲。英国于1600年创立东印度公司，这一年日本发生关原大战[①]，明朝是万历二十八年。两年以后，荷兰东印度公司也成立。他们从中国主要购买丝绸、生丝、瓷器。

苏州的丝绸业自然繁荣昌盛起来，政府派遣织造官进行监督，与景德镇御器厂的官吏一样，都是宦官担任这个角色。由宦官管理经济，大概因为宦官无嗣，以为他们不会贪得无厌地捞取私利。然而，这些唯利是图，或者说本来就是为金钱而自愿成为宦官的人不论为公为私，其残酷榨取令人发指。

与对景德镇的做法一样，弘治帝时停止向苏州、杭州、嘉州、湖州、应天府（南京）派遣织造官。

朝廷还派遣宦官到各地矿山征收矿税，他们不仅征税，还带着开发矿山的任务，于是借这个名目，敲诈勒索，拼命敛财。他们到民居住宅，说是房子下面有矿脉，要进行勘探。这样一来，房屋就被拆毁，土地就要挖开，于是房主向宦官行贿，请求停止勘探。

各个海港的市舶太监也是宦官，采购宫廷用品的自然是宦官。为后妃、宫女采购珍珠的宦官称为采珠使，主要派往广东。商人为了能够与宦官进行利润更多的买卖，贿赂他们是必不可少的。

也有极为罕见的宦官有求于商人的例子，这是因为采购的属于珍稀物

---

① 关原大战：日本庆长五年（1600年）九月十五日，德川家康的东军与石田三成的西军在美浓国关原会战，东军大胜，确立了德川氏的霸主地位。——译注

品。宦官如果采购不到规定数量的东西，就要受罚，所以他们绞尽脑汁地寻找。

例如龙涎香就属于这类珍贵物品。这是抹香鲸的肠内生成的一种蜡状物质，是制造香料的原料。后宫的妃子、公主、皇族的女性都争相需求，但是极难到手。当时中国还不知道龙涎香是抹香鲸的肠内生成的东西。

奉命采购龙涎香的采香使宦官相当辛苦，他们不仅得不到商人的贿赂，甚至还要向他们行贿。采香使主要从来到中国南方的葡萄牙人那里购买龙涎香，为了使买卖长期继续下去，宦官必须向他们行贿。葡萄牙人最大的愿望就是在广东的某个地方建立自己的贸易基地，可以居住在那里。他们选择澳门作为自己的基地，而采香使宦官送给葡萄牙人的贿赂就是默许他们将澳门作为自己的特别居住地。

关于葡萄牙人占据澳门有诸多说法，有的认为是嘉靖末年葡萄牙人援助明军平定海盗有功而获得居住权；还有的如《明史·外国传》所言，嘉靖十四年（1535 年），交易场所由电白县移到壕镜（澳门）时，佛郎机（葡萄牙人）擅自进去建造房屋。龙涎香买卖只是其中的一种说法。究竟真相如何，如今莫衷一是。

有一种说法：中国因为鸦片失去香港，因为龙涎香失去澳门。

澳门这个地名的由来，据说是当地有一座祭祀海上女神妈祖的庙，于是此地称为妈阁，船只停靠的码头称为妈港。海上女神，广东一般称为天后，称为妈祖是福建的习惯。那么，从名称来看，在这个地方修建庙宇的大概是福建人吧。

现在补充一些海瑞的情况。嘉靖帝死后，海瑞出狱，但是对海瑞反感的宰相张居正不让他担任要职。万历十二年（1584 年），张居正死后，海瑞终于升任南京的右佥都御使、南京吏部右侍郎等职务。此时他已经七十多岁，考虑冒死向皇帝进谏，上疏指出对贪官污吏处罚过轻，洪武帝时代，只要贪污极小的数额都会面临绞刑的惩罚，今当用此惩贪。

朝廷对海瑞的上疏进行讨论，结果以劝皇帝“虐刑”为由未予采纳，御史梅鹍弹劾海瑞。万历帝认为海瑞的言行确有过激之处，然其忠诚可察，对弹劾者予以减薪处分。

我多次说过，这个时代的贿赂是在光天化日之下公然横行，没有贿赂，寸步难行，贿赂仿佛就是整个社会运转的润滑剂。如果再次使用洪武帝时代的严刑，大概几乎所有的朝廷大臣和地方官员都要判死刑，所以根本不可能实现。然而，在海瑞看来，正因为朝政一团糟，不用重典，国势无法恢复。

海瑞的井田法、限田法、均税法这些政治主张都未被采纳，作为政治家，曾经入狱，受到冷遇，政见未能见容，可以说不是成功的人生。

万历十五年（1587 年），海瑞在任职上结束其七十五年的生命。

因为有海瑞这样危言危行的人在朝，有的官吏害怕自己的贪污腐败行为被揭发出来会丢脑袋，给事中钟宇淳、御史房寰等就不断上疏诋毁海瑞。海瑞本人也因年迈请求退位，但万历帝一直慰留，不予同意。

海瑞无子，一生甘于清贫。佥都御史王用汲为他送终，只见房屋简陋，家具皆陈旧破损，过着穷困贫民都无法忍受的寒苦生活，不由得失声痛哭。于是由他凑钱，勉强为海瑞办理了丧事。

葬礼那一天，市民闭门罢市，以示哀悼，灵柩送到江边时，身着丧服的人们站满两岸，路边祭奠哭拜跟随者连绵不绝。

摇摇欲坠的万历

一心祈愿长生不老、进行斋醮的嘉靖帝死后，如果继承者是一个稍微有本领的皇帝，局面还会有所好转，可惜即位的第三子穆宗隆庆帝也是一个蹩脚的皇帝。《明史》说他躬行俭约，但言过其实，史书记载，他喜欢长夜筵席，沉湎女色。

根据景德镇的记录，这个时期上等瓷土数量减少，瓷器的质量有所下降，不仅如此，瓷器的品位也很低下。因为据说隆庆帝经常命令在酒杯、碗上描绘春画。《景德镇陶录》这样记述：

绘男女私亵之状。

甚至还烧制淫秽的陶人。

其秘戏器一种殊非雅品。

可以看出，记录者的笔端含带愤懑之情。

隆庆帝六年而终，其第三子朱翊钧继位，即位时仅十岁，第二年改元万历。幼帝并不罕见，但这个神宗万历帝的治世时间长达四十八年，比他的祖父嘉靖帝还长几年。明君治世时间短、昏君治世时间长是明代的不幸。万历帝绝非明君。据史书记载，他曾经离开朝廷二十五年，不问政务。这当然不是体面的记录。这样的君主居然能够统治天下将近五十年，主要是因为明王朝的威望以及初期杰出的宰相的施政。

明王朝在万历帝的孙子崇祯帝的时期灭亡，灭亡的原因可以说在万历帝后半期都已经具备。人们常说万历末年是对政治不负责的时代，其实应该明确地说是一个不存在政治的时代。就对日关系而言，丰臣秀吉出兵朝鲜，万历帝为支援朝鲜派出援军。

连对隆庆帝的评价都略显宽容的《明史·神宗本纪》也极其严厉地评价万历帝：

纲纪废弛，君臣否隔。于是小人好权趋利者驰骛追逐，与名节之士为仇雠，门户纷然角立。

认为这样的观点是一矢中的：

明之亡实亡于神宗。

《明史》对万历帝的父亲隆庆帝的评价至少还说他俭约，至于万历帝，大概应该称他为“吝啬鬼”，不过他的勤俭节约不是为了国家。例如他给自己修建陵墓，不惜花钱，可是该为国家出钱的时候却吝啬得很，把国家经费花在修造自己的陵墓上。

到北京旅游，都一定要去八达岭的万里长城，回来的时候，一般会顺路安排去参观明十三陵。这个地方自然有明代十三个皇帝的陵墓，洪武帝的陵墓——孝陵在南京，建文帝不知其踪，没有坟墓，迁都北京以后的各代皇帝——从永乐帝的长陵开始，都在此地。十三陵中向观众开放的定陵正是万历帝的陵墓，被称为地下宫殿，壮丽宏大。万历帝为修建这样豪华的陵寝，不惜耗费巨额国家财政。

万历帝时代，官吏缺员也不补缺，因为补充新的官员，就必须支付薪俸。明朝的阁臣有若干个，首席阁臣称为宰相。万历帝年代，有时只有一个阁臣。十三省的御史，有九省空缺，不予补缺，地方官也是这种状况。在这种状态下，国家政治根本无法正常运转。

这样无所作为，居然能稳坐帝位那么长时间，有点不可思议，不能不佩服明王朝基础之雄厚。万历帝十岁即位，也许开始不是他的责任，但至少在万历十年以后就应该承担这个责任。万历十年，他二十岁，长子朱常洛（后来的光宗）已经出生。鞑靼的阿勒坦汗于这一年死去，万历初期的著名宰相张居正也于这一年死去。

对万历初期的宰相张居正的评价相当困难。我认为他是二百八十多年明王朝的历史中最有才能的宰相，但他的人品颇有问题，我对他没有好感。作为宰相，他辅佐幼帝，几乎是独裁专横，手段强硬。他玩弄阴谋权术，才爬到这个地位。

隆庆元年（1567 年），张居正成为阁臣，受到首席阁臣，即宰相徐阶的赏识。徐阶是阳明学派，也是古文辞派的文人，嘉靖末年取代严嵩担任宰相。徐阶的最大功绩是恢复言论自由。嘉靖帝把帝号赠予未能即帝位的父亲，反对这个“大礼之议”的众多言官受到镇压，噤若寒蝉，不敢说话。而且嘉靖帝对与北虏南倭的作战中没有获胜的官员、将军动辄或处刑或贬职，朱纨、胡宗宪、王世贞之父王忬等，这样的例子不少。徐阶宽慰安抚这个狂怒得头脑发疯的嘉靖帝，最大限度地保护官员，减少损失，同时也尽量让官员说话。海瑞上疏也是在徐阶担任宰相的时期，否则，恐怕海瑞性命堪忧。

徐阶的第二个功绩就是在嘉靖帝死后通过遗诏的方式废除斋醮，判罪方士。这个遗诏是徐阶与其心腹张居正共同起草的。然而，内阁的高拱对此事非常愤慨。徐阶的确是阁臣的首席，但当时张居正还不是阁臣，如此重要的遗诏事项，徐阶竟然不和高拱商量。高拱蓄意进行报复。

在那样的封建时代，孩子犯罪，父亲必须担责。高拱唆使御史齐康以徐阶之子为非作歹弹劾徐阶，但以失败告终，齐康被撤职。朝廷内的言官——有资格陈述意见的高官——大部分都与徐阶同声共气。因为徐阶为在嘉靖年间不能说话的言官获得言论自由，言官们对他感恩戴德，所以批判齐康的弹劾是出于私怨。高拱忐忑不安，主动辞职回乡。高拱也是一个意气用事的人。

徐阶战胜政敌以后，开始着手防御宦官抬头。嘉靖帝虽然是一个痴迷于长生不老术的昏君，但没有重用宦官这一点还值得肯定。但是，隆庆帝打算派遣宦官去各地的军营进行监督，因徐阶的反对，只好作罢。这件事使得徐阶成为宦官的眼中钉。隆庆帝在后宫长大成人，三十岁之前一直在宫殿里生活，陈洪等一批宦官都是他小时候的玩友。

徐阶也像他的政敌高拱那样，心头不快，称病去职。礼部尚书、阳明学派的赵贞吉填补空缺的首席阁臣的位置。

朝纲边务一切废弛，臣欲捐躯任事。

赵贞吉雄心勃发，立志在政界贯彻阳明学的实践哲学。他对禅宗也深有造诣，性格激烈，缺少协调合作精神，在嘉靖年间多次受到或撤职或降职的处分。

这个时候，下野的高拱开始活动，企图重返政治舞台。既然政敌徐阶已经下台，理所当然是自己重新掌权，没想到半路杀出来一个赵贞吉，从阁外直接担任宰相。为高拱的东山再起卖力的人们中，有不少怀有野心，心想一旦成功，自己也可以论功行赏，谋个高官要职。他们为达到目的，不择手段，最有效的方法自然还是行贿。最受皇帝宠爱的宦官陈洪受贿后托付司礼监李芳办理此事。

一说到宦官，给人感觉似乎全是坏蛋，其实不然，也有品德优秀的宦官，李芳就是其中之一。他景仰张居正，以为学问之师，劝谏隆庆帝节制过度的筵席嬉游。张居正认为高拱有才，同意他复职，所以李芳向皇帝进言。张居正之所以赞成高拱复职，据说是为了把首席阁臣赵贞吉拉下马，打算与高拱结盟推翻赵贞吉。

他们如愿以偿，掌握吏部的高拱与倚靠都察院的赵贞吉经过激烈的斗争，高拱获胜。刚直的赵贞吉愤然离开内阁。

高拱的确很有能力，后来成为张居正业绩的很多事情其实都是高拱打下的基础，其中最大的事情是，明朝与阿勒坦汗媾和，重开马市，这样消除北虏的忧患，可以节约以前大量投入的军费；而且马市经营得法，收益甚丰，慢性赤字的国家财政迅速充实丰盈起来。高拱居功自傲，越发目中无人。

高拱对逼迫自己下野的徐阶恨之入骨，复职后，把徐阶系统的所有人扫出政坛，还通过地方官压迫徐阶的家族。高拱很能干，但报复也很彻底，他现在是目空一切，得意忘形。其他阁臣无法忍受他的独断专横，辞职离开，只剩下推荐他的张居正，但张居正暗中策划要整倒他。不可一世的高拱对老奸巨猾的张居正的计谋毫无觉察。

前面说到的那个品德优秀的宦官李芳由于劝谏隆庆帝，惹得皇帝不高兴，加上内廷经费削减，失去宦官同事的支持，最终受杖刑处罚，离开司礼监。当时独裁内阁的高拱推荐为自己的复职而效尽犬马之劳的陈洪担任这个堪与宰相匹敌的宦官最高职务。

其实曾任东厂长官的宦官冯保觊觎司礼监这个位置，按照论资排辈，理所当然应该非他莫属。冯保气愤难平，与张居正联手要打倒高拱。宫廷内部的人际关系极其错综复杂。

隆庆帝死后，冯保篡改遗诏，指派自己与阁臣一样是幼帝的监护人。这是史无前例的事情，举朝震撼，高拱与言官们准备弹劾冯保。张居正当然从高拱那里听说此事，同意弹劾。高拱以为所有的工作事先都已经做到家，万无一失，料想不到张居正向冯保通风报信。

冯保得到张居正的告密后，向皇太后诉说高拱的专横霸道，请求将他驱逐出朝廷。高拱平时盛气凌人的态度早就遭到宫廷人们的愤恨，只是敢怒不敢言，于是，代替幼帝执政的皇太后同意对高拱撤职处分。

幼帝即位数日后，召集群臣，宣读诏书。高拱已经上奏弹劾书，一心以为诏书的内容应该是当场撤职、驱逐司礼监兼东厂长官冯保，万没料到是历数高拱的罪行，驱逐出廷。高拱伏跪在地上，惊骇得站不起来。张居正将他扶起来，接着假惺惺地请求留任高拱，当然不被采纳。一切都安排得天衣无缝，张居正顺理成章地坐上阁臣的第一把交椅。

在“大礼之议”问题上迎合嘉靖帝的严嵩既无德又无才，人品卑劣，同时缺少政治能力。但后来的徐阶、赵贞吉、高拱、张居正等都是出类拔萃的人才。作为政治家卓尔不群，但为人似乎都强硬倔顽，不是这样的性格，也许在政坛就不能叱咤风云吧。

他们当上宰相（有时也称“首辅”）以后，无一例外地都成为独裁者。明王朝的状态也许需要一个性格强悍的独裁者像火车头一样牵引前进。不论是否阳明学派的人，整个社会已经被“不进行实践一切都是空论”这个阳明学思想所支配。就明王朝而言，这个实践还必须抓紧时间，不能磨磨蹭蹭、慢慢吞吞。如有反对者，必须坚决镇压，否则无法推动政治运转。

在徐阶努力下多少恢复言论自由的言官们到张居正时代又沉默下来。张居正的做法是将所有的公文都送给言官。这是通过公文来运行政治，数量极其庞大，全部阅读需要超人的精力，无人能够做到。如果言官提意见，上面就会质问“几月几日第几号的奏文看过了吗”，如果回答不上来，就会以怠慢职务的罪名受到杖刑。如此一来，言官们自然缄口不言了。

张居正在朝廷搞一言堂还嫌不够，全国各地还有豪族，还有士大夫阶层，他们发表的舆论决不可等闲视之。引导舆论的领袖人物一般都是书院的教师，他们经常煽动学生。张居正下令封闭书院。

就这样，张居正压制所有的反对派，可以畅通无阻按照自己的意志执政。

北方国境的稳定应该归功于高拱，明朝与阿勒坦汗的鞑靼的关系此后也一直保持友好。张居正继承高拱的对北政策，从而保持北部边境的平稳，但东部的建州卫此时出现不稳定的动向。建州卫都指挥使名叫阿古，汉名王杲，他入侵辽东，杀死明朝的抚顺守将，停止派遣贡使，与东部的蒙古首领相勾结，频繁用兵。张居正起用朝鲜族名将李成梁一举击破。

王杲逃亡，后被引渡回明朝，在北京处刑。王杲的女儿厄默乞是清太祖努尔哈赤的生母。

由于李成梁的卓著功勋，东北边境也平稳无事，节约了难以估算的庞大军费开支。在西南地区，设置府县，作为直辖地，向瑶族、壮族显示天朝的威望。这件事原先是海瑞的进言。

内政也成绩斐然，通过行政改革缩减开支，黄河的水利工程也很有成效。张居正死后，万历帝对行政机构的缺员没有进行补充，但这只是模仿张居正行政改革的外在形式。

张居正压制反对派，强硬推行丈量土地的措施，这是他最大的业绩。实际测量土地，看似简单，其实非常复杂。各地的豪族、大地主无一例外全部都有“隐田”。这些土地没有登记，可以不用纳税。政府高官、宦官都是地主，皇室也是大地主，要他们把隐瞒不报的土地吐出来，必定会遇到重重阻力。张居正的这个措施的确可以说是蛮勇之举。他迎难而上，但在生前没有完成丈量土地的工作。丈量始于万历八年（1580年）十一月，张居正死于万历十年六月。丈量的结果，田地总数大约七百万顷，比登记在案的土地多三百万顷，说明全国土地的十分之四是“隐田”。通过这次丈量，国家收入取得飞跃性的增长。

张居正为国家建设做出巨大的业绩贡献，慢性赤字扭亏为盈，盈余白银四百万两，粮食储备足够十年之用，完全可以抵抗小规模的饥荒。但是，取得这样的成就，在很大程度上是强行决定。为封住言官的嘴，采取杖刑这个非常手段。受杖刑处罚的那些人会是什么样的心情呢？隐田被发现后不得不缴税的那些人一定对张居正怀恨在心吧。张居正打倒的政敌不计其数。被封闭的地方书院的教师和学生肯定将张居正视为正义之敌。

张居正当然对这些情况心知肚明，所以他行事极为审慎。树敌太多，不能给政敌任何可乘之机。万历五年（1577年），张居正的父亲死去，本应长期离职服丧，但冯保等人请求他留任，而反对他留任的编修吴中等人受到杖刑。他慑慑不安，只要稍微离开宰相这个位置，就会有人陷害自己。

他在世的时候，权势熏天，任何人都望而生畏，服服帖帖，但他一死，就有人出来弹劾。死者不足惧。最好的弹劾理由就是父死服丧期间不离职。

隆庆二年（1568年）十月，辽王朱宪炜因淫虐罪被废黜，贬为庶民，其国撤销，据说这是张居正的授意。辽王的妻子向朝廷控诉，说自己的丈夫无罪，实属冤枉，家里的财产被张居正掠夺。如此一来，张居正成为人人喊打的过街老鼠，褫夺一切官职，财产全部没收，家人被镇压，长子自杀，弟弟流放边境。

不管怎么说，张居正是万历年间的重臣。他死之后，不再出现像他这样能够驾驭统领国家政治的人物，也许有可以与他比肩的人才，但看到他死后的遭遇，谁也不会为国家恪尽职守。而且万历帝对政治毫不关心，前面说过，二十五年不在朝廷，创下空前绝后的纪录。

张居正采取镇压言论的政策，他死后，事情走向反面。言论异常活跃，言官和地方书院的师生们也都打破沉默，畅所欲言，呈现百家争鸣的现象，无法收拾。可以说，张居正死后才显示出他的伟大。在他之后，明朝出现政治真空状态。

虽然政治真空，却产生党派，这就是“东林党”。东林党起先是反张居正的集团，后来反对宦官专横，具有浓厚的反宦官党的性质。他们站在儒家伦理的立场，猛烈抨击张居正不服父丧。他们自称“清议派”，提出谁也无法反对的必须服父丧的主张，在张居正死后，依然高举正义的旗帜，继续开展在野党一样的言论活动。其主要成员有顾宪成、顾允成兄弟，赵南星，邹元标。下野期间，顾氏兄弟在老家无锡创办私塾“东林书院”，作为清议派集团的据点，所以人称“东林党”。

顾氏兄弟站在朱子学的立场批判阳明学。阳明学末流的主观唯心论变成野狐禅，欺世惑人，空洞无物，自以为是，遭受东林党人的猛烈反对。阳明学对人的欲望予以肯定，如果解释扩大化，会产生对事物的判断暧昧的倾向。张居正不服父丧、留在内阁的行为是在礼教中制造例外，并不违背当时的时代风气。清议派试图引进朱子学严厉的、从整体来看是僵化的伦理观，并应用于政治，以此拯救日趋颓废的国家。他们的思想与执政的实务派自然在各个方面发生冲突。

在万历十一年（1583年）的大计上，清议派与内阁正面发生对立。所谓大计，就是管理的考课。基本上是每三年一次，中央和地方的长官将写有本人表现和政绩的“须知文册”报送吏部和都察院共同考核。考核评定工作的标准分为“贪”“酷”“浮躁”“不及”“老”、“病”“罢”“不谨”八项，根据大计的结果，进行升迁、贬职、撤职、为民（贬为庶民）等人事决定。

当时的宰相是王锡爵。业务考核发生纠纷，变成派系斗争。尤其是这一年的大计，有人提出必须废除吏部掌握人事的主导权，改由所有的阁僚都具有推荐权，发展成官府之间争夺地盘的斗争。清议派的考功郎中赵南星在这个问题上的发言有误，以“专权植党”的罪名受到夺俸处分，辞职离去。

除了大计的问题，还有册立太子的问题。皇后王氏无子，按照顺序，慈宁宫的宫女王氏（与皇后王氏同姓）所生的长子朱常洛应该立为皇太子。但是，万历帝宠爱郑贵妃，打算立她所生的朱常洵为皇太子。据说在郑贵妃的请求下，还写下一份承诺立朱常洵为皇嗣的字据交给郑贵妃。

册立太子的问题已经超越皇室的家庭，也是国家的大事。清议派主张应该按照长幼顺序立长子朱常洛为皇太子。次子夭折，三子就是郑贵妃所生的朱常洵。万历帝尽量拖延立太子的时间，以便创造可以立朱常洵为太子的条件，但是清议派主张必须尽快册立皇太子。万历帝本人也不是皇后所生，六岁就被立为皇太子。他是第三子，上面两个哥哥都夭折，所以按照长幼顺序立为太子。在立太子这个问题上，万历帝没有条件可讲。长子朱常洛被立为太子是在万历二十九年（1601年）十月，当时他已经二十岁。万历帝到最后还是极不情愿。李太后责问万历帝为何不立常洛为太子，万历帝回答说：“其生母是下贱的宫女。”李皇后怒不可遏，诘问道：“我是你的生母，我也是宫女。难道我也下贱吗？”万历帝被迫无奈，才勉强立朱常洛为太子。

朱常洛被立为皇太子以后，随时都可能被废黜的流言不胫而走，人心惶惶。万历四十三年（1615年），甚至还抓获试图暗杀皇太子的刺客。这起事件是受郑贵妃暗中指使，言官不停地弹劾。郑贵妃走投无路，向皇太子哭诉，表白自己与此案无关。

皇室不和就是国家的危机，为了消除群臣的疑虑，稳定人心，必须破除流言，于是万历帝导演一场自己与皇太子夫妇以及孙子等一家欢乐团圆的表演。万历帝在慈宁宫责难群臣，要想离间我们父子之间的亲密关系，那是痴心妄想。他拉着皇太子的手，说道：

此儿极孝，朕极爱惜。使朕有别意，何不早更置？

皇太子也断然否认那起暗杀未遂事件是受郑贵妃的唆使：

疯癫之人宜速决，毋株连。

皇帝会见群臣，这是二十五年来的第一次。

万历帝企图以这样的丑剧平息事态，也正表明这个政权开始摇摇欲坠，正所谓“明之亡实亡于神宗”。

丰臣秀吉于文禄元年（1592 年）出兵朝鲜，这一年正是万历二十年。第二年，清议派与内阁在北京的宫廷发生冲突，正是朝鲜战争最激烈的时候，关于文禄、庆长战役[①]，日本历史已有详细叙述，在这里我想从明的角度简单论述。

《明史·朝鲜传》记载，明洪武二十五年（1392 年），高丽亡，李成桂掌权，遣使入明，请求更改国号。该书记述，洪武帝命令改国号为朝鲜。

明朝的对外政策是对方成为“属国”之后才允许进行朝贡交易。日本的足利将军也同样对明朝称臣。从日本的情况也可以看出，明朝毫不干涉属国的内政。既然奉行正朔，按理说应该使用明的元号和历法，但日本

① 文禄、庆长战役：日本丰臣秀吉于文禄元年发动的侵略朝鲜的战争。秀吉欲远征中国，要求朝鲜李朝协助，遭拒后，出兵十八万侵朝，占领汉城，直逼平壤。在明朝军队支援下，迫使日军在第二年与明朝签订停战协议。庆长二年，秀吉再次出兵朝鲜，至第二年秀吉死去才结束。这次战争不仅给朝鲜造成巨大的损失，也动摇了日本国内秀吉政权的基础。——译注

没有这样做。明朝也没有就这件事责难日本。只要国书明确写有明的元号就可以。

同样是“属国”，明与朝鲜地缘相连，永乐帝迁都北京后，朝鲜成为明的最近的国家，两国关系极为密切。例如，朝鲜对明国进行遣子入贡，日本对明是十年一贡，而朝鲜原则上是一岁两贡。

日本对朝鲜出兵，当时的中国在多大程度上了解日本呢？下面引述清代最权威的学者协助编纂的《明史·日本传》中的一段话作为参考。

日本故有王，其下称关白者最尊，时以山城州渠信长为之。偶出猎，遇一人卧树下，惊起冲突，执而诘之。自言为平秀吉，萨摩州人之奴，雄健跷捷，有口辩。信长悦之，令牧马，名曰木下人。后渐用事，为信长画策，夺并二十余州，遂为摄津镇守大将。有参谋阿奇支者，得罪信长，命秀吉统兵讨之。俄信长为其下明智所杀，秀吉方攻灭阿奇支，闻变，与部将行长等乘胜还兵诛之，威名益振。寻废信长三子，僭称关白，尽有其众，时为万历十四年。

文中的阿奇支和明智为两个人。编纂的时候，大概使用了史书与传闻两方面的材料。这个阿奇支（ARAKI）也有可能是荒木村重[①]。

至于关白平秀吉为何出兵朝鲜，《明史》这样记述：

并欲侵中国，灭朝鲜而有之。

但是，当时的中国人并不认为日本真的会侵略明国，很多人大概只是觉得倭寇的规模会稍微大一点，就像鞑靼的阿勒坦汗那样，恣意骚扰边境，目的是为了获取朝贡交易的资格。由于高拱的果断决策，封阿勒坦汗为“顺

---

① 荒木村重（？—1586年）：安土桃山时代的武将。起初跟随织田信长，任摄津守，后因涉嫌谋反被信长赶走，遂投靠毛利氏。后落发为僧，钻研茶道，侍奉丰臣秀吉。——译注

义王”，后来鞑靼一直与明朝开展稳定的交易。中国人理所当然地把丰臣秀吉视为第二个阿勒坦汗。朝鲜方面的史书《宣祖实录》表示日本是强行要求朝贡交易。

南满、琉球皆是外夷向大明奉贡称臣，日本独为弃国，未参其列。前以此意请朝鲜欲传大明，朝鲜牢不肯许。不得已举兵出来。

实际上，在议和的时候，秀吉在媾和条件中提议恢复勘合贸易。至于秀吉说“威加唐、南蛮”以及把天皇迁至北京之类口出狂言应该是为了提高士气的虚声恫吓。

日军初战告捷，势如破竹。朝鲜自承平之后，军队久未作战，根本不是在战国的乱世中久经沙场的日军的对手。日军攻占朝鲜的王京，毁坏王陵，劫持两个王子，掠夺府库，八道[①]几乎尽被日军所占。《明史》这样记述朝鲜请求明朝派遣援军：

旦暮且渡鸭绿江，请援之使络绎于道。

明朝廷认为，朝鲜是明国的藩篱，必须救援。

李如松担任东征提督，率领明朝援军奔赴朝鲜。他的父亲是李成梁将军，在建州卫女真人王杲叛乱时，张居正任命他为讨伐司令。李成梁是朝鲜族，其子李如松在故国危难当头的时候率兵驰援朝鲜。

李如松率领的军队有辽东部队和南方部队，辽东部队是他的直属部下，南方部队拥有大炮和火箭等重武器，紧急调动过来的。李如松攻打、收复小西行长守卫的平壤。小西行长渡过大同江逃跑，占领开城的小早川隆景、黑田长政也退却到京城。这是南方部队利用虎蹲炮和火箭的强大威力所获取的胜利。

---

① 八道：指朝鲜半岛的京畿、江原、咸镜、平安、黄海、忠清、庆尚、全罗八道。——译注

李如松向京城进发追赶日军，但是他没有带领南方部队，想让自己的直属部队立功，结果在碧蹄馆被小早川、立花的军队打得落花流水。日军丝毫不怕没有火炮和火箭的明军。

一胜一负，明朝廷和丰臣秀吉都不认为自己失败，所以议和从一开始就无法达成协议。丰臣秀吉提出以下七个条件：

一、送还被俘的朝鲜两个王子；

二、迎娶明朝公主为日本后妃；

三、恢复勘合贸易，允许船舶往来；

四、日明两国大臣交换誓词；

五、归还朝鲜四道以及国都；

六、将朝鲜王子以及大臣作为人质；

七、朝鲜权臣发誓永不背叛日本。

明朝的条件主要是：

一、归还朝鲜全国领土；

二、送还朝鲜的两个王子；

三、关白秀吉谢罪。

明朝方面主持议和的是一个名不见经传的沈惟敬，他知道拿不到秀吉的谢罪文，竟然伪造，其中有这样的内容：

特请赐册封藩王名号，如此，世世为藩篱之臣永久献海邦之贡。

北京的朝廷认真研究这份假谢罪文，做出这样的决定：许封，但不许贡。同意丰臣秀吉使用日本国王的名号，但如果这样使用野蛮手段就能得到朝贡交易的资格，其他的蛮夷也许都会仿效，于是只同意封号，至于朝贡，要看日本以后的表现再决定。

正使李宗成知道内幕，非常害怕，装疯卖傻，逃往釜山。副使杨方亨升任正史，只是随员的沈惟敬成为副使。使团来到大阪城，丰臣秀吉会见，接受诰命书、日本国王之印以及明朝冠服等。第二天，秀吉身穿明朝服装、戴冠设宴款待明朝使团。

小西行长和沈惟敬打算蒙蔽敷衍不学无术的秀吉，但他听到后来成为外交顾问的五山学僧告诉他媾和七条件根本未被采纳的报告后，怒发冲冠，命令第二次出兵朝鲜。

赖山阳在《日本外史》中这样写道：

立脱冕服，抛之地，取册书扯裂之。

赖山阳大概想把丰臣秀吉的愤怒原因解释为日本既有天皇，明朝为何封自己为国王？然而，这是赖山阳歪曲历史。“取册书扯裂之”，当时的诰命书如今犹在，毫无被撕破的痕迹。秀吉的确恭恭敬敬地接受日本国王之印。其实，秀吉是日本国王在当时是常识。不仅秀吉，德川家康[①]在致朝鲜使节的文书中署名是日本国王源家康。

秀吉的第二次出兵朝鲜很不顺利，接连苦战，战争以秀吉死去而结束。

《明史》这样总结这一场战争：

久之，秀吉死，诸倭扬帆尽归，朝鲜患亦平。然自关白侵东国，前后七载，丧师数十万，糜饷数百万，中国与朝鲜迄无胜算。

---

① 德川家康（1542—1616年）：日本德川幕府第一代将军（1603—1605年）。初与织田信长联合，势力扩大到东海地方，后成为丰臣秀吉的五大元老之一。秀吉死后，发动关原之战，称霸天下。庆长八年（1603年），任征夷大将军，建立江户幕府。后把将军位置让给其子秀忠，自己隐居骏府，依然掌握实权。在大阪之战中消灭丰臣氏，完成统一大业。——译注

明在这场战争中支出的军费极为庞大。万历帝是出名的吝啬鬼，他肯定对这一笔军费开支十分痛心。

明朝的开支不仅花在军费上，万历帝宠爱的郑贵妃所生的福王朱常洵的婚礼又花掉三十万两白银。张居正在十几年的执政期间里，呕心沥血、千辛万苦地为国家储蓄四百万两白银，非皇太子的福王的婚礼就耗费三十万两，实在是败家子之举。说万历帝是吝啬鬼，其实他的吝啬是在为国家事业上锱铢必较，可在为自己修墓、儿子婚礼这样的私事上一掷千金。

前面说过，内阁缺员，万历帝不予补充，在内阁只有一个阁臣的时候，这个阁臣方从哲请求增加阁员，未被允许，遂静坐示威。

帝以一人足办，不增置，从哲坚卧四十余日，阁中虚无人，帝慰留再三，又起视事。帝恶言者扰聒，以海宇升平，官不必备。

阁臣只有一人，不仅仅因为万历帝的吝啬，还有大臣不愿意当阁臣的原因。清议派对内阁的施政不分青红皂白一律反对，激烈批判，破口大骂。阁臣成为别人谩骂的对象，谁也不愿意充当挨骂的角色。

阁臣与言路遂成水火。

出现这样的状态在所难免。本来就是责任重大，如果由于言官不负责任的弹劾而受罚，那是自找苦吃。

万历帝说“海宇升平”，其实未必如此。正是徐阶、高拱、张居正这些具有坚强领导能力的铁腕宰相的努力，才建立起和平稳定的局面。这些名宰相死后，也就和平不再。

张居正起用李成梁，成功地稳定辽东地区，但要保持和平局势，还必须继续努力。万历帝中期以后的政治怠惰，自然放松了对边境的关注。

于是，辽东地区再起风云，形势紧张。

隶属建州卫的女真族中一个首领的家庭诞生一个未来的英雄豪杰——努尔哈赤。

征服女真族是永乐帝的一大业绩，将其分为海西和建州两个卫，而且尽量加以细化。这个民族曾经建立金国这样的大王朝，明朝非常害怕他们团结一致。明朝的统治方式是在各地设置卫、所，给予这些首领名义上的官职，据说人数有三百之多。持有任命敕书的首领具有可以进行朝贡交易的特殊优惠。

土木之变的时候，额森的主力进入山西，其中一部分部队攻击海西卫，杀死诸多海西女真的首领，这样任命敕书就落入他们手中，造成极大的混乱。于是，明朝决定将任命敕书统一交给建州卫和海西卫的部族首领。

将毛皮、朝鲜人参卖给汉族是女真族维持生活的基本方法，所以持有交易许可证的任命敕书极为重要。握有敕书分配权的首领的统治力量强大起来，反过来反对明朝的女真族政策。明朝本意是要分散、弱化女真族，结果因为任命敕书反而使他们紧密地团结在一起。原先如同一盘散沙，如今各地都出现相当强大的势力集团，早晚会出现一个人物，把这些集团进一步统一起来。到那时，无疑就是女真族国家的诞生。

这个人物就是努尔哈赤。他起先与祖父、父亲一起跟随明朝将军李成梁，表面上显示恭顺服从的态度，暗地里招兵买马，逐渐形成自己的势力。明王朝授予他都督佥事、龙虎将军的称号。他开始扩充实力的时候，正是丰臣秀吉出兵朝鲜，明王朝无暇顾及辽东。从这个意义上说，努尔哈赤的崛起——后来推翻明王朝、建立清王朝的能量的集结应该是受到秀吉的恩惠。

有关从文殊菩萨的信仰称为满洲族的努尔哈赤政权，我将在“清朝二百余年”中详细阐述。

对明王朝恭顺服帖的努尔哈赤于万历四十四年（1616年）宣布独立。两年后，竟然明目张胆地攻占明王朝的基地——抚顺。

努尔哈赤起先仿效其先祖的国号，称为“后金”，后改为“清”。

亿兆离心

前面说过，丰臣秀吉出兵朝鲜，明朝无暇顾及辽东，从而客观上为清太祖努尔哈赤的崛起助一臂之力，而且由于明朝庞大军费的支出，削弱了国力。不过，这些还只是次要原因，明王朝灭亡的根本原因是本身的颓败变质。

只能说是昏君的万历帝死后，立为皇太子后遭遇刺客而终日惶恐不安的朱常洛即位。他在皇太子时代就英名远播，群臣、庶民都对这个新帝寄予深厚的期望。然而，明君早死这个厄运再次降临到明王朝。

万历帝于万历四十八年七月死去，享年五十八岁。朱常洛一即位，就颁布大赦令，决定第二年改元泰昌。但是，即位不久，他就患病，当年九月死去，三十九岁，在位仅一个多月。他的长子朱由校立即即位，这样元号就成为问题。第二年本是泰昌元年，现在已经不可能，于是就变成朱由校的天启元年，廷臣开会决定，万历四十八年八月以后称泰昌元年，新年后改为天启元年，所以明王朝在公历1620年有万历和泰昌两个元号。

万历帝死后二十四年，明亡。大概谁都会惋惜，如果光宗泰昌帝朱常洛健在的话……

《明史》这样记述道：

光宗潜德久彰，海内属望，而嗣服一月，天不假年，措施未展，三案构争，党祸益炽，可哀也夫。

所谓“三案”，指的是发生在明末宫廷里的三起大案：“梃击”“红丸”“移宫”。梃击发生于万历四十三年（1615年），就是暗杀皇太子朱常洛未遂事件。梃是棍棒。一个手持枣木棍棒的男子突然闯进皇太子居住的慈庆宫，击伤门卫，进入前殿，被宦官抓获。此人作为疯子处理，但盛传是郑贵妃的弟弟郑国泰主谋策划暗杀皇太子。为消除皇室不和的传言的恶劣影响，万历帝带着家人与群臣见面，演出一场阖家和睦的丑剧。这是他二十五年以来第一次与群臣见面，有人认为因为他抽鸦片，才这么长时间不见群臣。

第二起案件“红丸”指的是泰昌帝朱常洛猝死。即位不久，泰昌帝患痢疾，宦官崔文昇献药，服用后病情反而加重。这时鸿胪寺官员李可灼进言有灵验之仙丹。泰昌帝召集阁臣，询问此药如何，诸臣不敢决断。李可灼献上此药，泰昌帝服用后，感觉病情好转。诸臣退出后，皇帝又服用一丸。第二天死去。因该丸药为红色，所以称为“红丸”。

其实案件本身并不算什么，如果不吃药，也许死得更快。泰昌帝死后，宰相方从哲就安慰李可灼，还打算赏给银币。但是御史王舜等弹劾李可灼，方从哲急忙让他称病回乡。接着，孙慎行、王纪、邹元标等上疏弹劾宰相方从哲。

可灼非太医，红丸是何药？从哲乃敢使进御，从哲应坐弑逆之罪。

对此，黄克缵等为宰相辩护。李可灼献药的时候，诸大臣皆在场，但谁也没有阻拦。所以，孙慎行只弹劾方从哲的做法实在过分。

一切都成为政治斗争的工具。批判宰相的是清议派，即东林党，不论对方做什么事，都要反对、责难。这种激烈的党争是明王朝灭亡的重要原因。

“移宫”案发生于泰昌帝死后。皇帝死后，自然要拥立皇太子。因为皇帝刚刚即位，还没有来得及册立皇太子，根据以往的惯例，不言而喻应该由长子继位，但找不到皇长子。

这个皇长子朱由校当时十六岁，生母是选侍王氏，先于泰昌帝一年死去。泰昌帝的正室郭氏于万历二十九年（1601 年）册立为皇太子妃，但于万历四十一年（1613 年）死去。少年新帝既无生母，也没有应该成为皇太后的父亲的正室。泰昌帝宠爱两个姓李的选侍，人称东李、西李。西面的李选侍最受泰昌帝宠爱，皇帝病中还封她为皇贵妃。她对此并不满足，要求封为皇后，但泰昌帝没有同意。也许是不满的表现吧，她把这个少年皇帝藏在乾清宫。这个女人权力欲强盛，大概想拥立皇帝，君临朝廷吧。

这个李选侍的如意算盘太天真了，就连被万历帝宠爱几十年的郑贵妃在册立皇太子等诸多事情上也并不如意。少年皇帝——天启帝立即被廷臣带回来，然后将李选侍转移到仁寿殿。

这是一个颓败的时代。不论什么时代，都会发生不足挂齿的事件，但如果这样的事件成为严重的政治问题，那只能说是颓败所导致。例如“移宫”问题，对于李选侍的处理，就有各种不同的声音。有人为她辩护，说薄待先帝宠爱的嫔御是不孝；还有的说先帝将皇长子托付给李选侍，让皇长子住在乾清宫不能算隐匿。但是，也有人主张严惩，认为她企图通过拥立幼帝擅权专政是无法无天的行为。

不同意见的发表是言论自由的表现，其本身不是坏事。但是在那个时代，所有的言论都按照党派划分。在红丸案件中弹劾宰相的都是清议派，不参加弹劾的都是阁臣派。党派斗争不断升级，越发激烈。

在移宫问题上，站在李选侍后面出谋划策、挑拨唆使的据说是宦官李进忠。李进忠是市井无赖之徒，赌输后自暴自弃自愿去势当上宦官，以为宦官可以挣钱。他成为宦官以后，顺风顺水。在移宫案件中，不知道他究竟参与多深。一旦被断定为坏人，什么坏事都可能扣在这个人的头上。

李进忠后来改名为魏忠贤。在宦官飞扬跋扈的明王朝，恐怕所有的宦官在他面前都望尘莫及。天启帝离开李选侍以后，乳母客氏在皇帝身边照顾。魏忠贤与客氏狼狈为奸，以拥立天启帝的形式掌控一切大权。

明建国初期，洪武帝规定宦官禁止做学问的方针，担心在皇帝身边伺候的宦官一旦做学问以后会变得阴险狡诈。但是，并非不学无术的宦官就一定安全可靠。魏忠贤就是一个目不识丁的宦官，但没有一个宦官像他这样为害之深，流毒之广。

魏忠贤掌权不仅仅依靠与皇帝的乳母客氏的勾结。当时的政坛分为东林党（清议派）与非东林党两派，斗争异常激烈。魏忠贤正是巧妙地利用政治斗争获得权力的。

党争的白热化演变到赤裸裸深仇大恨的地步，甚至到了对反对派必欲置之死地而后快的地步。于是需要一个能够利用手中的权力压杀对方的人物，魏忠贤就应运而生。如果精通学问、富有人情，干这种事恐怕下不了狠心，因此只有魏忠贤才是合适人选。

魏忠贤对东林党的镇压残酷彻底。天启三年（1623 年），他担任秘密警察东厂的长官，所有的情报尽握手中。

天启四年，左副都御使杨涟弹劾魏忠贤犯下二十四宗大罪。魏忠贤在天启帝面前痛哭流涕，装模作样地表示要辞去东厂长官的职务，终于逃脱过去。之后，他开始残酷地报复。天启五年，东林党人被全部从政界铲除出去。这一年，努尔哈赤建都沈阳，本应停止党争，一致对外，但当事者的眼里只知道争权夺利。

弹劾魏忠贤的杨涟、佥都御使左光斗、给事中魏大中、御史袁化中、太仆少卿周朝瑞、陕西副使顾大章都接连被捕入狱，严刑拷打，惨遭杀害。其中顾大章自杀。时人称为六君子。接着，全国的书院被毁。以无锡的东林书院为首的全国书院都是清议派的据点。清议派，即东林党曾经与内阁展开论战，现在变成与宦官党你死我活的斗争。

那些一心想升官的人趋炎附势，抱着最高权势者的大腿不放，对魏忠贤效尽犬马之劳。向魏忠贤建议摧毁全国所有书院的是御史张讷。

把东林党人的姓名昭示天下，使得“奸人”在全国无藏身之地。出这个主意的也不是宦官，而是御史卢承钦。

天启六年（1626 年）正月，编撰《三朝要典》。这是梃击、红丸、移宫三起案件的结案文集，将所有的罪恶统统嫁祸于东林党。《三朝要典》刊行后，被视为经典。建议编撰《三朝要典》的杨所修、担任主编的顾秉谦都不是宦官。《三朝要典》成书后，左都御使高攀龙，吏部员外郎周顺昌，苏松巡抚周起元，御史李应升、周宗建、缪昌期、黄尊素七人立即被捕。高攀龙后来投水自杀，其他六人被残杀。与前六君子相对应，这七人被称为后七君子。

周顺昌被捕时，苏州士民数万人不约而同地自动聚集，手持线香，要求放人。旗尉厉声骂道："东厂逮人，鼠辈敢尔！"命令解散。但士民群众说道："始吾以为天子命，乃东厂耶！"怒而袭击旗尉，打死一人，其他旗尉慌忙逃跑。

明王朝灭亡的时候，土崩瓦解，极其迅速。有人叹息没有壮怀骨气之人。可是，有谁愿意为这样的王朝殉节呢？

继《三朝要典》之后，浙江巡抚潘汝桢提议要为魏忠贤修建生祠，首先在西湖边，接着在南京修建。第二年，天启七年，宣府、虎丘、景忠山、大同等也仿效修建，这还只是一长串名单中的一部分。

每一祠之费，多者数十万，少者数万，剥民财，侵公帑，伐树木无算。开封之建祠也，至毁民舍二千余间，创宫殿九楹，仪如帝者。

魏忠贤还活在世上，就被祭祀，其称号尊为尧天舜德至圣至神。

一个名叫陆万龄的监生进言道：

孔子作《春秋》，忠贤作《要典》。孔子诛少正卯，忠贤诛东林。宜建祠国学西，与先圣并尊，并应以忠贤父配启圣公祠。

各地为魏忠贤塑造雕像，在雕像前称他为"九千岁"。皇帝是"万岁"，称呼魏忠贤时减少一千岁，为九千岁。

天启七年（1627年）八月，天启帝二十三岁死去。

在明王朝，皇帝的死去意味着宠臣的没落。天启帝一死，九千岁的魏忠贤立即受到弹劾，被捕下狱。风云变幻，瞬息万变。天启帝临死之前，召集阁臣，留下遗言说魏忠贤恪勤忠贞，大事要事要与他商量。然而，继位的皇帝朱由检对亡兄的嘱咐置若罔闻。在陆澄源等的弹劾下，立即下令逮捕。大概这个新帝朱由检比任何人都憎恨魏忠贤，因为魏忠贤甚至连皇族都严厉镇压。

魏忠贤在凤阳（安徽省）被捕，其罪昭告天下。他大概知道罪责难逃，自缢而死。第二年，曝尸于市。与魏忠贤狼狈为奸、专权跋扈的客氏也被诛杀，株连家族，连小孩也不放过。巴结奉承魏忠贤的所有官吏都受到处罚。中国的行刑时间要合乎自然季节，避开万物生长茂盛的春夏两季，在秋天以后执行。然而，对罪大恶极者，“决不待时”，立即执行。判处“决不待时”者有崔呈秀等六人。秋后处决者十九人，进言修建生祠将魏忠贤与孔子并列祭祀的陆万龄是其中之一。主编《三朝要典》的顾秉谦判处有期徒刑三年，赎罪为民。花大钱可以免刑，被贬为庶民。

人们拍手称快，但仅有这些措施无济于事，国家已经受到致命伤。这种损伤包含物质和人心两方面。

第二年，改元崇祯元年（1628年）。崇祯帝是明王朝的末代皇帝。《明史》的天启帝本纪这样记述：

明自世宗而后，纲纪日以陵夷，神宗末年，废坏极矣。虽有刚明英武之君，已难复振。而重以帝之庸懦，妇寺窃柄，滥赏淫刑，忠良惨祸，亿兆离心，虽欲不亡，何可得哉。

即使出现英明的君主，也为时已晚，却出现听任魏忠贤飞扬跋扈的庸懦的天启帝。继位的崇祯帝虽然比其兄才能优秀，但大势已去，回天无力。

崇祯帝时代，经常发生天灾，其实人祸的因素更多吧。崇祯帝即位的时候，爱新觉罗·努尔哈赤已经死去，但是他的继承者所率领的满洲军队越发强大，对明军造成很大的威胁。要筹措军费，就必须依靠增税，由于这关系到官吏的政绩，催缴税金格外严厉。无力缴税的人，由于害怕刑罚，只好向外地逃亡。他们成为流民，成为社会不安的因素。

安徽是明王朝的始祖朱元璋加入红巾军大显身手的地方，如今那里的匪盗收容流民，异常猖獗，这可以说是历史的讽刺。

为减少财政困难，崇祯帝废除官营的亏损事业，就是废除驿站制度。为运送物资和邮件，在全国各地设置驿站，依靠国家财政经营。废驿后政府的文件传递依靠快马，不再通过驿站。在崇祯帝看来，国营的驿站制度已经失去存在的必要。废除以后，可以节省庞大的经费。的确如此，节减财政支出，但也造成在驿站工作的大量驿夫的失业。

像驿夫这样从事搬运业的人，为确保去外地的安全，成立有同业互助的组织。在外地生病等遇到困难的时候，可以得到平时互有联系的组织的帮助。驿站劳动者的互助组织如蜘蛛网一样遍布全国各地。具有如此强大的严密组织的驿夫一旦失业，其后果如何，不难想象。

所有的组织都变成造反集团，具有领导能力的人担任首领，称为“闯王”，率领造反集团。灭亡明王朝的李自成就是从这些组织中诞生出来的闯王。这样的组织理所当然地吸收流民集团。后来成为造反集团的另一派的首领张献忠就是从流民集团的首领变成大军团的领导。如此一来，东部有满洲族势力的膨胀，西部和南部有造反集团的举兵，明王朝陷于焦头烂额的困境。这个时期庶民所经受的苦难笔墨难以言尽。

东林党的幸存者回归政界，为惨遭魏忠贤毒手迫害的人们恢复名誉，其遗族受到优厚的待遇。但是，党争所造成的伤痕根深蒂固，几乎是致命性的，无法弥合。

崇祯帝决心很大，但操之过急，臣下稍有过错失败，或撤职，或处刑，结果失去人心。

崇祯元年（1628 年），复社成立。这个团体与东林党有相似之处，但东林党的主要成员是官吏和下野的旧官吏，站在朱子学的立场上高谈阔论，而复社这个结社的成员更加年轻，思想也各种各样，应该说具有浓厚的阳明学派的倾向。

明末，古文辞运动由盛而衰。这个运动与古代的经典文章的关系过于密切，难以摆脱模仿的痕迹。文章本应直抒胸臆，手写心之所思，所以一味从经典古文中寻章觅句，必然引起人们的疑问：这还是真正的文学吗？万历时期出现的袁宏道大概可以与明初的高启并称二百八十余年的明王朝时代的两大诗人。

袁宏道创作类似民谣的竹枝词，其中这一首引人注目：

贾客相逢倍惘然，椰楠杞梓下西川。
青天处处横珰虎，鬻女陪男偿税钱。

这首诗歌是在万历时期重修被烧毁的宫殿而增税的大背景下创作的。商人相逢，大家都心情沮丧。四川的木材砍伐后顺流而下，但到处都有珰虎——如狼似虎的税吏征收税金，卖儿鬻女都不够交税。

崇祯时期，情况更加恶化。万历末期，为筹措辽东的军费，增税五百二十万两，但崇祯二年（1629年），每亩又增加三厘。崇祯十年（1637年），增税二百八十万两。当时崇祯帝下诏说道：

不集兵无以平贼，不增赋无以饷兵，其累吾民一年。

虽然增税只有一年，但贼并未平定。两年后，再增税七百三十万两。从此以后，增税成为常态，从未间断过。交不起税的那些人参加贼伙，所以增税无异于扩大贼的队伍。

全国各地的反叛风起云涌，满洲的骑兵频繁入关侵扰，却无法阻挡。

紫禁城内，崇祯帝咬牙切齿，扼腕长叹，但无力回天，无法支撑倾斜倒塌的明王朝。

明末的衰弱在景德镇的瓷器上表现得淋漓尽致。天启以后的釉里红称为“南京釉里红”，不像万历时期那样色彩鲜艳浓厚。因为英国、荷兰的东印度公司增加购买，必须节约颜料，才能保证大量生产。然而，瓷器上的绘画笔势软弱无力。不过，这种釉里红具有一种枯淡的韵味，尤其受到日本茶人的喜欢。日本现存不少天启以后的空间充足、笔画简朴无力如飞白的釉里红瓷器，而中国几乎没有。景德镇瓷器告诉我们：衰弱与枯淡相通。不仅瓷器，各个领域的创作活动都显现出时代的潮流。欣赏天启、崇祯年间的釉里红瓷器，令人深有此感。

清朝二百余年

努尔哈赤崛起

毗邻苏联[①]的中国新疆的伊犁地区正式称呼是伊犁哈萨克自治州。名副其实，这里的居民多为哈萨克族。州府是伊宁市，从伊宁市旁边流淌而过的伊犁河注入苏联境内[②]的巴尔喀什湖。中国的哈萨克族自治州与苏联的哈萨克共和国[③]接壤，同样的民族分属于不同的政权，国籍也不同，这样的情况还很多。

中国的伊犁地区虽然是哈萨克族的自治州，但居民并非清一色的哈萨克族人，还有汉族、蒙古族，其中最有特色的应该说是锡伯族。离伊宁市不远的地方有锡伯族自治县。我在 1981 年 10 月访问过该县。一进县城，令人惊讶的是从行政机关到商店，招牌上并列着汉文和满文两种文字。

现在生活在中国的满洲族都已经被汉化，几乎无人会说民族固有的语言——满语，满语已经成为死语。所以，满文已经不再使用，我听说满洲族的人也不认识。

然而，在中国的西北边陲，还有的地方依然使用满文，日常生活依然使用满语。

锡伯族是满洲族统治下的一个部族，所以会说满语，但是，居住在满

① 毗邻苏联：1991 年苏联解体后，与伊犁地区毗邻的国家是哈萨克斯坦共和国。——译注

② 苏联境内：今哈萨克斯坦共和国境内。——译注

③ 苏联的哈萨克共和国：今哈萨克斯坦共和国。——译注

洲族的老根据地东北地区以及各地的满洲族人不会讲本民族的语言。那么，满语和满文为什么在新疆的偏僻地区依然保存至今呢？

我在访问锡伯自治县的时候，向关主任提出这个问题。他是锡伯族人。这个地区的锡伯族人姓关的特别多。

这里离中苏边境只有四十五公里——关主任首先介绍这个县的地理位置。他想强调，这个地方离满洲族的老家极其遥远，如同孤岛。

无论哪个民族都有自己的神话。关主任说锡伯族属于鲜卑族，据说古时候居住在从呼伦贝尔到齐齐哈尔的广袤地区。鲜卑族像南北朝的北魏王朝那样建立过中国历史上的重要政权。然而，关于它的祖先起源诸说不一，有通古斯族、蒙古族等说法，尚无定论。

传说归传说，可以确定的是：满洲族属于曾建立金王朝的女真族系统，锡伯族也是其中的一个分支。据史料记载，清太祖努尔哈赤在逐渐平定各部族的时候，1593年，曾发生九姓之国联合抵抗的事件。九姓之国中，最强大的是叶赫、哈达、乌拉等部族，其中也有锡伯的名字。

努尔哈赤平定各部族后，锡伯族被编入满洲八旗，成为清王朝的护卫，肩负国防的重任。乾隆二十年（1755年），清朝出兵平定伊犁地区。后来要在此地驻扎边防守备队，锡伯族部队被选派担负此任。

《清史稿·地理志》的新疆项目这样记述：

二十九年，设锡伯营、索伦、察哈尔。

听说锡伯自治县还保存有详细的记录。第一批锡伯族部队于乾隆二十九年（1764年）四月十日从盛京（沈阳）出发，军官十人，士兵四百九十人。第二批于四月十九日出发，军官十人，士兵五百零一人。四月十八日举行盛大的欢送仪式，听说现在这一天还是纪念节日。

史书记载，官兵千余人，还有随军家属，总数四千多人，从东北前往遥远的伊犁。第二年七月二十二日，抵达基地的惠远城。在这一年三个多月的旅途中，诞生大约三百个婴儿，而且一路上还有亲戚加入，到达目的地时总人数为五千零二十人。

此后二百多年，虽然清朝灭亡，改朝换代，但锡伯族就一直居住在这里，如今自治县内约有一万七千锡伯族人。当然由于工作等各种原因，有的人迁移到别的地方。现在全中国的锡伯族总人口推定为十万人。

吴蔼宸撰写的《新疆纪游》这样记述锡伯族：

系于乾隆年间被征召移至伊犁驻防，挈眷通行，三载始达。及期瓜代无人。遂流落于此。

似乎作者喜欢增添故事的趣味性，即使根据自治县的史料，旅程也只是一年多，也没有记载十年轮换的承诺。清朝的戍边，伊犁这样的北方边境，原则上是“携眷驻防兴屯”，就是携家带口长期屯田驻兵；但南方边境实行“更番轮戍”，即轮流制。不是皇帝把锡伯族部队忘在脑后，而是从一开始就带着移居重要军事要地的任务。

魏源在《圣武记》中这样记述从东北移居这里的人们：

皆以射猎游牧为业。

这是戍边之外的“业”，所以应该是半永久性的移居。

他们的周围居住着哈萨克族、维吾尔族、蒙古族等，各种民族混居在一起生活，但在两百多年里始终保持着自己的满语和满文。另一方面，他们老家的同胞们忘记了满语，也不会阅读满文。

紫禁城的门额上必定都有汉文和满文两种文字，清代的文件也是如此，而且绝密文件中有的不用汉文，只有满文。

现在中国正在准备编纂清代正史。王朝刚刚灭亡后，爱憎的情绪还在气头上，有的事实会被隐匿，也会为胜利者粉饰美化，所以等待情绪冷却下来以后再编纂正史才最合适。否则，如王朝灭亡之后就迫不及待编纂出来的《元史》被公认为很糟糕的正史，所以在20世纪重新修订编写《新元史》。辛亥革命推翻清王朝至今已经七十多年[①]，可以说现在是编纂正史的时期，所以需要能阅读满文的人才。然而，如今连满洲族人都几乎不懂满文。

接近中苏边境的锡伯自治县引为自豪的一件事就是为北京准备编纂清史提供不可或缺的满文人才。这里的人们在日常生活中都使用满语、满文，应该是再合适不过的人选。

只有居住在边境地区的锡伯族才把满语、满文保留下来，其原因多种多样。首先，他们移居到这里的周边没有比他们的文化水平更高的民族。这也许是最大的原因。故乡的锡伯族被具有古老传统、高度发达文化的汉族团团包围，逐渐被其同化。新疆不存在具有能够同化他们的高度发达文化力量的其他民族。

其次，移居这里的时候就已经拥有五千多人口，这也是重要的原因之一。从一开始就形成自己的生活圈，言语如同活火山一样没有死亡。

我将要叙述满洲族所创建的清王朝的历史，脑子里必须牢牢记住，他们既是征服者，同时也在两百多年间失去自己的语言这个事实。

为强调这个事实，我在本章的开头讲述新疆的锡伯族在孤岛一样的偏远环境中艰辛保存本民族语言的事情。

如果不是皇帝的遗忘，可以说锡伯族部队无异于被流放。为什么他们会遭遇这样的命运？被挑选为边防守备队，是抽签还是上面的指令，如今不知其详，但锡伯族对清朝开国之祖努尔哈赤曾经兵刃相向这段历史，在挑选部队的时候大概会加以考虑吧。

① 辛亥革命……七十多年：本书写作年代是20世纪80年代。——译注

清作为满洲族王朝，建国的前提是必须将分散在诸多部族的满洲族统合起来。

满洲族曾经创建过金王朝，我在讲述这段历史的时候引用过这样一句话：

女真满万不可敌。

女真族勇猛强悍，但分成小群体，力量难以集结。他们在森林、山地狩猎、挖人参，不像平原的游牧民那样可以很快聚集起来。他们认为适当地分散开来便于劳动，但如果出现优秀的领导人，会极其迅速地将分散的小集团集结起来，形成巨大的势力。12 世纪初，女真族的完颜部出现英杰阿骨打，迅速集结起足以消灭辽、宋的力量。

这个女真族的金王朝被蒙古消灭。前面说过，金不是汉族系统的王朝，但也出现元好问这样的大诗人，具有高度发达的文化。汉族的明王朝取代蒙古在东亚称霸以后，吸取历史教训，采取尽量分散女真族各部族的政策。

女真也写作女直。原语只是语尾有无“N”这个音的微小区别，有人认为是避讳辽兴宗耶律宗真的“真”字，而使用“直”。

明代的女真大致分为建州女真、海西女真、野人女真三部分。建州和海西都是地名，野人指尚未开化的意思。

建州女真主要居住在辽东的山地，其首领被明朝任命为建州卫指挥使，受明的影响最大，生活也“颇有华风”。按照汉族的价值观标准判断，这是最文明的女真人。正是从这个集团中诞生统一女真各部族、形成满洲族、创建中华帝国的清王朝的努尔哈赤。

海西女真居住在建州女真的北面，现在的哈尔滨、长春一带。野人女真居住在黑龙江流域，尤其是黑龙江东部地区。

明代，女真族几乎忘记女真文字的使用，无法对本民族历史留下记录。这个时期，李氏朝鲜王朝的使者在前往北京途中记录下沿途的所见所闻。

努尔哈赤的实录《满洲实录》撰写于满洲文字发明之后，所以朝鲜使者的记述应该更有分量。朝鲜使者申忠一这样记述道：

无墅不垦，至于山上，亦多开垦。

可以知道女真族对农耕也相当热心。

女真人擅长狩猎，狐、貂、豹、虎、海獭、水獭等动物的毛皮就成为交易品。与明朝进行贸易的地点是抚顺等地方。此外重要的交易品还有人参和珍珠。

起初通过交易从明、朝鲜获得农具，后来从朝鲜北部绑架铁匠，向他们学习炼铁的方法，自己制造农具。

他们与蒙古的不同之处在于并不全然以游牧为生，但仍不能缺少牲畜。朝鲜的李民寏在《建州见闻录》中这样记述：

六畜惟马最盛，将胡之家，千百为群，卒胡家亦不下十数匹。

该书称赞建州之地“土地肥饶，禾谷甚茂”。虽然土地肥沃，但冬季极其寒冷，这是缺点。汉族的农民绝不会放过这样的土地，汉族进入这块被称为“满洲”的东北地区的历史极为悠久。战国时代，受秦国压迫的燕国人就逃到这个地方。《三国志》记述，当时的辽东太守公孙渊割据此地。

汉、唐鼎盛时期，这里当然是中国的郡县。即使是被高句丽、渤海国占领时期，或者是辽、金、元时代，这里也居住着众多汉人。

汉族几乎都是农民，但从事游牧的蒙古族也有很多人居住在这里，所以这个地方的民族构成很复杂。

明王朝对女真族的政策相当微妙，基本方针是分散其力量，防止他们过于强大，但如果过于衰弱也很难办。因为明朝为防御被驱赶到漠北的蒙古族势力再次南下，期待女真族能在东面发挥牵制的作用。

在卫拉特部的额森南下给明王朝造成土木之变危机的时候，海西女真被卫拉特的东面部队击败，向南逃跑，没有发挥明朝所期待的屏障的作用。明朝一定在反省过于分散女真力量的弊端。

明朝曾经给海西、建州的女真族权势者三百人授予官职，颁发敕书。要与明朝进行贸易，持有敕书是必备条件。女真族在与明朝的交易中获得巨大利益，但如此巨大的利益只是被这三百人分配，不可避免地出现财富，即力量的集中化。虽然女真族无法集结足以威胁明朝的力量，但也无法抵御明朝的敌人卫拉特的侵犯。

我在《摇摇欲坠的万历》一章的末尾谈过，海西女真在卫拉特的进攻下一片混乱，发生将敕书随意交给没有资格做交易的人的问题，所以明朝把敕书统一交给部族首领，海西女真领到一千份，建州女真领到五百份。

如此一来，财富自然集中在少数人手里，女真族中出现从未有过的权力。可以预料，明朝经过反省以后，考虑将女真族作为亲明势力，稍微加强其力量。

权力一旦产生，出现争权夺利的斗争乃势所必然。权力斗争的反复进行必然增强战斗力。在这样的大背景下，建州女真中才产生努尔哈赤。

海西比建州持有更多的具有交易权的敕书的数量，说明海西拥有更加强大的实力。据说创建金王朝的女真族就是这个系统。

明朝称他们为海西，但他们自称忽喇温或者扈伦。这是缘于出生地的河流的名称，现在的地图上称为呼兰河。这条河在哈尔滨稍偏东面的地方与松花江汇合，无疑是金太祖完颜阿骨打的发祥地。因此，海西女真族具有强烈的自豪感，东部的野人女真自然不在话下，就连对南部的汉化程度很高的建州女真也有优越感。

海西女真大致分为叶赫部、哈达部、辉发部、乌拉部这四个部族，其中叶赫部最强大，但哈达部得到明朝的支援，势力增强。哈达部与明朝保持良好的关系，万汗（明朝称其为王台）首领的时候，将逃亡的建州叛将王杲交还给明朝，明朝赐予他“龙虎将军”的称号。与明朝关系密切，自然意味着对明交易受到优厚的待遇，比其他部族拥有更强大的经济实力。然而，万汗死后，哈达部发生继承者的内讧，本来就强大的叶赫部趁机迅猛扩张势力。

叶赫部是从蒙古迁居过来的部族，虽然也是女真，但因为属于蒙古系统的缘故，反明的情绪尤其强烈，所以与亲明的哈达部形成对立。在海西女真的哈达部与叶赫部对立争斗的时候，建州女真的努尔哈赤迅速崛起，崭露头角。

女真族的总人口本来就不多，却分为小部族互相争斗，这可以说是明朝分而治之政策的成功。女真族要强盛繁荣，统一是不可或缺的条件。

实现全女真族统一的是努尔哈赤。

努尔哈赤生于建州左卫的首领家庭，父亲塔克世，姓爱新觉罗。爱新是“金”、觉罗是“族”的意思。其实，努尔哈赤的下一代才开始姓爱新觉罗，据说他姓佟，有人认为因为努尔哈赤是佟氏的养子。他的母亲是阿古都督的女儿，但阿古似乎就是那个王杲。王杲在满洲文献中称为阿古都督。此人是清王朝实际上的始祖，却有很多地方不得其详。

生母早死，不受继母纳喇氏的疼爱，十九岁离家出走。如果按照他是养子的观点，那么努尔哈赤或是女真族商人的女婿，或是在明将军李成梁的家里当家臣。

努尔哈赤是大王朝的创始人，对他的家谱、经历大概会有粉饰美化之处。野史之类的书籍记载他的母亲怀胎十三个月。不论是赘婿还是明将军的家臣的说法，看来他并非出生于显赫权贵的豪门。不过，明初，皇帝赐予女真族中三百人敕书，他的祖先也许是其中之一。

努尔哈赤能够得势，李成梁对他的支持非同小可。李成梁是明末驻辽东的将军，在当地具有绝对的权势。是李成梁看上努尔哈赤，还是努尔哈赤利用李将军，恐怕二者兼而有之。无论如何，他们的相识是命运的安排。

据说李成梁是辽东铁岭卫人，但他的祖先来自朝鲜，归附明朝。此人就是在丰臣秀吉侵略朝鲜的时候，率领明军前往支援，在平壤击败小西行长，在碧蹄馆败于小早川隆景的李如松的父亲。李如松率领的是明军，但在他看来，是在祖先的故国紧急危难时刻奔赴救援。丰臣秀吉出兵朝鲜的时候，李成梁已经隐退，他的儿子李如松大显身手。不过，后来李成梁又重新回到第一线。

努尔哈赤与李成梁相识是在秀吉出兵朝鲜大约十年以前，或许更早一些。当时正是李成梁的鼎盛时期。李成梁的祖先从朝鲜前来归附明朝，大概以此功绩世袭铁岭卫的佥事。卫的长官是指挥使，次官是指挥同知，佥事位于其下，虽然不是属吏，但职务不算太高。而且虽说是世袭，实际上父亲继承这个职务的时候，必须去北京办理一定的手续，还花了钱。到李成梁这一代，家庭贫困，甚至没钱世袭，四十岁之前还只是诸生。虽然有资格做官，但因贫穷无法实现，只是候补身份。一个巡按御史看到这种情况，资助他进京，好不容易得到军职。此后他一帆风顺，历任辽东险山的参将、副总兵，隆庆四年（1570 年）替补阵亡的王治道担任总兵。

四十岁之前坐冷板凳，进入军界后，四十五岁就已经升任“师级”。隆庆五年受封为宁远伯，列为华族。虽然也有运气的因素，但主要还是因为不仅具有卓越的军事才能，政治能力也出类拔萃，所以扶摇直上也在情理之中。

此时发生建州女真首领王杲侵犯抚顺、杀害明朝军官的事件。辽东总兵李成梁奉命率领六万明军前往讨伐，大破之。负伤的王杲逃到海西女真哈达部，结果被哈达部首领万汗交给明朝。

王杲被斩，其子阿台伺机报复。为报复出卖父亲的哈达部，阿台与哈达部的对立面叶赫部联合，经常出兵侵扰。李成梁援助哈达部的万汗攻打阿台。

在作战中，努尔哈赤的父亲和祖父都死于古呼城。关于所谓“二祖之死”，不同的史料记载各异。

阿台的妻子是努尔哈赤的祖父觉昌安的孙女，努尔哈赤的父亲塔克世的长兄之女。在这次作战中，努尔哈赤一家都站在明军一边，祖父为把孙女拉出来，进入古呼城，同行的父亲在城外等候。但是，阿台拒绝妻子出城，并且扣留妻子的祖父。塔克世在外面等候多时不见父亲出来，便进城探听究竟，也被扣留。不久，明军发动总攻击，努尔哈赤的二祖在混战中被杀。按照明朝方面的史料记载，觉昌安、塔克世父子进城不是为了拯救孙女，而是劝说阿台投降，结果被扣押杀害。

这次作战发生于万历十一年（1583 年），李成梁使用火攻战术，杀死阿台。据说觉昌安被烧死，塔克世被蜂拥而入的明军误杀。

站在明朝一边、为明朝出力的努尔哈赤二祖如此死去，李成梁觉得对不起努尔哈赤。努尔哈赤同时失去祖父和父亲的时候，是一个二十五岁的青年。

明朝对女真族分而治之的政策成功过头，给自己带来不少困惑。分散女真族的力量固然是好事，但众多小集团互相争斗。在明看来，女真族的相互斗争比团结对自己更安全，但斗争也要适可而止。如果到处都发生武力斗争，辽东地区就骚乱不稳。

为保持辽东的安宁，明朝打算在女真族中扶植一支对同族具有威慑作用的势力，与明合作，明成为其后盾。北京朝廷的想法姑且不论，至少李成梁将军是这样考虑的。这是对明朝的女真族政策的修正，李成梁考虑从女真族的核心海西女真中培养这样的势力。本来哈达部最有希望被选上，但万汗死后，发生内讧，四分五裂，因此失去与明朝合作的资格。

此外就是叶赫部，但这个蒙古系女真从内心深处就具有强烈的反明情绪。阿台对明报复作战的时候，它就援助阿台，而且叶赫部与哈达部仿佛是不共戴天的仇敌，争斗异常激烈。李成梁依据这样的局势判断，最终放弃从海西女真中选择合作对象。

李成梁的目光盯上年轻但贤明有才的努尔哈赤，要扶植他的势力壮大起来，现在正是时候。他的家庭背景原本是亲明的，父亲和祖父被明军误杀，作为补偿，李成梁给予努尔哈赤三十份敕书和三十匹马。这成为努尔哈赤举兵的第一笔军费。李成梁以为这样做就可以弥补误杀的过失，这件事就算过去了，然而对努尔哈赤来说，三十份敕书和三十匹马绝对不能一笔勾销过去的事情。后来他对明朝宣战的时候，提出开战原因有“七大恨”，第一条就是：

我祖宗与南朝看边进贡，忠顺已久，忽于万历年间，将我二祖无罪加诛，其恨一也。

对明朝的深仇大恨一直铭刻心底，但在他需要壮大势力的时候，则对明朝加以利用。

在李成梁的安排下，明朝授予努尔哈赤左都督、龙虎将军的称号，还赐予白银八百两的岁币。努尔哈赤依靠明朝的力量，统一了建州女真。

建州有苏克素护、浑河、完颜、栋鄂、哲陈五部，努尔哈赤于万历十一年（1583 年）出兵收复五部，万历十七年（1589 年）正月完成。

统一建州女真后，努尔哈赤拥有足以与北面的海西女真对抗的力量。他在抚顺、清河、宽甸、叆阳四关与明朝开展大规模的通商贸易，从而进一步充实国力。另一方面，海西女真各部则由于哈达部与叶赫部的内战，陷于一片混乱。在黑龙江流域收获的珍珠、毛皮以前都是经由海西女真控制的开城运送出去，但由于战乱，开城几乎关闭。

贸易通道被关闭，但商品流通的道路不会被堵绝，开城不行，还有南面的通道。努尔哈赤统一建州女真后，局面稳定，以前经由开城、给海西女真带来丰厚利润的毛皮、珍珠、人参等物资就改走建州，从而大大增加了努尔哈赤的财富。努尔哈赤也积极购买这些商品，各地商人云集建州。努尔哈赤通过贸易所获得的利润每年达数万两白银。万历十九年（1591 年），他把鸭绿江路置于自己的统治之下，一方面通过扩大疆土增加人口，同时以此开辟与朝鲜通商贸易的道路。

海西女真四部当然心急如焚，如果听之任之，再不予以遏制，与努尔哈赤的实力差距只会越来越大。海西女真中最强大的叶赫部遣使向努尔哈赤提出割让土地的要求，这实际上就是表示通过武力遏制对方扩张势头的意思。努尔哈赤当然不会轻而易举地同意割让土地。史书记载，他怒叱使者道：

我乃满洲，你乃扈伦，你国虽大，我岂肯取？我国虽广，尔岂得分！

努尔哈赤在这个时候就把包括建州五部在内的自己的疆土称为“满洲”。

我在《土木和夺门》中说过，女真族是虔诚的佛教信徒，自称“文殊菩萨之徒”。“文殊”后来使用同音的“满洲”汉字来表示。虽然还有其他的观点，但我认为还是文殊等于满洲的解释最妥当。

叶赫部说我们都属于使用同一种语言的共同集团，也应该互让领土，努尔哈赤断然拒绝：我们不是同一个国家！

此时的努尔哈赤认为自己已经不是地方领主，而是“我国”——一个帝国的主人。他使用“满洲”这个新名词应该理解为是建立新帝国的决心的表示。我在后面的讲述中称呼努尔哈赤及其集团、政权为“满洲”。他们从女真族脱胎换骨变成新的满洲族。

海西女真族惊恐万状，甚至呼吁塞外部族联合起来，共同粉碎努尔哈赤这个自称“满洲”的怪物。他们先前获得的贸易利益不知不觉地都被满洲攫取，如今即使重新开通开城这条贸易通道，满洲也会运用各种策略予以阻止。对这样的家伙放任不管，姑息养奸，我们很快就会被他们吞并，死路一条。

于是，海西女真集结九部的兵力阻止满洲的膨胀，除海西女真四部外，锡伯部也成为反满洲的一股力量。万历二十一年（1593 年），这所谓的九部联军三万之众攻打努尔哈赤，不仅被打得落花流水，参加联军的长白山的珠舍哩部和讷殷部的领土还全部被努尔哈赤夺走。

一个集团的兴衰成败，如果仅仅从经济方面进行考察，那是片面的物质决定论，还应该对领导人的素质能力、领导成员的进取精神、环境等各种因素进行综合考虑。然而，毋庸置疑，经济力量绝对不可忽视。

努尔哈赤之所以对九部联军能够克敌制胜，就是因为满洲具有通过贸易获得丰厚利润的强大经济实力。

在努尔哈赤及其满洲政权富裕起来的同时，李成梁也富裕起来。李成梁虽然打算扶植努尔哈赤，但与他保持不即不离的关系。山西商人、新安商人为收购人参、毛皮、珍珠等云集此地，李成梁如同辽东藩主一样坐收渔利，商人们都要以某种形式向他缴纳钱财。《明史·李成梁传》这样记述：

全辽商民之利尽笼入已。

在产地进货，再运到交易地，交到商人手里之前的中间商利润大概是努尔哈赤与李成梁各占一半。在这种令人兴奋的互惠关系过程中，李成梁把自己的任务忘到九霄云外。

明朝为骚乱频发的辽东很感头疼，因此打算扶植一个具有威慑力的集团。但是，这个集团的势力不能过大，如果强大到足以摆脱明朝的控制，那就十分危险。李成梁的任务就是抓着缰绳，恰到好处地操纵着。然而，他与努尔哈赤合伙做买卖正搞得红红火火，完全忘记了自己勒紧缰绳的任务。

李成梁是辽东地区的军事负责人，在任二十二年，向朝廷报告的大胜捷报就有十次。朝廷每次接到捷报，天子就到郊庙祭告先祖，接受廷臣的祝贺，论功行赏。边境如此捷报频传，军功卓著，据说两百多年间还从未有过。子嗣皆受封官阶，甚至连用人都沾光受得一杯羹。《明史·李成梁传》说他：

贵极而骄，奢侈无度。

李成梁堕落了。他将滚滚而来的金钱出手阔绰地赠送给朝廷的权门贵臣，因此他在中央有很多保护人。他的捷报经常弄虚作假，夸大其词，甚至将败仗谎报为胜仗。捷报需要证据，于是他杀死平民百姓，割下首级，冒充敌军将领。这简直是荒唐透顶的做法，但朝廷的权臣都已经被他的金钱收买，无人揭发这其中的诡计骗局。

陈登云、徐守恩等廉洁正直的巡按使要向皇帝如实禀报，却被巡抚李松、顾养谦阻拦。但是，欺骗终归不能长久，无论怎么压制，毕竟还有人批评李成梁。加上申时行、许国、王锡爵这些强有力的保护者相继离开朝廷，李成梁也就无法继续留任。万历十九年（1591 年），李成梁未能抵御土蛮十万骑兵的入侵，便于这一年的十一月，按照御史张鹤鸣的意见，撤职解任，但保留宁远伯的爵位，年迈退休。

撤职李成梁虽好，但没有挑选到合适的人才做继任者。虽然李成梁离开军队，但他对辽东部队具有绝对的影响力，继任者施展不开。由于一心要成为满洲帝国主子的努尔哈赤羽翼已丰，根本不把李成梁的继任者放在眼里。李成梁离开军队十年间，辽东部队的领导接连更换达八人之多。

努尔哈赤击败九部联军之后，并没有就此罢手。虽然海西女真签订了屈辱性的媾和协议，但满洲的力量一旦衰弱，这和约就会立即被海西撕毁，所以努尔哈赤坚定不移地继续发展壮大满洲政权的力量。

努尔哈赤在辽东地区扩大势力范围的时候，丰臣秀吉向朝鲜出兵，明朝的注意力急忙转向朝鲜，而且派往辽东的新领导人既不熟悉情况，又缺乏领导能力，对努尔哈赤束手无策。努尔哈赤原先和李成梁一直都是互惠关系，与明结为同盟，攻打海西四部，并不是反明的举动。努尔哈赤发展的势头异常强劲，明朝不是贸然就能出手的。

在努尔哈赤为满洲王朝奠定基础的时候，丰臣秀吉对朝鲜的鲁莽出兵无意间为他起到伪装掩护的作用。秀吉第二次出兵那一年（1597 年），海西四部与满洲签订和约。

日军因秀吉死去从朝鲜撤兵的第二年（1599 年），海西哈达部投降满洲。哈达部受叶赫部的唆使，背信弃义地攻打满洲，结果反被满洲打得一败涂地。

明朝遣使责问努尔哈赤为什么频繁攻打邻邦？这说明明朝终于对努尔哈赤的满洲的存在开始感到恐惧。

当时，叶赫部趁着哈达部危难之际，起兵进攻满洲。努尔哈赤要求明朝去责问叶赫部，但明朝没有答应。这个时期，明朝为了削弱过于强大的努尔哈赤的力量，采取让叶赫部与努尔哈赤对抗的方针。尽管蒙古体系的叶赫部原本就和明朝不和，但事到如今，也顾不上这些了。能够与努尔哈赤对抗的力量，也只有勇猛的叶赫部。叶赫部曾经攻打过哈达部，但明朝对此不闻不问。

这个时候，哈达部发生饥荒，请求明朝紧急援助粮食，遭拒，只好全面投降努尔哈赤。

以上是根据满洲方面的史料整理的海西女真哈达部灭亡的过程。

努尔哈赤与明朝长期持续的关系就此断绝。

万历三十五年（1607 年），继哈达部之后，辉发部灭亡。此时日本关原之战结束，政权的趋势已经明确，德川家康从江户迁往骏府城。然而，此时中国大概还没有人预料统一建州、吞并海西四部中的两个部的努尔哈赤政权很快就要统治中国整个领土，也许连努尔哈赤本人也未能料及。

六年后，万历四十一年（1613 年），乌拉部灭亡。海西女真四部的名称都是按照地名来命名，据说姓氏是那拉氏。乌拉部的势力比哈达部、叶赫部弱小，但那拉氏的正宗在这个部。努尔哈赤亲征乌拉部，其首领布占泰带领不足百人的残兵逃往叶赫部。

海西女真四部只剩下叶赫部。叶赫部向明朝求援，明朝派遣游击马时楠、周大岐等率领熟悉火器的一千士兵赶赴救援。即使没有叶赫部的求援，明朝对势力发展过于强大的努尔哈赤也不能坐视不管了。

努尔哈赤灭取乌拉部后，一鼓作气，直指叶赫部，但在攻陷七城十九塞后，撤兵返回。

在万历四十四年（1616 年）这一年的正月，努尔哈赤即可汗位。剿灭叶赫部、与明朝对抗留待即位后解决。

满洲八旗征伐

满洲族基本上是狩猎民，多是采取集体包围猎物的所谓“卷狩”的方式。人数越多越好，如果一个集体的人数不够，还会向别的集体借人，当然也必须把一部分猎物分给他们。

因为这是集体行为，必须有人统一指挥，同时也拥有射击猎物的武器。他们的生活方式实际上无异于军事训练。俗话所说的“女真满万不可敌”正是与这样的生活方式密不可分。这是一个日常不断进行军事训练、服从纪律、善于使用武器的民族。这样的民族一旦团结起来，的确所向披靡，战无不胜。

女真语中的“牛录”是“大的箭”的意思，也是狩猎的基本单位的名称。参加狩猎的人们还必须自带武器。指挥十人左右的集体狩猎的首领称为“牛录额真”。额真是“主人”的意思。因为是目的性明确的集体行为，参加者不能我行我素，擅自行动，随意说话，弄出声音，都可能惊动猎物逃跑。所以牛录额真具有统领集体行动的绝对权威。

努尔哈赤把这个狩猎单位直接编列为战斗单位，每三百人为一牛录，每五牛录为一甲喇，每五甲喇为一固山。“固山”是“旗”的意思。甲喇为一千五百人，固山为七千五百人，不过人数的编制规定似乎并不死板。努尔哈赤即可汗位的时候，据说牛录的数量达到四百。基本上遵守一牛录三百人的原则，其总兵力为十二万。

起初固山，即“旗”有四个。努尔哈赤即位之前增加一倍，成为八旗，从而产生了著名的满洲八旗。

“旗”以不同的颜色作为标志，实际用于狩猎时候的识别标志。事先确定圈围猎物的地方，插上黄旗。参加驱赶猎物的人们分成三队，把猎物赶出来，逐渐缩小包围圈。三队的中间那一队以蓝旗作为标记，左右两队分别以红旗和白旗作为标记。满洲族的四旗最初就是以这黄、蓝、红、白四色旗作为标志的军队编制。

努尔哈赤即位的前一年（1615年），旗数增加一倍的时候，还是保留四种颜色，但旗帜镶边。蓝、黄、白三旗镶红边，红旗镶白边。因为如果红旗镶红边，难以辨别，所以只有红旗镶白边。

没有镶边的称为正黄、正白、正红、正蓝，镶边的称为镶黄、镶白、镶红、镶蓝。

努尔哈赤把满洲族建设成为一个军事体制的国家，八旗既是军队，也是人民所属的集团。换言之，只要是满洲族，不分男女老少，每个人都属于八个“旗”中的某一个。

清代的传记在记述汉人的时候，都明确记述其原籍，例如浙江省绍兴县、福建省南安县，但是在记述满洲族的时候，只是说正黄旗人、镶蓝旗人。就是说，八旗成为满洲族的户籍。另外，人们称呼满洲族人为“旗人”，反正都会属于某一旗，所以这样笼统称呼。

有关努尔哈赤崛起初期的史料很少，当时产生的八旗原型经过后来战争的实践，大概也有不少变化。关于八旗的详细情况，尚有诸多不明之处。

按照《八旗通志》的记载，努尔哈赤即位前的四百牛录具体分为满洲蒙古牛录三百零八、蒙古牛录七十六、汉军牛录十六。虽然没有具体记载最大的三百零八满蒙牛录的详情，但似乎多为满洲族和蒙古族的混合部队。只有蒙古族的牛录数量也不少。只有汉族的牛录也有十六个，按人数计算，约为五千。努尔哈赤的军队、政权从一开始就具有浓厚的国际化色彩。

蒙古族、汉族的人数后来急剧增加。满洲军队不断扩大疆土，其势力范围内居住着蒙古族、汉族。他们被编入努尔哈赤的体制里，于是产生蒙古八旗和汉军八旗。辽东地区居住着很多汉人，他们一旦被纳入满洲政权体制内，其户籍就被编入汉军某旗。八旗并不仅限于满洲族这个事实引人关注。

努尔哈赤除母语满语外，还会汉语和蒙语。他本人就是一个国际化的人。但是，在努尔哈赤时代之前，满语没有文字。也许有人反驳道：金王朝的时候不是创造过“女真文字”吗？的确，努尔哈赤时代之前，建州的女真族在送交明朝的公文中使用女真文，加上译成汉文的附件。

满语的确就是女真语，所以女真文就是满文，这个思路没有错。但是，女真语属于乌拉尔—阿尔泰语系，作为语言，与蒙古语、朝鲜语、日语同属一个语系，这与孤立的中国语的结构不同。所以，以汉字为原型的女真文在表达女真语时很不方便。而且金王朝在文化上完全汉化，煞费苦心创造出来的女真文实际上没有什么用处。谈到金代的文学，如元好问的诗文那样，都是以汉字创作。

建州女真向明朝提交的公文中所使用的女真文需要经过特殊的训练才能书写，极少人掌握，可以说是一门特技。能看懂的也只是能书写的人，是一种奇怪的文字。建州女真在其他文书——例如信函、簿记等——上使用的文字是蒙古文。从语系上说，女真语与蒙古语比较接近，所以女真人掌握蒙古语并不难。

努尔哈赤既是一个国际人士，又是一个民族主义者。他对满洲族使用蒙语、蒙文作为自己的语言、文字，作为相互之间沟通交流的工具很是不满。

蒙文是成吉思汗时代参考回鹘文创造的表音文字。因为是表音文字，所以可以直接表述其他语言，如同使用罗马字可以书写日语一样。努尔哈赤考虑以蒙文为基础表现满语，下令创造满文。虽说同属一个语系，满语中有的发音无法用蒙文表达，所以很不容易。努尔哈赤于 1599 年命令创造“满文”，在他即位即将十七年的时候，开始着手解决“国字”问题。他并非仅仅擅长战争，在他死后，其子即位，经过一个名叫达海的人改良、整理，终于完成清代使用的满洲文字。这个满文为了能够尽量准确表达满语的发音，在文字上添加圈点。满语将政府公文称为“档案”，但习惯上将努尔哈赤时代的政府公文称为“无圈点档案”，将之后的公文称为

“有圈点档案”。

明朝的边疆政策着眼于抑制在边境地区出现强大的势力，这与近代帝国主义的殖民地政策一样，实行“分而治之”的原则。努尔哈赤过于强大，如果他只限于统一建州，明朝大概不会神经紧张，只要派一员能干的军队领导驻扎当地，就可以平稳局势，不会出现混乱，圆满地实行间接统治。当年李成梁扶植努尔哈赤，就是具有培养代理人的意识。

努尔哈赤征讨海西各部，这就超出了明朝能够宽容的限度。在海西四部只剩下叶赫部的时候，明朝自然要站在叶赫部一边。明朝手中握有强大的武器，那就是——停止交易。

努尔哈赤之所以能够进兵海西，也是因为通过与明的交易获得巨额利润，从而壮大力量的缘故。只要交易停止，努尔哈赤就会遭受沉重的打击。

明朝断然祭起杀手锏——停止交易。这一招逼得努尔哈赤要么投降明朝，要么与明朝为敌，继续攻打叶赫部，二者必选其一，而努尔哈赤最终选择了后者。

努尔哈赤大概收购有大量的人参、毛皮，一旦停止交易，这些东西就变得一文不值。拿什么养活急剧膨胀的疆土上的人民和军队呢？当他选择与明对抗的时候，一定问题堆积如山。如果对明朝低头就范，事情就容易得多，但努尔哈赤毅然决然地选择这一条困难的道路。

获得敕书才能进行对明交易，这是依赖对方怜悯恩赐的屈辱的形式，只要对方对你看不顺眼，就立即通过停止交易施加压力。如果这一次低头求饶，以后还必须时时事事低眉顺眼。努尔哈赤下定决心，对方以力强加于我，我也以力回应。

堆积如山的人参变质腐烂。努尔哈赤的选择可以理解为尊重民族自尊心胜于经济利益的行动。他是一个现实主义者，当前做出小牺牲，是为了将来获得更大的利益。不仅仅是交易，如果在各个方面都能够与明朝平起平坐，地位对等，那获取的利益是无法估计的。

努尔哈赤通过与明朝的交易以及居住在自己势力范围内的汉族充分了

解、把握了明朝的真实情况。宫廷内怪事频频发生，宦官得势，耿直忠臣离开政界，派阀斗争激烈，政治缺少连续性，对这样的明朝最有效的交往方式就是明确昭示“力量”。不得不说努尔哈赤的这个判断是正确的。

大方针一旦决定以后，就不必拘泥细枝末节的问题。首先必须向明朝显示不怀敌意的态度，以争取时间。努尔哈赤所能选择的只有“独立”这条路，他必须做好在今后相当长的时期内与明朝抗争的思想准备，还必须建立自己的新体制，即使明朝多少年停止交易也能确保经济稳定。一个重要的措施就是开垦土地，于是在旧哈达部南面的柴河、抚安、三岔等地掀起大规模开垦荒地的热潮。

明朝觉察到努尔哈赤的意图，广宁总兵遣使向努尔哈赤通告：不许收割新开垦三地的谷物。努尔哈赤严词回绝：

昔贤云：“海水不溢，帝心不移。”今既助叶赫，又令吾民勿刈获禾稻，将帝心已移耶?

他还说：明朝虽是大国，但总不能每个城都派一万士兵驻守吧？如果只有一千驻兵，这个数目刚好当我的俘虏。就是说，如果你想动武，那就来吧！我奉陪到底。

这一年是万历四十三年（1615年），努尔哈赤的八旗制等独立准备工作已基本完成。

这个时期，努尔哈赤只是考虑独立，并没有创建大帝国的构想。从明初开始，满洲族（女真族）就一直处在明朝的统治之下，他们只是希望摆脱出来，获得与明平等或接近平等的地位，不再对明服服帖帖、唯命是从，而且双边交易的现状总是对满洲族不利。这是努尔哈赤独立的原因，如果可能的话，希望与明朝不产生摩擦地获得他们的承认。

努尔哈赤虽然急速地扩大自己的势力，但是他认为自己只是全满洲（女真）族的盟主，而不是帝王。满洲分设八旗，他亲自掌管的也只是正黄旗和镶黄旗，其他六旗由别人掌管。后来，努尔哈赤临死前留下遗训，希望自己死后的体制原则是“八旗并立”。

这个时期，他考虑建立的是统一部族联合体的国家，认为中国帝王那样的拥有绝对权力的君主不适合满洲族的政权。

明万历四十四年（1616年）正月，努尔哈赤宣布独立，国号“大金”，定元号为天命，定都兴京。

为什么选择“金”作为国号呢？因为这是女真族金字塔般光辉灿烂的历史。12世纪，完颜阿骨打率领女真族灭亡契丹族的辽，把宋朝驱赶到南边，君临中国北半部达一百数十年之久。这个政权的国号是“金”。金国差一点就成为全中国的君主，却被蒙古的成吉思汗所灭。

只要一听到“金”——女真语的“爱新”这个词，女真族就会热血沸腾，于是就选择让满洲族（女真族）情绪激昂、给新国家注入巨大能量的这个词作为国号吧。由于四百年前的金已经灭亡，爱新觉罗氏努尔哈赤的第二个金就称为“后金”。

努尔哈赤的儿子皇太极时代，将“金”改为“清”。大概因为此时让同一个民族精神振奋的时代已经终结，对明政策成为最大的课题。过去的金对南宋造成各种各样巨大的压力，南宋最后灭于蒙古，但被金折磨得已经凋敝疲惫，国力衰微。汉族对“金”这个国号极其反感。

明朝与出现在东方的这个新政权进行谈判的时候，只要一听到“金”这个国号，就想起南宋的历史，无论如何无法抹去这个固定的观念。在明的朝廷里，一有什么事，就会听到“不能重演南宋和金的历史”这样的声音。

据说皇太极是出于上述原因改“金”为“清”的。

皇太极在修改国号的同时，禁止本族自称“女真”。天聪六年（1632年），他在敕书中说道：

我国原有满洲、哈达、乌喇、叶赫、辉发等名，无知之人往往称为诸申（女真）。夫诸申乃席北超墨勒根之裔，与我国无涉。今后一切人等，只许称我国满洲原名。其各旗贝勒所属人员，勿称为某旗贝勒家诸申。

敕书的语气极为严厉。他斩钉截铁地说：所谓女真，一切与我无关。为什么如此严厉？恐怕不仅仅只是出于对明政策的需要吧。

《明史》频繁出现“建州女真”这个词，努尔哈赤出身于建州女真也是确凿无疑的事实，为什么皇太极如此讨厌女真这个称呼呢？

明代的女真社会极其封建，停滞不前，从这个僵化封闭的社会中冒出个努尔哈赤。前面说过，努尔哈赤并非高层家庭出身，他使用金作为国号、使用女真作为族名，带有浓厚的复古色彩，也不是没有可能寻根问祖，但如果深入调查家谱，就知道努尔哈赤的先祖家族微不足道。也许皇太极的目的就是要阻止这样的逆向调查。

既然已经进入一个新时代，由新皇帝君临天下，过去那些“金”“女真”等陈旧发霉的词语就会成为时代的障碍。

努尔哈赤只把自己定位为盟主，所以对“金”“女真”这些词语满不在乎，而追求绝对君主的皇太极就不能漠然置之。满洲建国初期的二主——努尔哈赤（太祖）和皇太极（太宗）所处的时代发生巨大的变化，两人的性格也大相径庭。

即位两年后，努尔哈赤以“七大恨”为由宣布对明朝开战，举兵“伐明”。“七大恨”的原件未有存世，但应该有二祖之死、明援助叶赫部、拘押使者定罪、不许收割开垦土地上的农作物等这些内容。“七大恨”是宣传品，分发各地，不知何故原件未能发现。我的推测，后来皇太极发现其中有的内容不合适，予以回收的缘故。现在能看到皇太极时代木刻印刷的“七大恨”，但这是经过修改的东西。所谓不合适的内容，估计是努尔哈赤在宣传品中还明确承认明朝的宗主权。努尔哈赤认为理所当然的内容，在皇太极看来就不合适。《太祖实录》里有这样一段话：

天建大国之君，即为天下共主，何独构怨于我国也？

大国之君就是明朝皇帝，承认他是天下各国共同的君主。天下有这么多国家，为什么就单单欺负我国呢？太祖表示不满，可是从整体文脉来看，明确承认明朝的宗主权。

令人感觉是那种反抗父亲，让他对自己所做的事情表示认可的心情。

满洲八旗兵分两路攻打抚顺。抚顺守将、游击李永芳接受努尔哈赤的劝降书，缴械投降，后来他娶努尔哈赤的孙女为妻，升任总兵。大概事前就已经通气，努尔哈赤知道李永芳的投降。就这样，努尔哈赤的满洲八旗攻陷抚顺城，又继续占领东州、玛哈丹等城。

抚顺是交易中心，从山东、山西、江南、浙江等地有十六个商人来到这里，努尔哈赤把“七大恨”宣传品送给他们，发给旅费让他们回去。当地的居民都成为俘虏。

满洲八旗破坏抚顺的城墙后撤兵离去，接到通报的明广宁总兵张承荫率兵一万追击而来。努尔哈赤回兵迎战，这一战天助努尔哈赤。忽然大风呼啸，飞沙走石，直接扑向西面的明军，昏天黑地。明军在与满洲八旗作战之前，就遭受沙尘暴的袭击。等到沙尘停歇，满洲八旗猛烈进攻明军军营，杀得片甲不留。明军总兵以下各级军官全部战死。当年派遣使者向努尔哈赤通告不许收割柴河等三处新开地农作物的正是这个总兵张承荫。

战斗结束以后，广宁巡抚李维翰遣使要求归还俘虏。努尔哈赤一口拒绝：

征战被俘，即为我民，何必遣还？

努尔哈赤已经建国，最大的苦恼就是人口不足。清朝史料这样说道：

国富民殷，归附者日众。

其实归附者中相当大部分是被强行掠走的。努尔哈赤在明朝停止交易后，采取开荒种田寻找活路的措施，人口不足是个大问题。另外，要与明朝对抗，也必须扩充军队。当时努尔哈赤向各地出兵，其目的往往不是占领土地，而是掠夺人口，不少地方是把整个村落的居民掠走，而土地丢弃不管。

人既是重要的生产力，又是国家的兵员。努尔哈赤理所当然要把抚顺城的居民全部掠走。这本来就是他的作战目的，所以对李维翰的归还居民的要求只是付之一笑。

当时似乎有一种说法：抓俘十个汉人不如抓俘一个朝鲜人，抓俘十个朝鲜人不如抓俘一个蒙古人。身强力壮者是好劳力，掠夺人口作为国家事业受到鼓励。

明朝廷接到抚顺失陷的报告后，惊愕万分，下达准备讨伐努尔哈赤的动员令。

兵部侍郎杨镐被任命为辽东经略，作为四路大军的总指挥进驻沈阳。明军兵分四路进攻努尔哈赤，这四路大军的司令中，总兵或曾担任过总兵的有六人。

李成梁的儿子李如柏已经退役，这次重新起用担任辽东总兵。他出生于对辽东情况了如指掌的武将家庭，大家都认为这个任命十分恰当。在朝鲜战场上与小西、小早川作战的李如松是他的亲哥哥。可是这一家人中，虽然父亲李成梁身居高位，却没有出现一个能征善战的司令。事实证明，这次起用李如柏也是一次失败。

山海关总兵杜松、保定总兵王宣、开原总兵马林、辽阳总兵刘綎，都是鼎鼎大名的司令官。刘綎担任南路司令，一万朝鲜援军由他指挥。秀吉侵略朝鲜的时候，明朝派遣李如松率兵救援，这次是朝鲜对明朝的回报吗？游击崔一琦率领另外一支朝鲜军队与刘綎会合。另外，北路军的马林麾下还有一支海西女真叶赫部的一万五千人的部队。

明军包括朝鲜、叶赫的部队，这支混合部队号称有四十七万。所谓“号”，一般是实际人数的一倍，但这支部队人数更少，据说最多不过十万。杨镐给努尔哈赤下战书，其中号称雄兵四十七万。

按规定，三月一日，各路明军集结，但山海关总兵杜松想抢头功，擅自提早渡过浑河。杜松有勇无谋，认为打仗就是猛打猛冲，是一个单纯的武将，平时喜欢脱光身子让别人看他满身的刀疤伤痕，引为自豪骄傲。他不懂得爱护部下和士兵，为了自己能立功，根本不考虑部下付出多大的辛苦和牺牲。虽然浑身是胆，但作为军事指挥员是不合格的。

浑河水流湍急，木筏和小舟无法渡河，改由骑马，结果过河的时候就损失很多官兵。过河以后，杜松将两万兵力留在萨尔浒，自己率领一万士兵奔向界藩城。明军根据侦察，知道努尔哈赤正在界藩筑城，一万五千个民工筑城，守卫的士兵只有四百，本部军营设在吉林崖。

杜松偷袭正在修建的界藩城的计划其实也是好主意，但问题是明军的意图被对手发现。努尔哈赤命儿子皇太极等率二旗的兵力救援界藩城，同时亲率六旗兵力四万五千人攻打萨尔浒。驻守在萨尔浒的明军认为自己只是留守部队，放松了警惕。

这一天也是傍晚，时候狂风大作，沙尘弥漫，天昏地暗，咫尺不见人。

这样的沙尘暴称为“霾”。史书形容道：

忽大霾晦，咫尺不相辨。

由于黑暗看不见，明军点燃火把作战，努尔哈赤的六旗人马处于暗处，对处于明处的明军看得清清楚楚，“发无不中”，发挥出最有效的作战效果。而处在明处的明军根本看不清黑暗之中的对手，炮弹几乎全部落空，“铳礮皆中柳木”，溃不成军。

杜松率领的一万士兵在前往界藩城途中，遭到伏击，正艰苦奋战的时候，接到萨尔浒战败的消息，顿时丧失斗志。在萨尔浒获胜的六旗部队一鼓作气回头攻打杜松，大军压顶，杜松根本不是对手，中箭而亡，全军覆没。史书这样描述当时的惨状：

横尸亘山野，血流成渠，旗帜器械及士卒死者，蔽浑河而下，如流澌焉。

杨镐接到战败的消息，命令各军英勇奋战，但结果是连吃败仗。马林逃跑，刘綖战死，李如柏全军溃灭，本人落荒而逃，大概想到难逃追究死罪的责任，引颈自刎。

这就是历史上著名的萨尔浒战役。这一战成为明朝衰亡、清朝兴起的转折性战役。

天助努尔哈赤，沙尘暴、霾—— 不止一次地袭击明军。想到这些，似乎感觉不只是人，一个民族、一个国家也有“时运”。勃然兴起的满洲，时来运转，连上天都保佑它扶摇直上。

分析这次战役，会明白很多道理。上天给予的运气是一回事，能否利用这种运气恐怕不能说是偶然。平时具备严整的态势，一旦时运来临，就能及时把握，为我所用。明军失败的最大原因是杜松为了抢头功而擅自行动，这说明平时就军纪松弛。只要能打胜仗，即使违反军令，也不追究责任，这样的风气在明军中蔓延，所以杜松敢于提前一天离开抚顺，抢渡浑河。

明军号称四十七万，人们往往认为这一战是努尔哈赤的满洲八旗以少胜多的典型。《盛京通志》说满洲“以五百人破明兵四十万”，这样的表述实在夸大其词。然而，魏源的《圣武记》竟然也引用这个说法。《圣武记》为人们所熟知，可见萨尔浒战役以寡敌众的固有观念已经深入人心。无论如何，五百士兵战胜四十万大军的说法实在是天方夜谭。明军的兵力最多不过一二十万，所谓五百，实际上是保护建设界藩城的一万五千人民工的四百人军队，是这场战役最先调动作战的部队人数。

明军留守萨尔浒的部队是两万人，而攻打进来的努尔哈赤率领的满洲军是六旗四万五千人。满洲军以一倍以上的兵力攻打萨尔浒的明军。

杜松率兵一万前往界藩城，遭到伏击。伏击的部队是皇太极率领的二旗一万五千人。

真实的情况是满洲军以多胜少。单纯从数字计算，也是稳操胜券。所谓五百战胜四十万，不过是吹嘘的神话。

明军失败的原因，除了军纪松弛外，还有兵力过于分散。满洲八旗攻击的目标并不大，明军本应集中兵力，却反而兵分四路。

如果公平地评论这次战役，大概会得出这样的结论：明军的失误让努尔哈赤获胜。

新兴的努尔哈赤在这场萨尔浒战役中收获巨大。我多次说过，努尔哈赤最大的苦恼是人口不足。然而这次胜仗俘虏大量明军，此外还有刘綎麾下的朝鲜军队全部投降。

努尔哈赤获胜后，又一鼓作气拿下开原、铁岭，不仅扩大疆土，还获取当地的居民，而且利用这个机会平定了同族中与自己对抗到底的叶赫部。

萨尔浒战役发生于万历四十七年（1619 年）、后金天命四年的三月，同年八月平定叶赫部。

这次败战的最高负责人、辽东经略杨镐被捕入狱，后任是熊廷弼。他曾任辽东巡按，才能卓著，大概因为谙熟辽东情况才起用他。受命之时，他最害怕的不是敌强我弱，而是朝廷的政治、军事为言官所左右。这些言官不负责实际事务，所以说话无所顾忌。言官制度取得一定的成效，但也有吹毛求疵、故意挑刺、不看大局的问题。他们觉得不提意见，似乎自己就没有尽职，于是往往就在鸡毛蒜皮的小事上挑毛拣刺，弹劾官员。言官的任务是“提意见”，矛头总是针对担任具体工作的内阁，所以言官与内阁处于对立状态。

明末，内阁的作用减弱，言官的势力增强。张居正之后，缺少强有力的宰相，辽东发生这么大的事情，而宰相依然长期缺位。

熊廷弼担心言官脱离实际的书生议论对辽东问题这个国家大事产生不良的影响，在受命时上书皇帝，其中叮嘱道：

毋中格以沮臣气，毋旁挠以掣臣肘，毋独遗臣以艰危。

他赴任之后，首先将作战中的三个逃将——刘偶节、王捷、文鼎公开处斩。这是严肃军纪的非常措施。然后举行仪式，隆重祭奠阵亡的将士。

熊廷弼的作战方针是固守不浪战。辽东的明军失败以后，元气大伤，尚未恢复斗志，依然存在畏惧敌人的心态，武器、马匹、战具等七零八落，也必须补充修理，需要时间。经过努力，终于扩充军队达十八万。他分兵驻守各地，建立联络网，遇到小股敌人袭击，依靠自己力量予以击退，如敌人大部队来袭，则互相支援。他还挑选精兵组成游击队，攻击对方的小部队，破坏农业生产，灵活机动，也能训练、提高部队的实战能力。努尔哈赤害怕熊廷弼的行兵布阵，有一年多的时间不敢轻举妄动。熊廷弼也严格坚持“固守”“不浪战”的原则，窥视合适的时机。

在萨尔浒战败、熊廷弼担任辽东经略的第二年，万历帝死去，继位的泰昌帝也猝死，天启帝即位时，政局的风向发生变化。

熊廷弼受命时恳切希望朝廷“毋中格以沮臣气”，但随着皇帝的更换，他的希望完全落空。有人弹劾他：

熊廷弼不战辽东。

他最担心的事情终于发生了。熊廷弼悲愤交集，提出辞职，获准。

让一个意气风发想干一番事业的人最后沮丧绝望，这样的体制可以说是国家末期的症状吧。

接替熊廷弼担任辽东经略的是袁应泰，此人是能干的官吏，但缺少军事指挥才能。

当时蒙古各地发生饥荒，数万人涌进明朝的领土乞食。袁应泰把他们全部收留下来。如果明朝不收留，他们就会投奔努尔哈赤，这正是苦于人口不足的努尔哈赤求之不得的事情，都是生产力、兵力的补充。袁应泰收留蒙古灾民的做法没有错，但是灾民中混杂有不少满洲的密探。袁应泰把数万蒙古灾民安置在辽阳、沈阳这两个城市。

这一年的春天，辽阳、沈阳两城被努尔哈赤攻陷。灾民中的满洲密探究竟起到多大的作用，现在不得其详。守卫沈阳的总兵贺世贤被努尔哈赤诱骗到城外作战，遭遇伏兵，退却到城门下时，城门桥被密探们砍断，贺世贤无法进城，战死。努尔哈赤的部队也遭受损失，参将布哈、游击朗格锡尔泰等战死。

沈阳之战，守城的明军一万多，努尔哈赤出动右翼四旗大约三万人。这也是以多胜少的作战。

沈阳陷落五天后，努尔哈赤集结全军攻打辽东。这是乘胜追击，长驱直入。辽阳是明朝的辽东战略的核心之地，也是辽东经略的驻地，本应该防守得固若金汤。然而，明军的士兵、骑兵总共三万，努尔哈赤是八旗全军进攻，兵力比明军多一倍，犹如排山倒海。袁应泰投火自杀。城内到处起火，无疑是密探们的里应外合。

首府辽阳沦陷，五十寨、七十余城尽被努尔哈赤收入囊中。明在辽河以东几乎没有国土，努尔哈赤毫不犹豫地立即将国都从兴京转移到辽阳。

辽东的首府辽阳以及大城沈阳的失陷令明朝廷大为震撼，终于明白准许熊廷弼辞职是错误，便将弹劾熊廷弼的官员统统左迁，请他再次出山，同时任命王化贞为广宁巡抚。然而，这样的人事安排又是失败。熊廷弼行事审慎，王化贞喜欢夸海口说大话，他们俩搭档，如果能够取长补短，那是再好不过，可惜事与愿违。

王化贞想建立奇功，胸中藏有奇招妙计。在抚顺投降努尔哈赤的明朝游击李永芳密派使者前来，表示可以里应外合；另外在皮岛开展游击活动的毛文龙也同意从背后袭击努尔哈赤的军队，此外还有蒙古愿意出动四十万的援军。

如此一来，便可战无不胜。王化贞信心百倍，打算独占这份大功。从制度而言，巡抚在经略之下，巡抚要独占奇功，不让经略沾光，必须采取必要的手段。这个手段就是公开制造他们之间的“不和”。论功行赏的时候，因为两人不和，可以证实巡抚完全是按照自己的计划进行作战的。

这个时期，宦官魏忠贤在朝廷得势，王化贞在朝廷也吃得开，因此分配给王化贞数万人马，而分配给熊廷弼的只有几千人。熊廷弼感觉王化贞所说的犹如异想天开的美梦，诚恳告诫，但王化贞认为是熊廷弼忌妒吃醋。

抚顺的李永芳还未受到努尔哈赤的攻打就迫不及待地投降，前面说过，也许事先双方已有通气。他与战败而降的将领不同，与努尔哈赤的关系很深。熊廷弼认为，对这样的人说的话深信不疑，那是非常危险的。

熊廷弼熟谙辽东情况，知道所谓皮岛的游击队其实本行是走私，无诚信可言的一伙人。至于四十万蒙古军队，更是痴心梦想。

这样的两个人搭档，无论什么事都互相对立。例如军队的名称，王化贞主张取名“平辽军”。但辽是当地的固有地名，“平辽”容易引起当地人的反感，熊廷弼考虑人心的敏锐，决定取名“平东军”。王化贞对此十分不满，此后两人的关系就一直很紧张，而面对努尔哈赤的满洲八旗，明军最终彻底溃败。

李永芳的里应外合、皮岛游击队的后方袭击、蒙古的四十万大军，全都是一场梦幻。

熊廷弼和王化贞双双被捕，被判死刑。然而，奇怪的是，真正受刑的只有熊廷弼，据说因为他得罪了宦官魏忠贤。此时的明王朝，对文武百官已经无法进行公正的评价。

广宁失败的明军逃到山海关以西。后来努尔哈赤从辽阳迁都沈阳，称为盛京。这就是后来称为“奉天府”的地方。

努尔哈赤率领满洲八旗渡过辽河，进入辽西，如果再穿越山海关，北京就近在眼前。这个时候，努尔哈赤的目标是否定位于北京，目前尚无确凿的史料证实。山海关是金城汤池，牢不可破，它的前方是宁远城，满洲八旗还是不敢贸然攻城。

明朝名将袁崇焕驻守宁远城。其实这座城就是他亲手修建的，城址也是他亲自选定。他原先是邵部知县，明代的知县官职很低，因为熟知边境情况，起用任命为兵部主事。这是破格的提拔。

袁崇焕坚守宁远城，与总兵满桂、参将祖大寿齐心合力，一致对抗满洲军。努尔哈赤将俘虏放回宁远城劝降道：

吾以兵三十万来攻，此城破之必矣，尔众官若降，即封以高爵。

这当然遭到袁崇焕的拒绝。他把城外的居民全部转移到城内，烧毁城外的房屋，不给敌军作为据点；同时严密搜查可能暗藏于城内的满洲军的暗探。

明朝屡战屡败，焦躁不安，急于挽回局面。袁崇焕不是杜松、王化贞那样豪言壮语型的“猛将”，他清醒地面对现实，过去的失败都是满洲八旗的大军进攻兵力薄弱的明军，寡不敌众，才告失败。他认真冷静地分析战例，研究对策，是否有以少胜多的方法呢？武器应该可以弥补兵力的不足。

袁崇焕知道中国南方有外国的精良武器。葡萄牙人运进来的大炮称为“红夷大炮”，极具威力。他命令福建的军事当局运来葡萄牙大炮。

西方的巨炮——红夷大炮并排摆放在宁远城内。满洲八旗一无所知，努尔哈赤站在第一线，气势汹汹猛烈攻击，要一举摧毁宁远城。

努尔哈赤的劝降书号称三十万大军，其实大约只有十万人，不过这十万人依然是大军。努尔哈赤的目的大概是一举拔掉宁远城，再夺取山海关，威胁恫吓，以平等的地位与明朝就交易等外交问题进行谈判。他的心思大概不在宁远城，而是前面的山海关。然而，从宁远城飞来无法置信的密集猛烈的炮火。

据说一发炮弹能死伤数百人，大概因为满洲八旗采取密集队形攻城的缘故。他们历来都是使用这种方法，集中兵力，攻其一点，强行突破，攻陷城池。

根据满洲方面的记录，在两天的攻城战中，死伤游击二人、备御二人、士兵五百人。

努尔哈赤本想轻易拿下宁远城，没想到如此艰难，久攻不下，心里异常焦躁。

此时袁崇焕已经升任巡抚，手里握有绝对的指挥权，而且他在人格上也十分体恤部下，善于用人。除了红夷大炮外，其他火器也充分发挥作用，还有弓箭、石头，雨点般倾注在敌军头顶上。努尔哈赤说道：

朕自二十五岁征伐以来，战无不胜，攻无不克，何独宁远一城不能下耶？岂非天耶。

他不怿累日，病死——这是清朝的记录。其实他是被炮弹击中负伤而死的。他说的话最终归结为这是天命。

通往帝国之路

努尔哈赤六十八岁死去，这在当时已是相当的高龄。他创造满文、创建八旗制等工作相当细致周密，然而令人奇怪的是，在最重要的继承者问题上，他偏偏没有指名决定。其实如果认真追溯努尔哈赤的心灵轨迹，对他没有指定接班人的做法并不会觉得不可思议。前面说过，他只是考虑成为同族的盟主，与其由即将死去的父亲指名，不如通过年轻的、今后的合作者指名，从而产生更加优秀的盟主。他把未来完全交给年轻人。

努尔哈赤有十六个儿子，他死去的时候，除长子褚英外，其他十五人都健在。最年长的是次子代善，父亲死时他已经四十四岁。最小的费扬古，因在皇太极时代犯下死罪，从正史记录中抹去，所以不知道他的年龄。第十五子多铎在努尔哈赤死时十三岁。

最后成为努尔哈赤继承者的是第八子皇太极。父亲死时，他三十五岁，生母是叶赫部的纳喇氏。在努尔哈赤许许多多的战斗中，皇太极总是独当一面，战功显赫，完全具备继承者的资格。父亲早就对他青眼有加。

女真族残留着浓厚的封建思想，努尔哈赤的十五个儿子的生母中，出身于最高名门的是皇太极的生母。她出身的叶赫纳喇氏虽是名门，却对努尔哈赤的统一事业顽抗到底。尽管有这样的历史，但名门望族毕竟是名门望族，从这个意义上说，皇太极从一开始就是继承者的强有力竞争者。

努尔哈赤在世的时候，有“四天王”或者“四贝勒”这样的说法。所谓贝勒，就是强势贵族。这四个人是国家创业的柱石，世人称努尔哈赤的次子代善为大贝勒、努尔哈赤的侄子阿敏为二贝勒、努尔哈赤的第五子蛮古尔泰为三贝勒、皇太极为四贝勒。这个排序只是按照年龄大小，并不代表势力强弱。由于处在与明朝的关系极度紧张时期，四天王没有发生继位之争，最终以代善及其子（岳托）拥立的形式，皇太极即位。虽说皇太极即位，但四天王中其他三人都比他年长，所以即位时，其他三人都坐在兄长的座位上，不向皇太极执臣礼。就是说，实际上采取的是皇太极为“执行主席”的集团领导体制。

在具体的满洲八旗领导权分配上，皇太极领导两黄二旗，代善领导正红旗，阿敏领导镶蓝旗，蛮古尔泰领导正蓝旗。这样，四天王分别领导五旗，剩下的镶红旗、正白旗、镶白旗三旗，按照努尔哈赤的遗嘱，分别由努尔哈赤的第十二子阿济格（二十二岁）、第十四子多尔衮（十五岁）、第十五子多铎（十三岁）领导。这三个人的生母都是乌拉纳喇氏，可见也许她得到努尔哈赤的宠爱。

皇太极这个名字的汉字还可以写为皇太子、黄台吉。如果写成皇太子，令人感觉一开始就决定他作为继承者，其实这只是偶然的巧合。

虽说即位，但采取合议制，这与父亲所考虑的盟主相接近。不过，这时已经受到中国的皇权思想的影响，皇太极如何从盟主变成君主，这似乎是他的问题。我在上一章谈到皇太极篡改文件，这也与他当皇帝有关。

皇太极是清太宗，本族都称他为“贤明的可汗”。可以说名副其实，皇太极才真正是清王朝的建设者，是一个深谋远虑、英明果断的人。

满洲新政权的前途充满荆棘。袁崇焕据守宁远城，拥有红夷大炮，还有坚固的山海关在前面挡住去路。红夷大炮是杀害努尔哈赤的新式武器，满洲族在很长一段时间里对红夷大炮有谈虎色变的感觉。

太宗皇太极即位的第二年，就出兵朝鲜。明朝讨伐努尔哈赤的时候，杨镐率领的四路大军中，就有朝鲜的军队。不过，后来他们全军投降努尔哈赤，其实这也是事先的安排。朝鲜援军都元帅姜功烈接到国王的密令：“即使在明军，也是观望，倒向强势一边。”于是，根据他的判断，五千士兵整整齐齐地向努尔哈赤投降。

但是，后来，这投降一事在朝鲜成为大问题。朝鲜原先是受明朝册封的，形式上臣属关系，但内政未受干涉，只是在紧要时刻，例如丰臣秀吉侵略的时候，要求明朝派遣援军。由于明朝出兵支援，才使朝鲜免于被秀吉吞并，朝鲜应该感谢明朝的“再造之恩”。可是，朝鲜恩将仇报，国王发出“观望”的密令。这不是对明朝的背叛吗？由于密旨暴露出来，国王（光海君）下台，仁祖即位。这个仁祖批判前国王的背叛行径，表示对明朝忠心耿耿，这样的国王自然反满洲。朝鲜的政变大概是权力斗争，光海君的密旨问题也许只是借口，但即使是借口，因为这件事更换国王，仁祖政权必须采取亲明反满的政策。

这对满洲政权确实是沉重的打击，明朝停止与自己的交易，还有朝鲜这条后路。从朝鲜到山东半岛的海路非常近。在鸭绿江的河口皮岛号称进行游击活动的毛文龙其实是一个走私的头目。他为了保障走私的安全，口头上说在满洲后方进行捣乱，以此逢迎明朝，求得明朝对自己的宽容。

皇太极制服反满的朝鲜，消灭毛文龙的游击队，要把皮岛作为交易的通道。满洲与朝鲜也进行一些交易，从朝鲜也可以买到明国的货物，所以满洲希望朝鲜即使做不到亲满，但至少也不要反满。

攻打朝鲜的是以阿敏的镶蓝旗为主力的部队。阿敏首先在铁山大破毛文龙的军队，攻陷义州的各城，渡过大同江，长驱直入，逼近国都。朝鲜王仁祖李倧带着家属逃到江华岛，向明朝求救。大约三百五十年前，朝鲜遭受蒙古攻打的时候，高丽王朝也是在江华岛避难。蒙古、满洲都没有水军，对付这样的侵略军，逃避江华岛是上策。满洲军队没有船只，面对江华岛只能望洋兴叹。明朝自顾不暇，无力救援，毛文龙也受到满洲军的牵制，腾不出手来，朝鲜遣使向阿敏乞和，双方订立“兄弟之国”的盟约。

满洲出兵朝鲜是在天聪元年（1627年），当时皇太极没有吞并朝鲜的意图。如果吞并朝鲜，朝鲜的利用价值就大大减少，朝鲜承认明的宗主国地位，采取臣服的政策，所以朝贡等各种形式的贸易相当繁盛活跃。满洲把辽东收入自己的版图，还攻打辽西，与明国交恶，以至于几十万斤人参腐烂、军民缺衣少穿。纺织品以及其他生活必需品历来都是仰仗从明国进口，如今成为朝鲜的兄长国，通过弟弟应该可以搞好交易吧。

阿敏侵略朝鲜的时候顺手牵羊般地攻打毛文龙。毛文龙是一个典型的乱世草头王。

他是浙江人，来到辽东的时候是一个下级军官。据说参加了明朝的援军奔赴朝鲜抗击秀吉对朝鲜的侵略。当时建州女真正处在兴盛时期，毛文龙好像在鸭绿江一带，成为建州女真身后的威胁。为什么他会跑到那里去，这个过程无从知道，也许在那里进行非法交易吧。他经常开展游击活动，扰乱建州女真的后方，这可能是事实，不过向北京汇报的时候夸大其词。广宁巡抚王化贞对毛文龙怀着很大的期望，最后被他出卖。

由于谎报军功，毛文龙升为总兵，官至左都督，势头不小。不能说他没有开展游击战，他曾沿鸭绿江攻打努尔哈赤的长白山基地，但被击退。在鞍山的作战中，他的部下游击李良美被满洲军俘虏。他甚至进攻到萨尔浒城的南门，不过马上撤回去。他的游击战似乎是摆摆样子，专门做给明朝廷看的，这样可以领到军饷。毛文龙不仅从明朝廷拿，也要求朝鲜方面支持军饷。

毛文龙的根据地皮岛位于鸭绿江的河口，商船必经之路，他就课以通行税。岛上也有商人，从事非法的商品买卖，毛文龙当然都会得到分成。明国的纺织品、朝鲜的人参等都运到岛上。明朝实行一种派文官监督军队的“文官控制”的措施，但毛文龙认为他的情况特殊，拒绝明朝派遣文官。他明白，如果让明朝知道皮岛是一个走私大基地的真实情况，那事情就不好办。

当然，毛文龙十分精明地对朝廷的权势者行贿。对这个毛文龙深感厌恶的是宁远城的袁崇焕。毛文龙拍着胸脯夸口说自己在满洲的背后形成威胁，可是阿敏的军队一南下，他就一溜烟地逃到皮岛。

袁崇焕决心处置毛文龙。他找个理由把毛文龙叫来，逮捕后，历数罪状：

尔有十二斩罪。

第一条是大将在外须受文臣统制，你专横跋扈，兵马钱粮一切不受检查。这是一条大罪。第二条罪状是身为人臣，欺骗君主。

人臣之罪莫大欺君，尔奏报尽欺罔。

毛文龙每年从朝廷得到饷银几十万两，却不分给士兵，中饱私囊。袁崇焕握有证据。

剽掠商船，自为盗贼。
驱难民远窃人参，不从则饿死，岛上白骨如莽。
铁山之败，丧军无算，掩败为功。
开镇八年，不能复寸土，观望养敌。

其中任何一条罪状都足以死刑，而毛文龙居然有十二条之多。这个时候，天启时期的魏忠贤专横时代已经结束，进入崇祯帝时代。魏忠贤被诛杀，对权势阿谀奉承的毛文龙在皮岛上建造魏忠贤的塑像。这一条罪状也是当斩。

毛文龙十恶不赦，被袁崇焕诛杀。毛文龙接到袁崇焕前来商议的通知时，带来两万八千兵士。他心想就凭这个架势，谁也奈何他不得。但是，袁崇焕就对着毛文龙的部下宣判死刑，最后加上一句：

诛止文龙，余无罪。

据说排列的两万八千兵士无一人敢动。

袁崇焕将事情的经过详详细细向朝廷汇报，末尾加上一句：

文龙大将，非臣得擅诛，谨席藁待罪。

即使是巡抚，如果没有得到朝廷的批准，也不能处斩大将。虽说是紧急情况，袁崇焕依然表态，毅然坐在席子上待罪。

由于毛文龙在皮岛上的所作所为真相大白，崇祯帝对袁崇焕先斩后奏的独断专行予以宽恕。这件事表面上已经了结，但后来又被重提出来。

袁崇焕挡住满洲大军通往山海关的去路，是明王朝十分倚重的将领。在大敌当前的紧要时刻，某种程度上容许做出诛杀毛文龙这样的专行独断。但是，从这件事也可以看出，袁崇焕对自己逐渐过于自信。自信本来不是坏事，但如果过头，以为自己能够独撑天下国家，那就变成狂妄自大的傲慢。也许本人并没有这种感觉，但在别人眼里是这种印象。

袁崇焕坚守宁远城，对皇太极的满洲军组成一道坚固的壁垒。于是，皇太极苦思冥想，考虑使用武力以外的方法摧毁这座厚实的城墙。

毛文龙的部下虽然都被赦免无罪，但还是有人对自己的将领猝不及防地被杀心怀怨恨，因此不少人投降皇太极。投降的时候都要尽量送上好礼物，其中有一件礼物让皇太极狂喜不已。

毛文龙手下的高级将领孔有德将击中努尔哈赤、震撼满洲军队的红夷大炮作为礼品送给皇太极，不仅如此，还带去能模仿制造红夷大炮的铁匠。满洲军以前被红夷大炮吓得胆战心惊，以后也可以拥有这种大炮攻击敌人了。除孔有德外，投降满洲军的还有耿仲明、尚可喜等原先的毛文龙的部将，他们都是久经沙场的武将，对明军的弱点了如指掌。皇太极大喜过望，封三人王爵，人称“汉三王”。他们在以后的对明战争中发挥巨大的作用。

从这个意义上说，袁崇焕处决毛文龙的确是个大问题。

寻找武力以外的摧毁宁远城厚墙的方法，就是使用计谋权术。从历史上看，崇祯帝是明王朝的末代皇帝，疑心极重，在位十七年间，有五十个阁僚或被罢免或被处死；地方长官中，七个总督和十一个巡抚被处刑。他的性格还十分急躁，一旦怀疑，立即处置。太祖朱元璋和成祖永乐帝所建立起来的皇帝独裁权在末代崇祯帝手里达到肆无忌惮的地步。

满洲方面认为，除掉眼中钉袁崇焕最有效的办法就是让皇帝对他产生怀疑——袁崇焕表面上与满洲对抗，实际上暗通满洲。

崇祯帝居然中了这个如同小说描写的反间计。敌人制造通敌证据应该易如反掌，努尔哈赤死去的时候，袁崇焕曾派人前去吊唁；皇太极即位的时候，袁崇焕又表示祝贺。这原本只是工作上的普通礼仪往来，但如果将其作为袁崇焕与满洲“通敌”的渠道，这个“证据”应该相当有力。另外，北京的朝廷中很多人对袁崇焕超越权限诛杀毛文龙的做法表示反感。毛文龙以皮岛为据点疯狂进行走私活动，经常贿赂朝廷中的权势者，他一死，朝廷命官就得不到好处，所以一致指责袁崇焕目无王法。

皇帝身边，同情袁崇焕的人很少，反对袁崇焕的人则很多，这是他的不幸。

满洲大军无法越过宁远城和山海关，但还有一条过热河出长城的途径，满洲骑兵经常在这一带活动。他们侵犯边境的目的其实是掠走劳动力，满洲依然人口不足。但是，对于这种小股部队的入侵活动，流言蜚语说“袁崇焕私通满洲，默许他们犯边”。造谣传谣者无疑就是满洲方面。

袁崇焕被召回北京，关进监狱。他的部下祖大寿、何可纲率领一万五千骑兵出山海关投降满洲。袁崇焕“通敌”本来就是子虚乌有，但崇祯帝中了皇太极的反间计，替满洲除掉这个最大的对手，而且祖大寿等身经百战的将军竟然带领一万五千骑兵投敌。这可以说是有口难辩，跳进黄河也洗不清。

崇祯三年（1630 年）七月，袁崇焕在市场被处以磔刑。

孙承宗被任命为山海关总司令，收复被满洲军夺取的遵化、永平、迁安、滦州四城。皇太极虽然退兵，不过是休整歇息，利用这个时期，大量制造红夷大炮。尽管是在休整时期，依然不停地通过热河等其他途径侵入关内骚扰，有时候利用收获季节抢夺农作物，但主要目的还是掠夺劳动力。

明将训练有素的精锐部队集中在山海关，与满洲军对峙，因此其后方经常空虚。后方的部队人数不多，也没有很强的战斗力，对小股满洲军的骚扰也就听之任之。

天聪五年（1631 年）六月，满洲制造出第一门大炮。这是袁崇焕被处死的第二年。满洲在与明朝的战争中深感自己的技术落后，因此奋起直追。

这种性格与通古斯人，即中国所谓的东夷惊人地相似。清史研究家孟森这样评述满洲人：

其种族善接受他人知识之灵敏种类，其知识随势力而进，迨其入关抚治中国，为帝王之程度，亦不在历朝明盛诸帝之下。

与满洲人同一系列的朝鲜人、日本人也都具有同样的性格，吸收先进文化的速度有时快得令人难以置信。

当时的明人对兴起于东北的满洲族的迅猛发展恐怕是刮目相看吧。不久前还只是奔跑于森林中狩猎、钻进水里采珍珠、爬到山上采人参的鲁莽之人转眼之间就完成部族的统一，与明朝对抗，而且制作出——虽是模仿——红夷大炮来了。

在平定蒙古各部族后的第二年，皇太极改国号大金为大清，定元号为崇德。崇德元年即纪元 1636 年，明王朝是崇祯九年。

关于修改国号，我在前面做过推测，引人关注的是皇太极亲自断言满洲并非女真。此时他胸中涌动的应该是与父亲努尔哈赤不同的构想吧。

这一年皇太极四十八岁，改国号为清，可以认为他表明与女真族诀别、从此迈向创建天下国家，即世界帝国的雄心壮志。他的政权统治的范围里所居住的汉族、蒙古族已经占据相当大的比例，政权构思已经从努尔哈赤的女真族部族联合发展到辽东辽西各民族联合，这个各民族联合如果推进到山海关以西，一定会开辟出唐王朝那样的世界帝国之路。

从这一点来看，应该称皇太极为清太宗。崇德元年四月乙酉日，皇太极祭告天地，举行即位仪式。群臣奉上“宽温仁圣皇帝”的尊号，各地前来朝贺的人们恭敬拜礼，只有朝鲜使臣罗德宪、李廓没有施行拜礼。

朝鲜之前遭到阿敏的讨伐，虽然双方缔结“兄弟之国”的盟约，但这不是君臣关系。朝鲜承认明国的宗主国地位，待以君臣之礼，但仕二君有违儒家伦理。如果朝鲜的使臣在满洲对皇太极施行拜礼，那就要背负仕二君的污名，所以坚决不拜礼。有人提出杀掉这两个家伙，但据《清史稿·太宗本纪》记述，太宗说道：

彼国王将构怨，欲朕杀其使臣以为词耳，其释之。

释放使臣，使其回国，同时送去一封谴责朝鲜国王的信函，要求将其子送来做人质。

如果满洲的君主称“汗”，那倒好说，一旦称“皇帝”，朝鲜考虑到与明朝的关系，无法拥戴两个皇帝。所谓送子做人质，也只能对宗主国。所以，朝鲜对太宗的书函采取置之不理的态度，没有回复。

于是，太宗就亲征朝鲜。即位当年的十一月，他亲率十万大军出发。这是满洲第二次攻打朝鲜。太宗的军队南下渡过汉江，占领都城（汉城）。朝鲜国王李倧逃往南汉山城，等待明国援军。明朝接到朝鲜的告急后，调集水军，但因为等待风向，未能立即起航。太宗的军队包围南汉山，击退各路的援军。国王的家族在江华岛避难，被满洲军俘获。

朝鲜终于投降大清，解除武装，献上明皇室的封册，以示无二心。太宗在汉江东岸一个名叫三田渡的地方接见朝鲜王，举行受降仪式。朝鲜国王李倧率诸子群臣拜天之后，伏地太宗足下请罪。太宗宣昭赦免，朝鲜国王九顿首谢恩。在三田渡立碑，以此朝鲜宣誓遵仰大清为宗主国。清方面的史书记述：

是自朝鲜，世世为臣仆二百四十余年。

朝鲜国履行承诺，以王子作为人质，表面上装出恭顺服从的样子，其实据说国内在一段时间内还继续使用明的元号，以显示坚强的气节。

就这样，朝鲜成为臣从清国的国家，但朝鲜并不是清国的领土。魏源在《圣武记》中这样记述道：

朝鲜虽为外藩，实同内服。自康熙以后，国有大饥，则以海运漕粮赈之，国中讨贼，则颁万金以犒有功之将。

虽然没有干涉内政，但饥荒时予以救济，对讨伐内乱有功的朝鲜将领颁发巨额奖金。

臣服满洲的各部族中，只有朝鲜对皇太极作为清朝皇帝即位坚持到最后拒不承认，为此太宗亲征。然而，清对朝鲜的“气节”也表示敬意，予以高度评价。太宗的孙子康熙帝在敕谕中这样说道：

外藩惟朝鲜声明文物近中国，太宗文皇帝亲征其国时，八道诸岛之军无不到。其国亡而复存。国人树碑于文皇帝驻军之地，颂德至今。其尤应嘉当明之末造，固守臣节，始终未尝不贰。

不贰，意味着没有二心的忠诚。这种忠诚之心受到康熙帝的称赞。这份敕谕颁发于康熙四十五年（1706 年），在太宗亲征恰好七十年之后。并非清朝在七十年以后改变看法，大概在太宗亲征的时候，满洲政权的人们就对朝鲜的操守气节表示敬佩吧。

太宗亲征朝鲜，意味着他已经制订进兵中原、建立中华帝国的计划。按照这个计划，首先必须挫败骨气刚强的朝鲜。

太宗的理想超越了父亲所追求的部族联合的盟主的范围，既然已经超越，父亲的遗训就成为一种束缚。例如八旗制，各旗独立，汗是其中强大的旗长，采取公推成为盟主的形式。盟主对整个八旗没有绝对的命令权。

既然是遵礼即位的皇帝，太宗就必须成为绝对的君主。以前是四天王

（四贝勒）作为满洲族的首领联合执政，以后必须废除这种形式。太宗决定废除四天王的合议制，建立皇帝独裁的新体制。在建立这种新体制的时候，归顺的汉族知识分子发挥巨大的作用，清政权无疑继承了中华帝国的传统，但满洲族必须绝对是这个新政权的核心。

在太宗亲征朝鲜的同时，发动伐明的战争。崇德元年的伐明战争由太宗的弟弟阿济格指挥。他原先统治镶红旗，大清帝国成立后，被封为英武郡王。这支部队从独石口进入居庸关，逼近北京，到达保定，攻克十二城，作战五十六次，连战连捷，据说俘获人畜十八万。这支部队深入内地后撤兵离去，令明朝胆战心寒，其目的仍然是掠夺劳动力。要建设一个大帝国，人手还远远不足。

崇德三年（1638 年），太宗亲征伐明，猛扑山海关，太宗的弟弟多尔衮从密云县侵入。多尔衮统治正白旗，人称睿亲王。他的部队长驱直入，一直抵达山东，并在济南将明王朝皇族德王朱由枢掠去。清军撤退的时候，渡过天津的运河，明将军王朴、曹变蛟、刘光祚等就在附近，却相顾未敢动。清军渡河花费好几天的时间，袭击渡河之敌是战争的常识，但明军都按兵不动。在这件事上，明军将领是一群胆小的懦夫。

但是，面对清军的进攻，建造山海关、已经隐退的大学士孙承宗满门殉节。卢象升虽然还在服父丧期间，依然率领两万士兵在嵩水桥英勇作战，最后壮烈牺牲。失败的原因据说是与他意见不合的兵部尚书杨嗣昌不肯派兵支援。明王朝的军部似乎已经四分五裂。

清军在这场战斗中失去右翼大将军岳托。他是太宗的二哥、坚定拥戴太宗即位的代善的长子。虽然史书记载是“病殁”，但 20 世纪的国学家章炳麟引用杨廷麟的《卢公事实》，推断卢象升射杀戴银盔大将，这个大将就是岳托。章炳麟是一个激烈的民族主义者，大概本意希望明军杀掉岳托，但仅仅凭借“戴银盔大将”这几个字，还不能说是确凿的证据。

清军此次进攻明军，收获是克城五十、降城八、俘人口四十六万余人、银一百余万两。清军的战略是侵而不占，主动撤兵，攻陷城池而不占领。他们经常进入中原，却不占据寸土之地。之所以无法占地，是因为明王朝有山海关这个重要的军事基地的存在，从其他途径进入关内，如果长久占领土地，容易被孤立。所以，清军长驱直入，肆意掠夺，但因害怕山海关的援军断其归路，都不得不尽快撤退。

清国如要实现太宗一心追求的中华世界帝国，就必须攻陷山海关，但是在当时的情况下，山海关是一座牢不可破的金城汤池。清军如要攻陷山海关，首先必须陷落关外四城——锦州、松山、杏山、塔山。山海关与这关外四城保持密切的联系，攻陷其中任何一城都不容易。

不论有多大的困难，不摧毁这座障碍，太宗的夙愿就无法实现。于是，清军首先集中兵力攻打锦州城。孙承宗、袁崇焕建筑起来的这个军事基地形成山海关与关外四城相辅相成的关系。攻打锦州，其他各城都会立即驰往救援。锦州与松山城、杏山城的关系尤为密切。要攻陷锦州，必须切断它与松山、杏山两城的联系。

清军的作战方针是：构筑栅栏等阻断援军的道路，同时包围锦州，使之孤立。

我在这里不详述关外四城的战事，最后结果是明的援军集结在松山城，松山成为主战场。

明派遣的军队是总督洪承畴、巡抚丘民仰率领的十三万大军，由王朴、唐通、曹变蛟、吴三桂、白广恩、马科、王廷臣、杨国柱八个总兵指挥。其中既有对在天津渡河的清军视而不见、不敢出兵而出名的将领，更有后来臭名昭著的吴三桂。

太宗皇太极听到明大军集结松山的消息，急奔而去。此时清国的国都已从辽阳迁移到沈阳，但还是日夜兼程急行军。太宗心急如焚，鼻血大流。部下劝其缓行，太宗说道：

行军制胜，利在神速，朕惟恐敌人闻之将潜遁。若不逃，破之如纵犬逐兽，易于拾取。

这是清军的绝好机会，决不能坐失良机，流鼻血算得了什么。

明军将领洪承畴等认为必须确保军粮辎重，因为坚持“守”为上策。但是，兵部尚书陈新甲担心持久战会增加军费，要求速战。陈新甲派郎中张若麒到当地督查，这个张若麒性格狂躁，往北京频传捷报，弄得部队不得不战。洪承畴只好撤销“守”的作战方针，很不情愿地在松山布阵迎战。

皇太极大概通过谍报知道明军集结松山缺少打仗的欲望，看来敌军士气不高。所以他不管鼻血流淌，昼夜兼程六天，抵达松山的戚家堡。

明军惨败，不仅松山，关外四城全部失守，只剩下山海关一座孤城暴露无遗。

回顾这次作战，明王朝的中央政府与地方之间的意见沟通不畅是失败的主因。前线将领认为“坚守”是上策，中央领导考虑到预算问题，变更作战方针。如果战事失败，就不仅仅是预算的问题，可是中央的官僚只考虑自己分管的事宜。崇祯帝身边没有一个能够纵览全局、高屋建瓴的人才。

这是崇祯帝的责任。官员稍有过失，就立即或被左迁或被处刑，正所谓伴君如伴虎，都是谨小慎微，敬而远之。避免杀身之祸的最好办法就是事先知道皇帝的意图，即使做事失败，只要一说是陛下的意图，首先就能保住脑袋。这样的人根本不可能从全局考虑问题。大局如此，崇祯帝只是一味焦躁着急，他还是缺少治国的经验。

关外四城接连沦陷，明军最高司令蓟辽总督洪承畴降清。高级将领中，丘民仰、曹变蛟阵亡，总兵吴三桂、王朴死里逃生。据说明军战死者达五万三千七百多人。

把“主守”的方针变成“主战”的那个性情狂躁的张若麒藏在渔船里顺水路逃跑，后来他投降西北的叛乱军，最后降清，是一个没有气节操守的人。这样的人居然可以改变决定国家命运的战争的指导方针，可见明朝的病灶是何等根深蒂固。

北京的朝廷起初听说洪承畴殉职，在都城筑坛祭祀英灵达十六次之多，崇祯帝还亲自前往祭奠。后来知道他被俘降清，人们万分震惊。

明国失去辽东和辽西的大部分土地，所以蓟辽总督是比辽东经略更为重要的官职。洪承畴降清，不仅朝廷大臣，一般百姓也难以置信，因此形形色色的流言蜚语在街头巷尾不胫而走。

太宗珍爱洪承畴的才华，亲自劝降，但遭到拒绝。洪承畴甚至打算绝食以死明志。太宗从投降的明将领了解洪承畴的情况，知道他有好色的缺点，据说将美女送进狱中，喂他喝人参汤。既然绝食想死，就不应该喝人参汤，但是他还是难过美人关。有人说这个美女正是太宗的爱妃、蒙古贵族的姑娘赛桑；还有人进一步说这女人不是爱妃，而是大妃。当然事实肯定不是这样子的。

满洲方面的史料记载，太宗原本没有留用洪承畴的意思，是洪承畴主动请降，又有范文程等汉族大臣担保，所以才勉强同意他投降。这并非传说，奏章尚在，所以是可信的。

昨天还是敌军的最高领导，就这样留用，想起来还是很有危险的。努尔哈赤时代，熟悉外界情况的人很少，所以对汉族的投降者，不管是谁，一律接收，而且这些投降者的确对增强满洲国力发挥很大的作用。然而，到太宗时代，汉族的投降者以及掠夺过来的汉人为数众多，汉人失去其稀有的价值。

史料记载，在明与清的交替期，许许多多的人进行各种各样的活动。但如果仅仅依据这些记述简单地加以评价，难免忽视人性复杂的一面。

是因为毫无廉耻操守；是因为本想殉节，但考虑到家人而退缩；是一旦投降后伺机反抗；是判断清取代明乃大势所趋，为亿兆人民的幸福而投靠新政权以推行更好的政治——同样是投降者，有各种不同的情况。

我感觉，如果过于狭义地理解操守的含义，以此评价历史人物，仿佛会听见从历史的底层传来的痛苦的呻吟。

松山之战，清军大胜，明军遭受沉重的打击。两年后明朝灭亡，当然不仅仅因为来自东北的清朝的压迫。

崇德七年（1642 年，明崇祯十五年）二月，清在松山之战中获胜，此后立即着手创建汉军八旗。由此可知许许多多的汉族已经处于清朝的统治之下。《清史稿·太宗本纪》的崇德七年项目记述道：

六月甲辰，设汉军八旗，以祖泽润等八人为都统。

不过，当时旗的统领应该称为“固山额真”。顺治十七年（1660 年），才将固山额真改为汉族名称“都统”。《清史稿》是一部在历史观上有问题的著作，在细节上也出现这样的瑕疵。

顺便说一下，清代的正史尚未编纂。主要是清朝遗臣编纂的《清史稿》具有比较完整的纪传体形式，但毕竟还是“稿”。《清史稿》于 1928 年成书，离清朝灭亡仅仅十七年，历史还没有进入冷却期。

清代正史的编纂将是今后的重大课题，最大的苦恼似乎是史料过多，实录、奏文以及其他文件远比从《史记》到《明史》的二十五史的总量多，光是选择取舍就是巨大的工程。另外，前面说过，设有汉文并列的满文档案也十分庞大，新疆的锡伯族知识分子调到北京的清史研究机构进行解读。这个机构设在故宫，人才济济，清朝皇族爱新觉罗·溥杰应该也参与了这项工作。不过，台湾有很多清史研究家，国外也有不少研究的学者，我希望有更多的人共同合作编纂清代正史。

本书《中国的历史》写到这一卷，参考了很多前人的著作、论文，从《史记》到《明史》的二十五史一直摆放在我的书斋。另外，从《资治通鉴》也得到很多的裨益。这是编年体正史，附有司马光的评注。

但是，从这一卷开始，我无法依靠正史，只能是脑子里想象着正史应该这样写，依照这样的思考进行写作。

言归正传，清太宗皇太极于明朝灭亡的前一年死去。《清史稿》这样记述：

八年八月庚午，上御崇政殿。是夕，亥时，无疾崩，年五十有二，在位十七年。九月壬子，葬昭陵。

无疾而崩，就是猝死，或许是心脏病发作，也有可能脑溢血。这样说来，从盛京日夜兼程赶往松山途中大量流鼻血就是征兆。另外，《清史稿》在八月项目中说正月和三月“上不予”。

五十多岁的太宗为创建帝国东奔西走、殚精竭虑，健康受到损害，经常卧病在床。《清史稿》初版记载九年壬子葬于昭陵，“年”应为“月”之误。

太宗之后，清终于实现入关的夙愿，定都北京，后来的皇帝就埋葬在北京郊外的东陵和西陵。入关之前的太祖努尔哈赤的福陵和太宗皇太极的昭陵都在盛京（沈阳，清代的奉天）郊外，现在成为市民的游览景区。

太祖定都、太宗继承的沈阳还基本原封不动地保留着当年的宫殿，成为著名的沈阳故宫。与北京紫禁城给予人强烈压抑感的故宫比较，沈阳故宫显得小巧玲珑，令人感觉亲切。

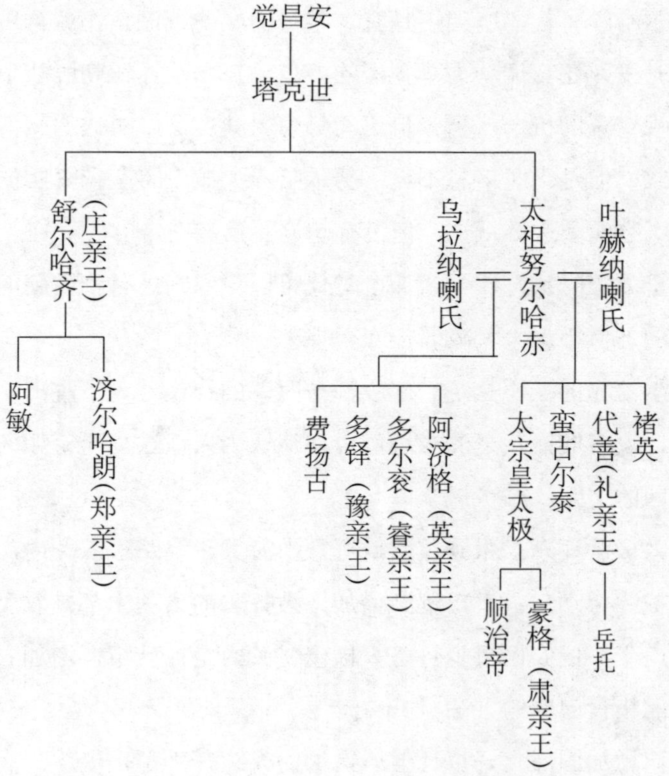

太祖是这个地方的部族盟主，太宗离开这个地方迈上通往中华帝国的道路。这一对父子胸怀着各自的理想长眠于先祖的土地。

紫禁城的黄昏

太宗皇太极与太祖努尔哈赤的不同理想可以说源于他们对大明帝国的不同认识。

努尔哈赤时代的明朝还具有老字号的威严气派，在朝鲜遭受丰臣秀吉侵略的时候，还有调动大军救援的力量。努尔哈赤在朝鲜战争中巧妙抓住明朝忽视辽东的机会，扩张自己的势力。其实这个时候明朝的骨架子已经出现裂纹，但是当时信息不灵，努尔哈赤大概没有获得真实的情报，虽然对庞然大物明朝进行抵抗，但没有想到要推翻它。

至皇太极时代，比父亲那个时代可以更清晰地看到明朝的衰微，所以对明朝的恐惧心理大大减弱。

努尔哈赤的夙愿是统一部族，与明朝的打仗是为了脱离明朝统治的独立战争，没有取而代之的意思。也许他认为人口过少无论如何不可能迈上通往帝国的道路。

皇太极从辽东扩张到辽西，避开山海关，绕路进入关内，但主要目的似乎是掠夺劳动力。人口逐渐增加，被掠去的人基本都是农民。辽东、辽西土地广袤，但农民很少。皇太极侵略关内是抓壮丁，增加农奴，这也是解决清的粮食问题的方法。

人口增加固然是好事，但所增加的人口几乎都是汉族。满洲政权从初期开始就必须处理民族问题。明朝在此地具有统治权的时候，采取分而治之的政策，分散这个地方的民族力量。女真族第一次被分割开来，分为建州、海西、野人三个部分，而且在内部更进一步分割为不同的部族。

满洲族成为帝国的时候，最大的民族问题就是如何对待汉族。如果非满洲族的其他民族——主要是蒙古族和朝鲜族——与汉族合作，满洲政权在人口上就根本不是对手，会轻而易举地被推翻。满洲政权为了阻挠其他三个民族的团结，对它们实行差别待遇，这也是极为传统的民族对策。

蒙古族受到最优厚的待遇，如同满洲族的亲戚；朝鲜族受到的待遇也比汉族优厚，这样三个民族就难以团结起来。虽然它们对满洲族都有不满的情绪，但不满的程度不一样。蒙古族从努尔哈赤时代开始就和满洲对抗，但蒙古首领林丹在满洲入侵的时候没有表现出对敌人愤恨的态度，因此在族内的口碑很不好。在满洲族统治下，有的被视为亲戚，有的被视为奴隶，他们不可能为同一个目的团结起来进行反抗斗争。

由于势力范围的扩大和在国内掠夺劳动力，导致满洲政权内汉族人口变得最多。分而治之的原则是给少数派优厚的待遇，以免被多数派吞并。英国占领印度的时候，也是偏袒比多数派的印度教教徒人数少的少数派伊斯兰教教徒。例如对即将赴任印度的官员进行语言考试，考试的科目不是印度教徒使用的印地语，而是伊斯兰教徒使用的乌尔都语。

满洲政权初期对待汉族的政策相当复杂，正统的老满洲族蔑视那些或投降或被抓来进入这另一个世界里的汉人，对他们欺凌侮慢，恶口谩骂。在政府内部，有的汉族官员因为不懂满语遭受满洲族的殴打。据史料记载，太宗对被殴打的汉族官员表示慰问。太宗这样做，与其说是出于天然的人情，不如说大概考虑到对汉族的政策。

不言而喻，满洲政权从根本上将满洲族置于至高无上的地位，汉族官员由于庇护汉人受到斥责乃至重罚的事情时有发生。其理由是：既然满洲皇帝对各族一视同仁，为什么还要特别庇护自己的民族？例如一个名叫祝世昌的吏部官员，奏请皇帝应该禁止将战争中掠夺来的汉族良家妇女卖入乐户（妓院），太宗大怒，骂他身在满洲心在明，严厉惩罚。太宗责问道：汉族的明朝灭亡蒙古族的元朝时，不是也把各地蒙古族功臣的妇女卖进妓院吗？一直到明朝末期，各地的妓院里还有不少蒙古妓女的后裔。你在明朝当官的时候，奏请过禁止蒙古功臣的后裔当妓女吗？如此说来，令人感觉太宗的说法也有一定的道理。

前面说到的朝鲜使臣撰写的《建州见闻录》记载，满洲族从首领到诸子、下级兵卒，都拥有奴婢和农场，在田地里耕作的是奴婢。这些奴婢无疑就是满洲族掠夺来的汉人。被编入“汉军八旗”成为军人的汉人还算幸福，但汉族的苦难才刚刚开始，其责任主要在明王朝以及执政者。最高负责人自然是皇帝，即位后不久死去的泰昌帝另当别论，万历帝、天启帝、崇祯帝这三个皇帝以及辅佐的重臣，还有不顾大局一心沉迷于派系斗争的知识分子都难辞其咎。

最高负责人崇祯帝坐在紫禁城的御座上，焦虑不安。我在《亿兆离心》一章中说过，明朝为了和满洲军作战，除了通过增税筹措军费外，别无他法。增税势必压迫人民百姓的生活，无法缴税者只有逃亡，而接受逃亡者的只有反叛者集团。因此可以说，明朝的增税养肥了造反的军队。明朝废除驿站制，目的是为了筹措军费，但那些原本就具有严密组织性的驿夫一下子全部失业，他们只好集体反叛。

明朝进入反叛之火燎原蔓延的时期。

农民逃亡，田园荒废，自然发生饥荒，饥荒逼迫更多的人民起来造反，只要加入造反的队伍，总能够活下去。

河南至陕西这个地区的饥荒最为严重。除了重税之外，农村的壮劳力——壮丁被强行征调入伍参加辽东的战争也是造成饥荒的原因之一。陕西的军队由于军粮供应无法保证，还发生兵变。

农民军的首领名叫王嘉胤，手下有高迎祥、张献忠、马守礼、罗汝才等将领，后来在政治舞台上叱咤风云、灭亡明朝的李自成原先是高迎祥的部下。

明朝称他们为“流贼”。南方海上也有不服从明朝权威的“海贼”在活动。朝廷称他们为“海贼”，其实应该说是半商半贼，其中还有郑成功的父亲郑芝龙。对于这些海上捣乱者，明朝采取怀柔政策，授予郑芝龙游击官衔，后升为副总兵，平息海上的风浪。但是，陆地的流贼迅速发展壮大，让明朝极为棘手。崇祯三年（1630 年）六月，他们攻陷陕西的府谷县。这一年，明朝中满洲的反间计，杀袁崇焕。

明朝任命洪承畴为总司令，调动大军讨伐。农民军的数量据说有三四万，平时缺少训练，大军压顶，被副总兵曹文昭切断粮道，王嘉胤逃命时被杀。

虽然农民军的首领战死，但队伍依然发展壮大，不解决政治腐败、暴虐百姓的问题，农民的反抗就不会停息。后来，高迎祥聚众起事，在山西有诸如上天龙、过天星、混世王、扫地王之类显然是假名字的头领组成的所谓“三十六营”，聚众二十余万。

李自成是陕西延安府米脂县人，本名李鸿基，是失业的驿夫。据说是高迎祥的外甥，李自成的妻子是高迎祥的侄女。

高迎祥自称“闯王”。“闯”是勇猛不惜命的意思。同一时代的明朝一个名叫黄得功的将领，绰号“闯子”。跟随闯王高迎祥的李自成起初称为“闯将”。

崇祯五年（1632 年）八月，升任总兵的曹文昭在平凉和庆阳破除农民军，杀扫地王，在西濠斩首千余，转战各地达十次之多。巡抚范复粹欲将盛赞曹文昭“首功第一”的奏文呈报北京，但被总督洪承畴压下，未能呈奏朝廷。

朝廷内，阁臣派与清议派正为争权夺利忙得不可开交，军部内部的派系斗争似乎也异常激烈。首功第一的奏文未能上报，也不会激扬明军的战斗士气。

也许洪承畴对首功第一的评价不是很高。斩首千余，并不是歼灭敌军。九月，农民军兵分四路，相继攻陷山西的大宁、隰州、泽州、寿阳等州县。山西这么多的州县落入造反军手里，还自我陶醉什么“首功第一”?！只是因为后来洪承畴降清，所流传的往往都是贬损他的故事。

第二年，造反军从山西进入河南，但兵分四路，过于分散，无法集中力量。造反军的分散大概是粮食供应、地形制约、首领之间的人际关系等诸多因素造成的，明军则采取各个击破的方针。

相比之下，造反军是打仗的外行，明军将领是职业军人，善于作战。洪承畴运用大军包围、各个击破的战术，使造反军苦不堪言。

崇祯八年（1635 年），加封兵部尚书的洪承畴兵出潼关，对造反军发动总攻。造反军将分散的力量集结在荥阳，一共十三家七十二营。李自成从这个时候开始崭露头角。造反军在官军的逼迫下，逃往陕西，杀掉宿敌曹文昭。第二年，崇祯九年，造反军的形势日益恶化。七月，高迎祥被陕西巡抚孙传庭擒获，送往北京，被诛杀。

李自成接收高迎祥的旧部，成为第二代闯王，抵死抗击官军。他寻找政府军力量薄弱的地方，进入四川，杀总兵侯良柱，攻打各地。李自成一路艰苦卓绝，甚至传言他已死去，一时连北京朝廷也相信了。闯王李自成在四川死里求生，走出绝境，进入河南。这是英明的决策。因为当时河南遭遇大饥荒，灾民对政府见死不救充满愤怒，为活命而参加李自成的闯军。

崇祯十三年（1640 年）走出河南的时候，李自成领导的造反军的性质开始逐渐发生变化。饥饿的农民、失业的驿夫等组成的反抗政府的闯军从这个时候开始具有建立自己的政府的思想。对明朝政权感到绝望的河南知识分子开始加入闯军，承认闯军具有建立新政权的资格，其代表性人物如牛金星、李岩等。

与其他造反军相比，李自成集团的纪律相当严明。河南的知识分子之所以积极参加他的部队，大概感觉闯军与一般的流贼不同，稍具严肃的纪律性。

现代中国作家姚雪垠创作的大型历史小说《李自成》于 1963 年出版第一卷，成为超畅销书。禁止滥杀无辜、不许银圆私有、奸淫者斩、不许乱闯民居等，闯军的军纪极为严肃，这也许因为中国读者心中存在一种追求农民革命军原型的情结。

李自成的集团吸收知识分子以后，开始具有精神的强韧性，集团内部的机制得以完善，新政权体制逐渐形成。

造反军起先是自然发生的，各地都有，为数众多，有三十六营二十多万、十三家七十二营等不同说法，后来逐渐吸收合并成两大集团：高迎祥、李自成的闯军和张献忠。张献忠所走的道路与李自成不同。

与李自成的农民性质的朴实相比，张献忠显得奸诈狡猾。他缺少协调能力，官军利用他与部将不和的弱点，将他孤立起来。张献忠被逼入绝境，只好投降官军。可是后来袭击政府军，率兵进入四川。在此之前，李自成就已经进入官军力量薄弱的四川，但是张献忠趁着李自成率兵进入陕西，四川空虚的时候，也进入四川。后来，兵部尚书杨嗣昌出兵四川，虽然张献忠巧妙逃走，但崇祯十四年（1641 年）受到官军左良玉猛烈攻打时，一度进退维谷，难以支持，曾考虑投靠李自成。

造反军不能实现大团结的主要原因是张献忠的分裂活动。李自成深知张献忠阴险狡诈，害怕一旦接受他，就有被篡权的危险，于是提出剥夺其军队指挥权的条件。只要不拥有军队，张献忠在李自成的闯军里不过是一个食客。

张献忠当然不会接受这个屈辱性的条件，宁可艰难困苦，也要继续自立下去。他集结湖北等地的一些小造反军，终于组成具有相当力量的军队。在这次自立重组的过程中，张献忠显示出卓越的才能。他几度分裂、投降、反水，翻来覆去，变化无常，在造反军中信誉坠地，但还是具有相当出色的才能。

崇祯十六年（1643 年），张献忠攻陷湖北要地武昌，自称大西王。第二年，进入四川，即大西国皇帝位，定元号为大顺。

张献忠在出四川被李自成阻挡的时候也开始考虑建立自己的政权。他有军纪严明、解放农奴、成立称为“婆子军”的娘子军等进步的一面，但对土豪地主彻底镇压，行为也十分残忍。

说到张献忠，都将他视为中国历史上罕见的杀人魔鬼。张献忠既反明又反清，历史记录者方面似乎把他的坏处写得言过其实。他进入四川的时候，杀人如麻，据说只要是活人就统统杀死。但如果按照史书记载的杀人数字合计起来，则远远超过当时四川的总人口。张献忠对地主的杀戮的确非常残忍，毫不留情，但说他是病态的杀人恶魔恐怕过于夸张。

明末的农民造反军最终未能成功，最大的原因是没有形成大团结。在这个问题上，张献忠负有比李自成更大的责任。

李自成得到知识分子、中小地主的支持，其政权远比张献忠的政权稳定。崇祯十四年（1641 年）正月，李自成攻陷洛阳。洛阳是历史上多次成为首都、副都的重要城市，而且万历帝宠爱的郑妃所生的福王朱常洵藩王曾经居住在这里。万历帝最疼爱这个福王，废黜皇太子册立福王为继承者的流言一直到皇帝死去都没有停止。

李自成残暴行为的传言比张献忠要少得多。大地主大官僚自不待言，他也没有镇压中小地主。但是，他对福王毫不留情。

万历帝未能立福王为皇太子，其中也有生母反对的因素，但给予他比皇太子更多的金银财宝。福王婚礼费用之庞大成为天下人议论的话题，大家都说：

先帝困天下以肥王。

全天下人似乎都对福王没有好感。李自成的军队攻打进来的时候，福王逃到城外，躲在迎恩寺里，被抓获斩杀。他的王府里金钱堆积如山，李自成散财分给饥民，然后放火烧毁王宫。

传说李自成将福王的鲜血和鹿肉混在一起，名为“福禄酒”，吃喝下去。“鹿”与“禄”同音。

几乎在同时（二月），张献忠攻陷襄阳，杀朱翊铭。兵部尚书杨嗣昌将司令部设在襄阳，城中驻扎大军，囤积大量的军事物资，却眼睁睁地看着城池被攻破，皇族被杀害，他绝食自杀。后任丁启睿比杨嗣昌无能，害怕李自成强大的军队，便奏请朝廷先讨伐张献忠。朝廷准奏。丁启睿以为张献忠比李自成弱小，容易获胜。政府军的左良玉将军在信阳击败张献忠，气势高涨，但不敢与最重要的李自成势力交手。这一年的十一月，李自成攻陷南阳，杀唐王朱聿镆。

李自成多次攻打开封，但兵部侍郎孙传庭率军救援，参加防卫，英勇奋战，致使开封久攻不克。崇祯十五年（1642 年）九月，李自成终于拿下开封，当时使用决黄河之堤水淹开封的非常手段。决堤的河水冲破北门，滚滚洪流奔向东南门的声音据说犹如雷霆万钧，震天动地。

明政府甚至无法对这座孤城运送粮食。这场战役称为“柿园之役”，源于饥饿难耐的官军士兵摘吃柿园的青柿子充饥保命的惨状。

开封陷落两个月后，李自成攻下汝宁。明朝的汝宁总兵虎大威战死，前总督杨文岳被捕杀。

崇祯十六年（1643 年）正月，李自成攻陷承天，改襄阳为襄京，营造宫殿，自称新顺王。牛金星等知识分子编制政府机构，设置五营二十二将、上相、左辅、右弼、六政府的官职。

紫禁城里的崇祯帝把所有失败的责任都推诿给大臣、将军，承担责任的总督、巡抚、将军接连不断地被处死。反正都是一死，不少人在战败时就慨然自杀，也有很多降敌。崇祯帝只是一味暴跳如雷，已经完全失去冷静。在他听到叔叔福王被杀的消息时，潸然泪下。作为皇帝，失去了理智的自控。他的身边，似乎已经没有了人才。

东北的情况也十分不妙，当知道起初以为在松山殉职的洪承畴其实已经投降清朝时，崇祯帝更加烦躁不安，情绪波动。

清太宗死于张献忠与左良玉为争夺武昌而浴血奋战的时期，后来张献忠逃往四川。

明朝无论在东面还是西面都多灾多难，根本没有喘息的时间。太宗死后，明朝希望满洲政权内部发生纠纷，也许这样可以减少一点来自东面的压力。然而这只是明朝的一厢情愿。太宗死后，满洲至少并没有发生什么表面化的对立，也许在深层次存在矛盾纠葛。

太宗死后，礼亲王代善召集皇族、贵族（诸王、贝勒），协商今后的大计。代善是太宗皇太极的胞兄。前面说过，太祖努尔哈赤只打算成为部族联盟的盟主，所以没有指明继承者。也许因为皇太极的生母叶赫纳喇氏是名门出身，所以拥戴他即位，而主要的拥戴者就是代善。努尔哈赤任命八旗之长的时候，提出当时十五岁的多尔衮和十三岁的多铎。按顺序而言，是第十四子和第十五子，他们的母亲都是乌拉纳喇氏，可以想象她深受努尔哈赤的宠爱。但也不仅仅是这个原因，还因这两个少年从小就秉性聪颖，素质极佳。只是因为皇太极当时三十五岁，作为部族盟主的年龄正合适，所以才坐上这个位置吧。努尔哈赤没有指定继承者，或许他要是指名的话，肯定会指定多尔衮，但因为他过于年轻，担心引起众人反对发生内讧，才没有明确指定继承者。这当然只是我的推理。多尔衮长大成人以后，的确成为一个出类拔萃的人物。

太宗皇太极死去的时候，多尔衮三十二岁，与哥哥皇太极即位的时候年龄相当，领导上升期的清朝正是理想的时候。在诸王、贝勒会议上，大概所有的人都关注到多尔衮。

主持会议的代善提议拥立太宗的长子。太宗是“无疾而死”，所以大概没有留下遗言。

太宗皇太极的长子是豪格，但不知何故他坚决拒绝即位。

虎口福少德薄，不敢承天位。

我推理：实际上辅佐太宗皇太极建立霸业的是多尔衮，他在太宗死后成为最大的权势者，太宗的长子豪格害怕这个叔叔，心想自己的性命比皇位更重要。

主持会议的代善非常为难。这时佩剑的各个将领靠近他身边，逼迫道：我们承蒙先帝之恩，如不能立先帝之子，不如到地下侍奉先帝。这句话就是威逼说要自杀。

于是代善退席。他虽然是先帝的哥哥，但长期不从政，没有信心裁定如此重大的事情，放弃会议主持者的职责。这样的做法看似不负责任，但六十多岁的代善大概不愿意卷入这场是非之争。

豪格退席，放弃即帝位的权利，因为他害怕叔叔多尔衮。但是，将领们气势汹汹，宣称如不立先帝之子，则集体自杀。这无疑是对企图依仗实力即位的旁系多尔衮横行霸道的做法表示反抗。

代善退席，多尔衮不得不主持会议。

多尔衮死后，曾因蓄意谋反被削爵除籍，但乾隆时代恢复名誉。多尔衮是否蓄意谋反，不得而知，但当时他应该明白，如果自己即位，将发生诸多麻烦，所以提议既然先帝的长子推辞，那就拥立其弟福临。

当时福临才六岁，幼帝自然需要摄政。多尔衮深谋远虑，六岁儿童立为皇帝，如果自己摄政，必然会遭到强烈的反对，担心引起将幼帝作为傀儡、自己专横独断的误解，于是提议设立两个摄政的职务。另一个摄政是多尔衮的同母之弟多铎。

既然发生如此严重的纠纷，就必须尽快解决。两个重要人物退席后，清朝的诸王、贵族也都感觉到如不妥协就会爆发内战的危机吧。

于是，六岁的福临即位，决定第二年改元号为顺治。太宗有天聪和崇德两个元号，但福临的顺治以后二百六十多年，直至宣统，与明朝一样，一直采用一帝一元号制。本书此后称六岁的福临为顺治帝。

从上面可以知道，太宗死后的继承者问题并非一帆风顺，但没有发生紫禁城的崇祯帝所希望的内讧。

其实，太宗之死对明朝更加危险。太宗皇太极的确是杰出的英才，但他的性格极其审慎。在朝廷出现一举进攻北京、占领紫禁城的冒进的声音时，是太宗压制下去这样的冲动。他是一个现实主义者，信奉扎扎实实一步一步前进的信条。有的史学家认为，太祖努尔哈赤的夙愿只是实现本民族的统一，太宗皇太极的夙愿只是确保东北——辽东、辽宁的辽阔地域。清发展成疆土扩张至中原的大帝国是大势所趋，时代的必然。

如果顺治帝即位的时候存在很多问题的话，为了妥善处理、解决由此产生的朝廷、皇族、高官之间的分歧裂痕，需要建立一个共同的激动人心的目标。为实现这个目标，自然要实行呼吁团结一致、消除对立情绪的政策。

攻取山海关，进入中原，创建满洲族统治的中华帝国——没有比这个更加激动人心的目标了。

然而，同母兄弟两个人的共同摄政很不理想，终于根据大家协商，确定由多尔衮与新帝的堂叔济尔哈朗共同辅政。

黄云蔽野

明崇祯十七年（1644年）、清顺治元年是中国历史上重要的年份。

这一年的正月朔，李自成在西安举行即位仪式，定国号“顺”，定元号为“永昌”。恰好一年前，他在承天府自称新顺王，当时还是流浪政权，是进攻北京还是攻取南京，内部还在争论，但最后决定进入关中。北京和南京分别是国都和副都，虽然明朝的国力已经衰败，但保卫首都的力量依然强大。如果李自成攻打两都失败，建立政权的美梦就会烟消云散，化为泡影，所以瞄准明朝力量最薄弱的关中，破潼关，进入西安。李自成将西安改回原名“长安”，称为西京。

如同柳絮一样到处飘荡的李自成集团终于在故乡关中扎下根来。当北京的崇祯帝听到李自成即位的消息时，怒不可遏，扬言要亲征。以大学士身份刚刚入阁的李建泰提出散私财招兵买马西讨，于是崇祯帝取消亲征。他在正阳门楼亲自为李建泰送行，这是破格的礼遇。散私财以募兵，这原本就不是好主意，李建泰所招募的兵士只有五百人，根本无济于事。他并不是什么优秀人物，走到保定就躲在城里不再往前走了。

李自成即位后，立即发起东征，进入曾经鏖战过的山西，二月，攻陷山西最大的城市太原。现在的山西仍然还是巨大的煤炭产地，当时北京的粮食依靠江南，燃料依靠山西。太原失守对北京朝廷是一个沉重的打击。李自成在太原俘虏皇族晋王朱求桂，带回军中。

李自成攻陷太原后，接着进攻代州。但代州总兵周遇吉刚直不屈，顽强固守，粮食断绝后，退守宁武。李自成的军队经过艰苦巷战，才拿下宁武。周遇吉在巷战中被俘，不停大声骂贼，被杀。据《明史》记载，经过这场苦战，李自成畏惧怯弱起来，召集众将商议，认为大同、阳和、宣府、居庸等各处都有明朝大军把手，所以考虑退回关中。

倘尽如宁武，奈何？不如且还，俟伺再举。

但是，就在此时，李自成接到大同总兵姜瓖和宣府总兵王承允的乞降书，大喜过望，便挥师向东，长驱直入。

这则故事大概是史学家送给脆弱倒塌的明王朝的一种“礼物”吧。编纂《明史》是清朝的工作，但李自成是清朝的敌人，所以把这个面子送给明王朝，而不是李自成。李自成的军队已经进入山西，只是仅仅因为战斗打得很苦，就想撤回，这是不可思议的。虽然苦战，但毕竟获胜，而且李自成举兵以来，经历过多少艰苦卓绝的战斗，大同和宣府的总兵之所以主动乞降，就是因为看到李自成的军队具有攻无不克的强大势力，战也无望获胜，才放弃抵抗。总兵是职业军人，具有丰富的军事知识，肯定是对敌我双方的力量进行对比后做出的判断吧。恐怕当时明军的士气极其低落。

这个时候，崇祯帝下“罪己诏”，进行自我批评，试图散尽帑金（皇室的财产），招募天下勤王之军，但为时已晚。

左都御使李邦华请求迁都南京，皇太子建议在江南重建军队，但事到如今，都是无补于事的对策，当然不能付诸实施。李自成的军队进展迅速，明王朝已经无暇采取任何补救措施。

崇祯帝虽然进行自我批评，但绝不认为自己很坏。的确，他并不是一个很坏的皇帝，只是有疑心深重的缺点，可以说是一种被迫害妄想。历史学家在研究明王朝灭亡的原因时，都必定谈到他的“多疑”性格。因为多疑，便接连不断地诛杀重臣。他轻而易举地中了清的反间计，杀害当时明王朝无人可以替代的名将袁崇焕。被杀重臣数量之多，恐怕没有一个朝代超过崇祯帝时代的。降敌者如此之多，也是因为害怕受到怀疑被杀。崇祯帝的“多疑”已经成为一种病态，说导致亡国也不为过。

君非亡国之君，臣尽亡国之臣。

这是崇祯帝的想法，至死还这么认为。如此怀疑臣下的心理已经很不正常，不过明朝的廷臣的确表现不好，也不能完全怪罪崇祯帝一个人。

李自成在西安即位的诏书中有这样一句话：

君非甚暗。

宣告新王朝成立的宣言一般都会历数前王朝的罪恶、旧皇帝的暴虐，因为必须表明创建新王朝的正当性，难免夸大其词。然而，李自成认为崇祯帝并不那么愚昧昏暗。

崇祯帝多疑性急，情绪波动激烈，但是他为重建明王朝呕心沥血，日夜操劳，对此连造反军都给予一定的评价。李自成的即位诏书对明王朝大臣的评价极为严厉：

臣尽行私，比党而公忠绝少。

贿赂横行无忌，政府威令不行，小部分特权者垄断社会利益。

闾左之脂膏罄竭。

在这样的状态下，朕（李自成）目击憔悴之形，身切恫瘝之痛，决心起布衣。虽然皇帝并非十分愚昧暴虐，但由于臣下的长期派阀斗争和贿赂横行，王朝的基础已经腐朽，普天率土咸罹困穷。李自成的即位诏书相当客观地分析明末政治社会的状况，很少进行自我粉饰。他同情民间疾苦，但并没有显示自己如何高德，如何有才，像神一样。相当于宰相的天祐殿大学士牛金星大概是这份诏书的执笔者，无疑反映出李自成的思想。

大同和宣府的官军投降以后，李自成的军队——按照国号应称为“顺军”——几乎是一泻千里进攻北京。

北京朝廷对“流贼”的情况不甚了解，大同、宣府的总兵投降的时候自然不会和朝廷商量，朝廷对此竟然一无所知。李自成经常派遣奸细装扮成商人潜入北京，所以对首都的情况了如指掌。在情报战方面，李自成已经取得绝对的胜利。

三月十二日，李自成的军队抵达昌平。昌平是明朝历代皇帝的陵寝所在地，称为十二陵（后来崇祯帝在这里建造一座小坟，便成为现在的十三陵名称），造反军已经逼近北京城。

此时，耀武扬威从北京出发却躲在保定按兵不动的李建泰奏请迁都南京。崇祯帝召集群臣商议。

国君死社稷，朕将焉往?

再次否决南迁的建议。崇祯帝虽然缺点很多，但很有骨气。他的自负心不允许他在这个生死关头保命逃生。此时，蒋德璟和项煜再次请求让皇太子前往江南，表面上任命他去江南监督军事，当然真正的目的是一旦皇帝殉国，可以保存明王朝的皇统。崇祯帝对这个提议没有答复。

明王朝濒临土崩瓦解的危机，能够力挽狂澜的只有祖宗天佑神助和军队的力量。李自成到达昌平后，放火焚烧十二陵的建筑物。这个行为就是要切断明王朝祖宗的天佑神助。对于当时的人们来说，祖宗的荫庇绝非迷信。至于依靠军队的力量，崇祯帝大概意识到以前军队的待遇不是很好，便封朝廷的四个得力总兵为伯爵。这四人是：山海关的吴三桂、居庸关的唐通、屡次讨伐张献忠的左良玉和黄得功。

具有讽刺意义的是，刚刚封为伯爵的唐通在居庸关投降李自成。居庸关是北京的入口。北京朝廷派遣的探听敌情的奸细从居庸关出去，但没有一个人回京报告。因为李自成不允许从居庸关过来的任何人出关，能够出居庸关的都是李自成的奸细。

崇祯帝对敌情一无所知，每天只是在紫禁城开会，向群臣询问对策，结果无人应对，弄得他伤心垂泪。李自成通过奸细对朝廷接连不断的御前会议的情况都了解得一清二楚。大概是可以随意进出宫殿的宦官为讨好巴结新主子，把最高机密透露出去的。并且这样做的应该不止是宦官吧。三月十七日召开御前会议时，从紫禁城的楼上就能隐约看见敌军的影子。第二天，十八日，李自成到达城下的彰仪门外。

皇帝直接派往宣府与总兵一起监督军队的太监杜勋也投降李自成，杜勋作为李自成的军使被派回北京城内。被派往各地监督军队的监军都是皇帝信任的宦官，应该都能与皇帝说得上话。但是，杜勋奉李自成之命回城的任务是劝说崇祯帝自决，交出政权。大概杜勋已经做好必死无疑的思想准备。

李自成并无不臣之心，国奸党满朝，扫除以扶王室，然今大势已失，请上自裁。

本来是为清除君侧之奸党而起兵，但事到如今，大势所趋，不得不建立新王朝，所以请皇帝自决。崇祯帝自然怒火万丈，但是，《明史》记述，他没有下令杀死杜勋。

帝怒，叱出之。

崇祯帝的心情大概极其复杂，过去的心腹如今作为李自成的特使来劝说自己自裁，这令人发指眦裂，但是他一转念，如果杀了杜勋，李自成很有可能以此为借口屠杀京城无辜百姓，人民就会遭殃。这个缺点很多的皇帝并没有失去自己是民之君主的意识。杜勋能够保住一条命，可以说完全是因为崇祯帝的自制力。

杜勋这个人大概巧舌如簧，他退出朝廷后，就在宦官之间游说——不论哪一个王朝都需要宦官，我们没有必要与明王朝同归于尽——也许他的话很有说服力，崇祯帝最信任的宦官曹化淳同意投降。正是这个曹化淳，打开彰仪门，将城外的李自成军队放进来。

李自成的军队从太原出发，号称五十万，即使真实人数只有一半，仍然还是大军，军纪严明，一律身穿黄色的军服，气势威武雄壮。从造反军成长起来的大顺国东征军此时甚至已经拥有炮兵。

明王朝方面的书籍（《明季遗文》）这样记述道：

贼衣黄甲，四面如黄云蔽野，炮声轰轰不绝。

曹化淳打开城门，黄云蔽野般的军队如决堤的黄河之水汹涌澎湃涌进城里。

明王朝并非束手无策，只是每一次对策都不够及时。李自成攻陷太原的时候，蓟辽总督王永吉提议放弃关外四城，将最精锐的部队交给最有才华的总兵吴三桂指挥，让他坚守北京。按照这个策略，吴三桂将率领宁远的部队和五十万居民往西移动。然而，这个策略的实施也慢了一步。当吴三桂的军队抵达丰润时，接到李自成已经攻陷北京的消息，再也无法继续西进。

李自成的军队进入彰仪门以后，将其他城门全部打开，大军潮水般从四面八方涌进来。北京有外城和内城，紫禁城在内城里面。李自成的军队从内城冲向外城，再从外城返回紫禁城。

城内的居民将“顺民”的纸条贴在门上，并非不抵抗的顺从的人民的意思，“顺”是李自成政权的国号。

明王朝在这样的一场混战中灭亡。各种文史资料都论及明朝的亡国，除上述《明季遗文》外，还有不少如《明季野史》《明季痛史》等类似小说的书籍。混战中的紫禁城，不可能留下准确的记录。崇祯帝在景山自缢，最后陪伴在他身边的只有宦官王承恩一人。而且王承恩殉死，所以皇帝的最后时刻的详情不得而知。

据说在李自成的军队进城的时候，崇祯帝登上景山，凝视着把天空烧焦的满城烈焰，叹息道：

苦我民尔！

他说这句话的时候，身边还跟随着众多家臣，应该是实有其事。崇祯帝从景山又回到紫禁城。

景山在紫禁城北面，可以说是附属于宫殿的一座小山包。说是“山”，其实只是稍微隆起的高地，不是自然形成，而是人工堆砌的。景山又叫煤山。据说元朝在这里修建宫殿的时候，担心如果被敌人包围断绝燃料，就将煤炭堆积起来，上面覆盖泥土，于是草木生长，变成现在这个样子。如果是埋藏有黄金，也许就会有人挖掘，但埋的是煤炭，也就不会有人去挖。由于在山顶上可以眺望北京全城，现在开辟为景山公园，是著名的观光点。

崇祯帝从景山回到紫禁城的宫殿里，才意识到应该赶紧让皇子逃跑。他自己已经决心死去，但必须考虑明王朝的皇统。太子以及永王、定王还是少年，崇祯帝让他们穿上平民的衣服，将来要隐藏于民间，不露任何痕迹，亲自给他们系衣服，并恳切叮嘱要改变说话的习惯，遇到老者要叫“翁”，遇到中年人要叫“伯伯”或者“叔叔”，在场的人们都泣不成声。这三个人被送到外戚的周家和田家。

皇后周氏自缢身死，不少妃子也自缢。崇祯帝还有事情要做，皇子已经送走，但还必须结束公主的性命，因为他害怕公主受到贼盗的侮辱。

长平公主徽娖十五岁，居住在寿宁宫。崇祯帝提刀来到寿宁宫，说道：

汝何故生我家！

挥刀砍下，接着来到六岁的昭仁公主居住的昭仁殿，亲手斫之。

年幼的昭仁公主当场死去，而十五岁的长平公主没有死，崇祯帝咬牙挥刀砍下，但毕竟是亲生女儿，也许刀刃偏离，没有太使劲吧。长平公主胳膊受伤，身边人劝她赶紧逃跑。她说道：

父皇赐我死，我何敢偷生！且贼至，必索宫眷，我终难匿也。

身边人强行把她带出宫外。

明王朝灭亡后，清与李自成作战，长平公主得以平安躲藏在民间。至清时代的第二年，她向清朝表明自己的身份，请求入佛门，但清朝劝她和普通女子一样结婚生活，她与一个名叫周世显的男子结婚——这是后话。

亲手砍杀两个女儿的崇祯帝当时一定状如魔鬼，如凶神恶煞一般。十九日拂晓，崇祯帝亲自敲响警钟，这是召集百官的信号，但据史书记述：

无至者。

显示百官无情之至。

于是，崇祯帝在宦官王承恩的陪伴下，登上景山。堆积景山是为了守护紫禁城，山顶上修建有一座祝愿皇帝长寿的亭子“寿皇亭”。崇祯帝选择这里作为自己的葬身之地。他身穿白色寿衣，左足跣，右足朱履，去冠，长发披脸，自缢而死。遗诏书于衣襟：

朕凉德藐躬，上干天咎，然皆诸臣误朕也。朕死无面目见祖宗，自去冠冕，以发覆面。任贼分裂，无伤百姓一人。无伤百姓一人。

从这份遗诏可以看出，崇祯帝至死还是把亡国的责任推给臣下。

景山别名煤山，还叫“万寿山”。与“寿皇亭”一样，这个名字显得很讽刺。万寿山上在皇帝身边殉死的只有王承恩一人。

明王朝自洪武帝建国以来，对士大夫缺少尊重。洪武帝杀害大诗人高启等大批文人，对廷臣也经常实行廷杖这样的酷刑。明朝的文武官员的薪俸是历代王朝中最低的。永乐帝对建文帝朝廷的诸臣所施加的残忍屈辱乃笔墨无法形容。有人认为，明朝杀方孝孺，从而失去士大夫的人心。文人有一种没必要为这样的朝廷尽忠取义的心情，恐怕这也是事实。魏忠贤这样不学无术的宦官掌权的时候，士大夫的遭遇实在可怜，与严厉告诫勿以言论杀士大夫的宋朝简直就是天渊之别。

人们常说，正因为如此，明朝灭亡的时候只有宦官王承恩一个为皇帝殉死。不过，我觉得这种说法未免过分。史书尤其强调，崇祯帝敲响警钟召集百官，却无至者。其实当时北京城内已经完全被李自成的顺军控制，即使有人想去紫禁城，也去不了，大概所有的街道都禁止通行。

不论明王朝的士大夫、文人受到多么苛刻的对待，薪俸微薄生活多么辛苦，但士道并未扫地，荡然无存。

殉国者的名单可以罗列一长串，其中主要有：大学士范景文得知崇祯帝已死，便投身双塔寺的老井殉死；尚书倪元璐北向拜父、南向拜母后，自缢；左都御使李邦华至祭祀文天祥的祠庙，作绝命词，自杀；兵部右侍郎王家彦从城墙跳下，未死，行至一民居，自缢；刑部右侍郎孟兆祥与儿子、进士孟章明一起自缢，而且这一对父子的妻子吕氏与王氏也在同一日自缢，一家人殉国。左副都御使施邦曜自缢，被家里的仆从救下后，立即服毒而死；大理寺卿凌义渠说不能被贼手玷污，将自己的藏书全部烧毁后自杀。

上面都是阁僚、副阁僚的人物，此外还有许许多多的殉难烈士。宫女费贞娥被分配给李自成的部将罗某，趁他饮酒之际，持刀刺杀他，却被他反手用刀刺喉而死。屈大均的《明季殉难录》以及其他史料都详细记述这些烈士的事迹。徐懋也著有烈士传《忠贞轶纪》。清朝之所以允许彰显明朝的忠臣，因为他们的敌人不是清朝，而是李自成。

国家灭亡之际，不仅出现殉国的铮铮之士，也有不少行径令人作呕的奸人。

例如外戚周奎，他是皇后周氏的父亲。北京城沦陷之前，周皇后慷慨自决。崇祯帝打算把太子和永王、定王寄放在外戚周奎和田宏遇家里。但是，周奎并没有把太子放在自己家里，他大概害怕一旦新政权建立以后，自己隐藏庇护旧王朝的太子的行为会受到惩处。太子和二王离开紫禁城的时候，崇祯帝委托朱纯臣担任护卫。朱纯臣是皇族的一员，被封为成国公，然而当李自成进入紫禁城成为新主子后，周奎和朱纯臣厚颜无耻地进入紫禁城巴结讨好。身为明朝大官，却向李自成阿谀奉承、表忠心臣服新王朝的还有大学士魏藻德、陈演等人。

他们率领百官来向李自成表示庆贺，而且斥骂崇祯帝是如何的愚昧昏暗，对臣子是何等冷酷残忍。昨天还对崇祯帝俯拜敬仰，今天立即翻脸不认人，破口大骂旧主子，接着表示拥戴李自成，愿意为新主子效犬马之劳。

李自成听了以后，也不由得火冒三丈。他原是驿夫，即驿站搬运工出身，驿夫也有驿夫的道义情理，那些背信弃义者，要受到同业者的排斥。他是陕西人，率领造反大军转战南北，有生以来第一次来到北京这座城市。这里居住着许许多多的文官武将，皇帝君临其上，过着潇洒风雅的生活。对于李自成来说，这简直是高不可攀的天上世界。然而，这天上世界与卑微贫贱的驿夫世界一样，既有优秀杰出的人物，也有腐败堕落的小人。也许李自成原先一直对这个天上世界怀有一种憧憬，失望的情绪更加激发他的愤怒。

李自成看不起这种卑躬屈膝地逢迎新权势者、企图在新政权中谋取一官半职的没有骨气的家伙。

明朝的达官权贵多误国，应该关进监狱予以严惩。这就是李自成的决定。在魏藻德进宫的时候，李自成似乎没有会见他们，而是把他们交给刘宗敏的军营里。

李自成的军队中有两个极端的部队，一个是李岩，另一个是刘宗敏。李岩是知识分子，对士大夫怀有敬意，以礼相待。他的部队纪律严明，几乎没有暴虐的行为。而刘宗敏的部队素质极差，杀人掠财如家常便饭。李自成将明朝的大官们交给刘宗敏，无非就是要他“收拾教训一番”。

两种作风完全不同的部队同时存在于大顺国军队中，这说明这个大集团极具宽容，也反映出李自成本人的宽阔心胸。但是，从另一个角度看，思想作风的差异过大是一个弱点。大顺国还缺少统一的一贯性，这个弱点导致后来大顺国的崩溃。

明朝大官吏们在刘宗敏的部队里受到严刑拷打，财物被掠夺一空，有的甚至被杀死，据说手段极其残忍，有的手脚被折断，有的皮肉被火烤焦，实在惨无人道。不过，这是清代史学家笔下的描述，或许有言过其实之处。李自成的天下只维持四十天，往往容易被人忽略，但必须记住：灭亡明朝的不是清，而是李自成，清灭李自成而夺取天下。

胜利者为制造自己夺取政权的理由，总是夸大其词地记述被消灭的前朝的罪恶，这是编纂历史的原则。刘宗敏部队的严刑拷打另当别论，但李自成对明朝活下来的大官们的确没有好感。

据说被刘宗敏的部队折磨死的明朝大官多达八百人，都是三品官以上的高官。四品官以下一般称为“庶官”，李自成政权对他们采取区别对待的使用政策。

就这样，顺这个王朝取代明朝而诞生，而且疆土不仅仅限于北京，山东、河南等州县都纷纷臣服。

北京正忙着为新王朝的诞生而准备，紫禁城又要为一个全中国的新皇帝举行即位仪式。准备工作极其繁忙，例如要制作黄金之玺，还要铸造元号铜钱——永昌钱。

然而，天下的形势风云突变，这是李自成及其幕僚始料未及的。

圆圆曲

崇祯帝死去，标志着明王朝的覆灭，但明朝最强大的部队依然留在山海关。指挥这支部队的是拥有平西伯爵位的吴三桂，他是一员猛将，也是明军的最高司令。

李自成占领紫禁城，天下大局已定，各地的军政部门做出这样的判断以后，立即表态支持新政权，呈送臣服的誓文。新政权——顺王朝也积极劝诱各地军队投降，如果以兵制服，会相当吃力，所以劝降是最好的策略，对山海关总兵吴三桂也是采取诱降的方法。

当时吴三桂的父亲吴襄住在北京，吴家原本是江苏高邮人，吴襄长期在部队服役，居住辽东，便将户籍迁移到辽东，退伍以后，居住在北京。李自成让他给儿子写信劝降。前面说过，吴三桂率领五十万军民赶赴北京救援途中接到北京沦陷的消息，便滞留在滦州。这个时候，他收到父亲的劝降书。据说吴襄在信函中说天下大局已定，抵抗只能是无谓牺牲，投降乃是上策，而吴三桂也打算听从父亲的劝说。然而，就在吴三桂与父亲书信往来期间，听到他在北京的爱妾陈氏被刘宗敏夺走的消息，不由得怒发冲冠，改变投降的主意，决心借助原先的对立面清军的力量消灭李自成。

后来吴三桂发动反清叛乱，所以清代的史书对他的记述不会美化，但爱妾被夺而怒不可遏大概确有其事。在吴三桂叛清之前的史料中也有记载，可见绝非后来的凭空捏造。其中最著名大概要算是清初大诗人吴伟业创作的《圆圆曲》。吴伟业的诗歌以及民间传说都说吴三桂的爱妾名叫陈圆圆，但《明史》记载她名叫陈沅。

家本姑苏浣花里，圆圆小字娇罗绮。

她是以美女著称的苏州人，幼名圆圆，身穿罗绮，娇艳婀娜。

为一个女子而改写历史，人们经常举这个例子，当然，事情并不是这么简单。吴三桂既然是明朝的大将军，对崇祯帝的下场也必定满腔愤怒，对于父亲信中所说的“天下形势”，大概也会有他自己的解释吧。

吴三桂对父亲劝降书的复信，有几个版本，真伪莫辨。先介绍感觉是为他辩护的一种版本，这是一篇强烈谴责父亲投降李自成的檄文。

儿以父荫，待罪戎行，以为李贼猖狂，不久即当扑灭，不意我国无人，望风而靡，侧闻圣主晏驾，不胜眦裂，但喜吾父奋拳一击，誓不俱生，不则刎颈以殉国，何乃隐忍偷生，训以非义……父既不能为忠臣，儿安能为孝子乎？儿与父诀，不早图贼，虽置父鼎俎旁以诱，三桂不顾也。

训以非义，就是劝降。昔日项羽与刘邦争夺天下的时候，项羽抓俘刘邦的父亲，将其置于俎上，威胁说如不投降就杀之。吴三桂借用这个典故，表现出大义凛然的气概：即使父亲在俎上被杀，在鼎中被烹，我三桂讨贼之志丝毫不会动摇。

然而，据传同样也是吴三桂给父亲的信中却叮嘱父亲在避难的时候身上不要带太多的银子，应该把银子埋起来。这封信显得极有人情味。吴伟业的《圆圆曲》中有这样的诗句：

鼎湖当日弃人间，破敌收京下玉关。
恸哭六军俱缟素，冲冠一怒为红颜。

鼎湖是传说黄帝升天的地方，后来成为皇帝离世的典故。接到崇祯帝死去的消息，吴三桂从山海关出发，决心破贼收复北京。玉关，即西部的玉门关，在这里指的是山海关。

六军，意为全军。白居易《长恨歌》也说如不处死杨贵妃，六军不发。缟素是白衣，即丧服。全军听到皇帝已死的消息，身着丧服，失声恸哭，然而总司令吴三桂的怒发冲冠却不仅仅是因为这件事，还因为自己宠爱的陈圆圆被那个臭名昭著的刘宗敏夺走。

为皇帝报仇与夺回爱妾所采取的行动是一致的，如果击溃李自成的军队，可以达到一石二鸟的目的。但是，李自成拥有重兵，吴三桂虽然拥有宁远的军民四十万，或者说是五十万，但其中民远比兵多。前面说过，满洲政权因苦于人口不足，频繁掠夺劳动力，为了不让平民被他们抢走，明朝军队在移动的时候，往往跟随着大量的民众。兵力不足，吴三桂没有信心击败占据北京城的李自成，于是向敌人清请求支援。

向昨天的敌人请求支援，说起来是异常的行为，按常理不可思议，但北京发生非常事态，也必须毅然决然地采取非常措施。

如果吴三桂单独与李自成作战，大概无法战胜势头正旺的顺国军。本来是为君主报仇，报仇不成，反被讨伐，自己的目的自然也无法实现。那样的话，第一代皇帝李自成的顺国就顺利地奠定了建国的基础，至少可以继续维持汉族王朝君临中国的体制。

为达到报仇的目的，必须借助清骑兵部队的支援，这样可以为君主报仇。从这个意义上说，吴三桂是灭亡的明朝的忠臣。然而，虽然复仇的目的可以达到，却把满洲军引进关内，这就导致协助建立满洲皇帝君临中国的清王朝的结果。

从汉族至上主义的立场来看，吴三桂是民族叛徒。可是，事实上，中华民族也包括满族、蒙古族、藏族、维吾尔族、朝鲜族等诸多少数民族，所以，对吴三桂的评价也要稍加改变吧。

也许吴三桂认为即使在中国建立起建州女真族起家的满洲族政权，也不会长期存在下去。首先人少，其次文化低。满洲族缺少统治文化水平高、人口众多的中原地区的能力。吴三桂过低评价对手的能力，与他的预料相反，满洲族的清朝在中国也深深扎下根来。后来吴三桂反清，恐怕不仅仅出于受到清朝的压迫、个人野心这样的因素。

如此轻而易举攻陷北京的李自成大顺国显得有点骄傲自满，各地接连不断送来降表，军队弥漫着一种战争已经结束的气氛。

李自成将西安改回原来的名称长安，并在此举行即位仪式，打算在紫禁城再举行一次全中国皇帝的登基大典，已经着手开始准备。

牛金星等顺国的知识分子夜以继日地设计新王朝顺国的行政机构。前一年攻陷承天府自号顺天王的时候也是如此，中国的文人似乎喜欢以名称为中心设置机构。

中国的行政机构传统上称为“六部”，顺国将其改为“六政府”，将皇帝秘书的翰林院改为弘文馆，将地方长官巡抚改为唐朝的官名节度使，将州的长官知州改为州牧。

名称的废旧改新往往给人一种新政权充满生机活力的错觉。

与李自成的预料相反，最重要的吴三桂并没有送来降表，不仅如此，据东北方面的情报显示，吴三桂返回山海关，正在备战。李自成一听，大怒，亲率十万大军前往“讨伐”，而且还把外戚周奎不肯收留、被李自成俘虏的崇祯帝的太子带在军中。这是向吴三桂示威：你不是要替主君报仇吗？你的主君的太子就在我手里。可能吴三桂的父亲吴襄和吴三桂的爱妾陈圆圆也都在军中。

吴三桂与清之间已经有过几次联系，他的舅舅祖大寿此时已经降清，清正是通过祖大寿劝降吴三桂。吴三桂一直严厉拒绝降清，但现在他向摄政多尔衮呈送请求援兵的书函，其中有这样的话：

不意流寇逆天犯阙，以彼狗偷乌合之众，何能成事？但京城人心不固，奸党开门纳款，先帝不幸，九庙灰烬。今贼首僭称尊号，掳掠妇女财帛，罪恶已极，诚赤眉、绿林、黄巢、禄山之流，天人共愤，众志已离，其败可立而待也。

吴三桂骂詈占领北京的流贼是狗偷乌合之众，其败可立而待，既然如此，吴三桂依靠自己的力量和李自成作战就可以了，可是他没有自信。李自成率领的十多万大军正逼近山海关，而且投降李自成的居庸关总兵唐通也从抚宁越过长城，对吴三桂取迂回夹击之态势。大概清方面也知道李自成的战略部署，吴三桂在请求清朝出动援兵的书函中这样写道：

三桂受国厚恩，悯斯民之罹难，拒守边门，欲兴师问罪，以慰人心。奈京东地小，兵力未集，特泣血求助，我国与北朝通好二百余年，今无故而遭国难，北朝应恻然念之，且乱臣贼子，亦非北朝所宜容也。

他终于道出本意，提出最后的条件，哀求“乞念亡国孤臣忠义之言”，“速选精兵”。不言而喻，这是最关键的地方。

合兵以抵都门，灭流寇于宫廷，示大义于中国，则我朝之报北朝者岂惟财帛？将裂土以酬。不敢食言。

裂土无疑就是割让疆土。摄政多尔衮接到吴三桂的书函后，与大学士范文程、降将洪承畴商量，然后复函。多尔衮赞扬吴三桂思报主恩，与流贼不共戴天，诚忠臣之义，明确表示大清有意出兵。但是在结尾这样写道：

今伯若率众来归，必封以故土，晋为藩王。一则国仇得报，一则身家可保，世世子孙，长享富贵，如山河之永也。

这样的复函怎么看都是劝降的文章。事到如今，吴三桂也顾不得那么多了，只要能借到清兵就行。不知道是为主君复仇，还是为夺回陈圆圆，或许二者兼而有之，至于哪一个分量更重，只有吴三桂本人知道。据说后来他送给吴伟业钱财，恳求他将《圆圆曲》中的“冲冠一怒为红颜”这一句删去。

如今迫在眉睫就是需要兵力，所谓燃眉之急，不过如此，至于以后的事情，以后再说，先走出这一步。

吴三桂一直处在对清作战的第一线，十分关注清的内部情况，知道太宗皇太极死后清朝在继承者问题上还有后遗症尚未解决。多尔衮提出的条件与投降无异，但是他打算现在借兵，期待不久以后清朝内部发生混乱，届时就有可能趁机脱离出去。

多尔衮征服中原的意志比其兄太宗皇太极更加强烈。不知道吴三桂是否了解多尔衮的这种心情。摄政多尔衮接到吴三桂请求出动援兵的书函时一定欣喜若狂。

山海关是天下坚固的城池，明代的万里长城东边的终点是山海关，西边的终点是嘉峪关，最重要的咽喉要道，自然要做到万无一失。连皇太极进入关内的时候，都正面避开山海关。但是，这一次，多尔衮的军队在明军的引导下兵不血刃就能穿越山海关。

具有建立中华帝国强烈愿望的多尔衮告诉全军这是与攻打关内完全不同性质的特殊战争。以前清军入关的目的主要是掠夺劳动力，同时也抢劫财产，一旦目标变成建立全中国的政权，就不能像以前那样抢掠人和物。这次战争不只是击败李自成、夺取中原之地，获得人心对于将来的建国也至关重要。多尔衮颁布的令旨中有这样的话：

今此之行，非同昔日，蒙天眷顾，要当定国安民，以成大业。入边之日，凡有归顺者，不许杀害，薙发除外，秋毫无犯。

薙发就是头顶剃发梳长辫，是满洲族的风俗。汉人鄙视这种习俗，以为野蛮，但多尔衮反过来利用汉族的成见，制服汉人。薙发就是表示归顺的意思，对归顺者，不仅不杀，对其房屋也不破坏，秋毫无犯。但对于那些不是薙发表示归顺的人，可以为所欲为。

留发者不留头。

对拒绝剃头梳长辫者，可以砍其头颅。

多尔衮考虑的是“成大业”。李自成占领北京，吴三桂引清军入关，这对于多尔衮来说，无异于“蒙天眷顾”。

多尔衮亲自率领精锐的主力部队出阵，分别任命英亲王阿济格和豫亲王多铎为左右两翼司令，他们都是多尔衮的同母兄弟。

太祖努尔哈赤死去的时候，他的十六个儿子中十五个健在，第八子皇太极继位，皇太极在位十七年死去的时候，努尔哈赤的儿子剩下八个。其中阿济格、多尔衮、多铎是同母兄弟，其他五个的生母各不相同。可想而知在太宗皇太极的八个兄弟中，多尔衮系统（生母乌拉纳喇氏，努尔哈赤死去时殉死）是何等强大。

幼帝顺治帝是皇太极的儿子，皇太极的生母出身名门叶赫部。前面说过，皇族内有人怀疑多尔衮可能具有将幼帝作为傀儡，然后自己取而代之的叵测用心。在救援吴三桂这场事关大清命运的作战中，率领三军的全部都是多尔衮的同母兄弟，这更加重了人们的猜疑。

利用救援吴三桂的机会，建立中华清帝国，这绝对是“大业”。但是，这个大业是由三个同母兄弟一手完成，这就成为问题。幼帝的叔父中，没有一个是父亲皇太极的生母所生，叶赫部纳喇氏只生了皇太极一个儿子。

谁都看得出来，多尔衮显然个人突出，而且似乎对别人的目光满不在乎，甚至感觉制造既成事实逼迫别人承认。皇族内部对多尔衮颇有微词。吴三桂之所以请求清朝出兵，大概也是看到清朝会因为多尔衮的问题发生内讧，届时不会严密控制自己吧。每个人都有自己的小算盘。

清的“入关之战”在这样的状况下打响，多尔衮三兄弟分别率领自己的“旗”参战。在这场战役中建立功勋者，本旗的领导就会迅速升官，如果全军的领导层都是三兄弟系统的人，多尔衮的地位将绝对不可动摇。

可是，他们并不希望自己旗下的部队在这场战役中遭受损失，他们的武力背景一旦削弱，恐怕难以补充。既要立大功，又不想损兵折将，天下没有这种便宜事，但多尔衮有办法。

吴三桂的山海关明军与李自成的顺军打得越凶越好，双方拼个你死我活、两败俱伤、精疲力竭的时候，多尔衮兄弟的铁骑猛冲进去，这样可以最大限度地减少损失，而且吴三桂的军队元气大伤，对将来控制他极为有利。清军本来就是来救援，所谓救援，就是在他们打得苦不堪言，即将支撑不住的时候助他一臂之力，这样才显示出援军的可贵。如果一开始就参战，也许过后他们会说“用不着援军，我们也能胜”这样的风凉话。

山海关附近有一个名叫一片石的地方，李自成的前锋部队来到这里。多尔衮的主力军冲破一片石，吴三桂打开山海关城门迎接。

多尔衮作为盟军进入山海关，但是他要求吴三桂全军官兵必须肩缠白布、剃发长辫。事到如今，吴三桂已经无法拒绝多尔衮的要求。当然缠白布、梳长辫也可以说是分辨敌我的标志。据大清史料记载，吴三桂主动薙发宣誓，固请“入关讨贼”。我认为这样的记载不可信。

多尔衮于四月二十三日入关，战斗就在当天开始。多尔衮命令吴三桂打开城门，攻打李自成军队的核心力量。这是一场激战，一直打到第二天。多尔衮等清朝将领（其中包括降将洪承畴、祖大寿、孔有德、尚可喜等）只是在马上观战。

李自成的二十万大军从北边的山上一直排列到海边。吴三桂的军队一出城门，李自成长蛇阵部队的两翼弯曲收拢呈包围的态势。双方经过几十回合的反复冲锋，血战达到白热化的程度，疲惫不堪。

午后，突然狂风大作，飞沙走石，其声如雷。清在兴起时期，多次得到上天沙尘暴、霾的帮助，实在不可思议。这次山海关决战也是如此，清军已经做好出击的准备，正值烈风雷鸣，仿佛天佑一般，立即展开狂涛巨浪般的攻击。史书这样形容出击的状况：

万马奔腾，矢飞如雨。

片刻沙尘减弱，视野开阔，李自成简直不敢相信自己的眼睛，满眼都是铁骑部队，身穿类似满洲的甲胄，薙发长辫。记述这场战役的史料只有清朝方面的，据记载，李自成大喊："满洲兵至矣！"鞭马先逃。是否有这样的具体细节，另当别论，但满洲兵的突然出现无疑使李自成的军队大为惊愕，造成巨大的心理动摇，加上已经疲惫困顿，面对新敌人猛虎下山一样的进攻，早已魂飞魄散，无力招架。

自相践踏，死者无算。

李自成的军队惨败西逃。吴三桂率步骑两万追击。李自成逃至永平，派王则尧、张若麒向吴三桂求和。李自成大概以为吴三桂的父亲吴襄在他手里，以此为筹码，有可能议和。然而，如今的吴三桂已经不可能接受和议，于是一口拒绝，继续追击。于是李自成杀死吴襄。

议和被拒，李自成一溜烟逃回北京，牛金星等人在北京紫禁城为李自成举行登基大典的准备工作已经全部完成。李自成一回到北京，首先把吴三桂全家斩尽杀绝，不论男女老少，斩杀三十多口。

本来马上就要登基称帝，正是这个吴三桂搅黄了自己的美梦。如果作为明朝忠臣为旧主子而战，还情有可原，可是他竟然薙发束辫，投降满洲族，阻碍李自成的"大业"，这是绝对不可宽恕的。李自成曾劝他归顺自己，却被一口回绝，投降夷狄，自然引起天怒人怨。

吴三桂投降多尔衮，而不是李自成，难道只是因为陈圆圆被抢吗？他连父亲的性命都不放在心上，却为了一个爱妾成为民族的叛徒——当时的人们就是这样认为的。

也许还有其他原因，祖大寿、洪承畴等他的亲戚、上司许多人都已经降清。明末朝廷的政治腐败使人心绝望。文官武将只要有些微过错就被杀头。明末的国家高官大量投敌——李自成或满洲政权——已经司空见惯。

占领北京的李自成集团本身也有问题，本应该显示出"解放者"的态度，而领导层首先忙于准备即位大典和设置行政机构。在官职的分配上，大概也存在着明争暗斗。这个集团的构成因素比较复杂。李岩、宋献策的军队纪律严明，对敌人也显得心慈手软。刘宗敏是战功冠于全军的将领，但他的部队暴虐残忍。前面说过，李自成将明朝大官送到刘宗敏军中折磨屠杀。在完成夺取北京这个目的之前，大家尚能齐心协力，但此后则是争权夺利。牛金星与李岩等人之间也产生微妙的矛盾。这种状态下，不可能得到北京百姓的人心。在山海关惨败的李自成已经没有心情留在北京拼死一战，以图再起，大概他也知道北京百姓未必对自己有好感。

四月二十九日，李自成在紫禁城武英殿举行即位大典，登基称帝。紫禁城里有许许多多的金冠、价值连城的金银器、富丽堂皇的装饰品，难以装车搬运，李自成把这些东西熔化为金砖。他打算重返西部，以图东山再起，因此需要资金。那些享誉天下的工匠呕心沥血制作的艺术瑰宝都变成冷冰冰的金砖。在举行即位大典的同时，这些金块就装载上车。当天夜里，李自成放火焚烧宫殿城楼。第二天，三十日，他率军西去。

李自成离开北京的第二天，五月一日，清军进入北京。李自成的军队一路上丢弃大量甲胄、辎重，轻装逃跑。

明朝文武官员在城外五里处列队迎接新主子进城。大约四十天前刚刚迎接过李自成，现在又迎接多尔衮率领的清军。明朝官员也够忙乎的。多尔衮从朝阳门入城，人们焚香跪迎。

在即将进城的时候，多尔衮向八旗将士发布指示：

此次出师所以除暴救民，灭流寇以安天下也。今入关西征，勿杀无辜，勿掠财物，勿焚庐舍，不如约者罪之。

清军也以“解放者”的姿态进入北京城。多尔衮登上武英殿，接受朝贺。两天前，李自成在同一个地方刚刚举行过即位大典。

第二天，为崇祯帝发丧，命令臣民服丧三天，从礼改葬，其陵园名为“思陵”，同时明朝百官全部官复原职。这样做并不意味着恢复明王朝，而是官复原职的明朝官员与满洲官员一道共同执政。各衙门的官印重新铸造，汉字与满文并列使用。既然满洲清王朝的新政权已经建立，旧政权的明朝官员只好被迫服从。清王朝向各地派遣招抚，命令“削发投顺”。投顺清朝者既往不咎，敢于反抗者严厉镇压。

如有抗拒不遵，大兵一到，玉石俱焚，尽行屠戮。

哪个地方敢于抗拒，清军一到，玉石俱焚——不论好人坏人，一律屠杀——这实在是可怕的威胁。

吴三桂被封为平西王，他在明朝的爵位只是伯，说明这次的功劳得到清朝的高度评价。但是，他的父母亲等一家人全部被杀，而且蒙上将天下出卖给满洲族政权的污名。虽然在清王朝统治下不敢公开说，但谁的心里都认为吴三桂是汉族的叛徒。

当时的人们都认为一切都起因于对陈圆圆的疼爱。如果陈圆圆得到李自成集团的保护关爱，吴三桂就会接受李自成的劝降，成为大顺王朝的高官，那样的话，中原地区就可以保持汉人的政权。

即使吴三桂投降李自成，大顺王朝能否顺利维持下去也是问题。当时的山海关能否阻挡得住满洲族勃兴喷发的力量，而且李自成政权内部也已经出现分裂的征兆，很可能从内部分崩离析。历史没有“如果……”的假设，但感觉李自成阵营缺少优秀人才。

绝代佳人陈圆圆后来情况如何呢？正史以及类似的史料没有详细记载。魏源的浩瀚的《圣武记》也只是谈到吴三桂降清的动机是“闻家人被贼掠”，其他并无涉及。据说李自成欲杀陈圆圆，圆圆说留着她可以说服吴三桂减轻追击的力度，所以没有杀她。吴伟业的《圆圆曲》也描述吴三桂与陈圆圆重逢。

妻子岂应关大计，英雄无奈是多情。

吴伟业感叹女子、小孩不应该参与国家大事，而陈圆圆这样的年轻美女无意间改变了国家的命运。这绝非陈圆圆的罪过。她没有像武则天那样将李氏的唐朝变成武氏的周朝，也没有像杨贵妃那样让自己的亲戚担任宰相，从而导致安禄山之乱。陈圆圆生于贫穷家庭，被人买下从苏州带到北京，在一次陪伴宴席的时候被吴三桂看上。诗人叹息道，英雄多情——英雄好色——实在是无奈之事。紧接其后的两句诗是：

全家白骨成灰土，一代红妆照汗青。

全家白骨指的是吴三桂一家被杀。他们之所以被杀，是因为吴三桂以陈圆圆之事拒不投降李自成。可以说，吴家三十多人是因为陈圆圆而被杀的。被杀者可悲可怜，白骨化为灰土，他们的名字也与灰土一起掩埋。

然而，只有一代红妆陈圆圆的事情照耀汗青。

创业时代

清由于预想不到的事态，最终成为中国的君主。这要归功于多尔衮这个英明果断的摄政王，由于他领导国家政治，极其准确地把握住了这个千载难逢的机会。

那么，为什么多尔衮没有凭借手中的实力废黜幼帝、自己即位呢？这是史学家经常探讨的问题。

相当多的人认为，多尔衮原本应该有资格即帝位。虽然父亲努尔哈赤没有指定继承者，但根据朝鲜方面的史料，努尔哈赤临死的时候，把长子代善（当时四十四岁）叫到身边，留下遗言："我想立多尔衮，但他还幼小（十五岁）。你先暂时担任摄政，以后把政权交给他。"但是，胸无大志的代善担心自己不能胜任，让给具有积极进取精神的皇太极。《李朝实录》说太宗（皇太极）即位是"夺立"。

努尔哈赤没有明确指定继承者，却留下奇怪的遗言。他说自己死后，让大福今（大妃）乌拉纳喇氏殉死。据说她不仅貌美如花，而且聪明敏锐。有人认为，努尔哈赤担心如此富有才华的女子扰乱政纲。但是，这个乌拉纳喇氏正是阿济格、多尔衮、多铎的生母，努尔哈赤决定多尔衮继汗位，也许他认为美貌干练的母亲在儿子汗的身边对国家不利。乌拉纳喇氏十二岁就侍奉努尔哈赤，殉死的时候三十七岁。

上述努尔哈赤要求大福今殉死的遗言在乾隆时代的实录中被删除。即使删除得一字不剩，事实也不能一笔勾销。

多尔衮的脑海里大概一直残留着美丽的母亲的面容，也许还知道继承父亲汗位的其实不应该是哥哥皇太极，而是自己。

多尔衮率兵穿过山海关，占领北京，建立大清朝中华帝国。凭借这第一功，如果想要即帝位，应该不难。但是顺治帝即位时候的隔阂尚未消除，也许他觉得时机还不成熟。皇族内部的关系错综复杂，不能操之过急。他在顺治七年（1650 年）死去，才三十九岁。大概他本人也没有料到会英年早逝，虽然有时感觉有点病体虚弱，但认为还不至于等不及时机成熟。

我认为多尔衮无意即帝位。这当然只是推测。吴伟业诗句“英雄无奈是多情”，说的是吴三桂，其实多尔衮也是如此。他在对女性的爱方面显得懦弱——从某种意义上说是一种强悍，也许可以说是一个女性美的崇拜者。他听说朝鲜多美女，便立即要求朝鲜为他选妃，还特地亲自去连山迎接，当天“成婚”。他的哥哥皇太极的长子豪格获罪死于狱中，他就纳其妻为妃，这就成为夺取侄媳。不仅如此，皇太极死后，多尔衮还把他的一个妃子纳为己有，这个妃子正是顺治帝的生母。

有人认为多尔衮之所以不能即帝位，是因为根据满洲族的家族习俗。满洲族还残留着浓厚的氏族共同社会的习俗，视侄子为自己的孩子，而且自己还是顺治帝的生母的第二任丈夫。再明确地说，英雄好色的多尔衮没有儿子。

多尔衮既是皇帝的“父亲”，又没有亲生儿子，即使即帝位，也要册立顺治帝为皇太子。既然如此，就没有必要干出类似篡位的荒唐事。

《清史稿·后妃传》记载，太宗皇太极娶蒙古系统博尔济吉特氏的五个女子，就是正位中宫即正皇后端皇后、她的两个侄女（姐妹俩）、生顺治帝后赐赠皇后位的庄皇后以及她的姐姐敏惠恭和元妃。皇太极死去的时候，庄皇后委托皇族中势力最强大的多尔衮协助她的儿子顺治帝即位，但多情的英雄多尔衮似乎看上了三十一岁的美貌庄皇后，而不是皇位。

顺治帝即位后，庄皇后成为皇太后。皇太后与亡夫的弟弟再婚。这样的事情在塞外民族司空见惯。本书在讲述匈奴的习俗时说过，父亲死后，儿子可以与父亲妻妾中除生母之外的其他人结婚。悲剧人物王昭君也是如此，她的丈夫匈奴王死去后，又嫁给他的儿子。她询问汉朝廷这样是否可以，得到的回答是入乡随俗，既然已经嫁给匈奴，只好服从匈奴的风俗。迁徙民族中的女性在失去丈夫以后，可以立即得到新的丈夫的保护，所以清初的满洲族中依然残留着浓厚的氏族社会的风俗习惯，皇太后再婚不算什么稀奇的事情。

不过，清朝史书对此事毫无记载，但民间广泛流传着“太后下嫁”的故事。例如张煌言有这样的诗句：

春官昨进新仪注，大礼躬逢太后婚。

这是以众所周知的事实作为前提的诗句。张煌言在南方开展反清活动，这也许是他故意讽刺挖苦“满洲野蛮之习俗”。

关于多尔衮与皇太后的结婚问题，孟森撰写有极为详细的论文《太后下嫁考实》，结论是“没有确证”。但是，多尔衮的称号从“叔父摄政王”变成“皇叔父”，再成为“皇父”，死后被追尊为“义皇帝”，赐赠庙号“成宗”，这些事实显示多尔衮与皇帝非同寻常的关系。

孟森认为，历史上也有君主称呼老臣为“尚父”“仲父”的例子，“皇父”的称呼也如此类。但是，“皇”字所具有的分量是“尚父”“仲父”不可比拟的。孟森还说，按照满洲族的习俗，如果嫂子与小叔子再婚很正常，其婚礼以及恩赦之类的相关事宜应该记录在史料里，但根本没有发现。其实，从皇叔父变成皇父是从顺治五年（1648 年），即入关后统治汉族的时候开始，大概考虑到大多数国民汉人的伦理观，因此没有举行婚礼大典吧。而且从很多例子可以知道，清朝的史书经常删除其中的事项。

胡适对孟森的无证据观点提出批评，由于涉及领域过于专业，本书不打算详述。李氏朝鲜的史书记载，仁祖（李倧）二十七年（相当于顺治六年），清朝送来文书，其中有“皇父”之称呼，仁祖下问此为何意？金自典回答说：“经询问使者，回答道今则去叔字。”孟森认为，清朝使节没有回答太后再婚，可作为他的无证据的根据。然而，“去叔字”完全是答非所问。在儒教伦理比其发源地中国更严格的朝鲜，太后再婚这样的事情根本就提不得。

皇太后与多尔衮再婚的问题也许微不足道，不提也罢，但因为此事与统治中国的清朝第一代君主顺治帝的心境大有关系，所以略微涉及。

顺治帝六岁即位，第二年，进入北京，成为紫禁城的君主，名福临，全名爱新觉罗·福临。在位十八年，死去时留下遗言，其中道：

且渐习汉俗，于淳朴旧制，日有更张。

他似乎进行自我批评，说自己是一个极为汉化的皇帝。临死之前才重新认识到满洲旧体制的淳朴的好处，但此前心中一直认为是野蛮的习俗，感觉厌恶。

顺治七年（1650 年）十二月，多尔衮死去。第二年正月开始，顺治帝亲政，当时才十三岁，大概还没有敏锐的批判能力。一直在沈阳的小巧玲珑的宫殿里过着质朴生活的少年一下子走进富丽堂皇的紫禁城，自然会感到头晕目眩。他很快成为汉文化的俘虏，对满洲的习俗感觉厌恶。在这样的时候，如果摄政的叔父与自己的母亲结婚，他的心灵大概会遭受巨大的创伤。这样的事情在满洲的习俗看来很正常，可是在被汉文化蒙住眼睛的少年顺治帝看来，这样的结合是有违圣人教导的乱伦。

摄政王多尔衮当然是一个独裁者。独裁者之死无疑就是一场政变。在多尔衮时代连气都不敢出的那些家伙一个个都跳出来，慷慨激昂地揭发多尔衮的罪状。多尔衮方面最得力的同母弟弟多铎在一年前就已经死去。同母哥哥阿济格是一个主动将领导权交给弟弟多尔衮的精神消极、能力低下的人物。长期雌伏静候时机的政敌都冒出来要把死后追赠为义皇帝的多尔衮拉下来。不仅是政敌，在多尔衮身边服侍的苏克萨哈第一个站出来控诉多尔衮逼他的女儿殉死，还揭发多尔衮的棺木里装入只有皇帝才能使用的八补黄袍、大东珠朝珠等东西。

顺治帝即位时，多尔衮几乎无视自己与郑亲王共同辅佐这个决定，郑亲王自然十分不满。多尔衮死后，郑亲王主动出来证明他试图谋反。还有人揭发，多尔衮在永平驻扎两个旗的兵力，与都统和洛辉密谋反叛，因为约定的日期发生问题，未能实施。如果多尔衮想当皇帝，其实用不着这样偷偷摸摸。有人控告他诬陷肃亲王豪格，夺其妻，这倒是事实。违反八旗制度进行选美、从刚刚臣服的喀尔喀部族中夺取有夫之妇，从多尔衮好色的性格来判断，这样的揭发应该基本属实。

多尔衮死后不到两个月，各种罪状都加在他身上，于是撤销庙号，没收家产，不允许其嗣子多尔博世袭爵位，甚至连一年前已经死去的同母弟弟多铎也从王的爵位降为郡王。不久，阿济格被赐死。多尔衮的亲信不仅仅在皇族里，吏部尚书谭泰这样的高官也被诛杀。昨天的荣耀灰飞烟灭，不过是一场黄粱美梦。

这场政变形式上是睿亲王多尔衮派被清洗，郑亲王济尔哈朗取而代之。但十三岁的顺治帝已经亲政。多尔衮死后，朝廷采取的措施是，凡事必须经过皇帝最后决定。也许因为顺治帝认为多尔衮“乱伦”而不能对他宽恕。

多尔衮死后一百二十年，得以恢复名誉。乾隆三十八年（1773 年）的上谕谈及多尔衮的功绩，命令修复已被破坏的坟墓。五年以后的乾隆四十三年，恢复多尔衮的睿王的称号，并赐予“忠”的谥号。既然谥号为“忠”，谋反一事就是子虚乌有。乾隆帝在上谕中这样说道：

假令当时王之逆迹稍有左验，削除之罪，果出于我世祖圣裁，朕亦宁敢复翻成案？乃实由宵小奸谋，构成冤狱，而王之政绩载在《实录》者，皆有大功而无叛逆之迹，岂可不为之昭雪乎？

上谕还说，即使死后身穿禁制的帝服，也不能说有谋反之意。多尔衮问题大概是清皇室的一宗悬案。多尔衮最大的罪状恐怕就是和皇太后结婚，也许在实录中有所记载，但被汉文化的崇拜者顺治帝视为大罪，处理过头，其实按照当时满洲族的习俗并无大碍。后来的乾隆帝对此加以反省，最后决定为多尔衮恢复名誉，同时将与太后下嫁有关的所有文字从实录中删去。乾隆帝似乎喜欢经常删除实录。

当然上面都是我个人的推测，尚未完全摆脱简朴的氏族社会生活的满洲族一下子进入文明成熟绚烂的中国，在思想、伦理、生活文化等方面必然会发生各种问题。恰好遇上顺治帝这个汉文化至上主义者，对家庭内部的事情做出过于简单的判断也并非不可能。

痴迷于汉文化的顺治帝是一个文化人，据说博览群书，从非常难懂的汉文古籍到野史、小说等都喜欢涉猎。然而，在这个文化人皇帝时代，清朝奠定了统治中国的坚实基础，不能不说这是多尔衮的功劳。政变以后，郑亲王执政，只是沿袭多尔衮的旧制。

多尔衮的政策首先是彻底继承明王朝的制度，在此基础上建立中国正统的王朝——清王朝。为崇祯帝以及殉死的皇后发丧、命令人民服丧，这都是服从于这个大方针的措施。

他的理论是：明朝为流贼李自成所灭，清义讨流贼，大清理所当然地成为继承明朝正统的王朝。因此，他对前朝的投降官员采取比原职更高的官阶留用的怀柔政策。后来强迫降清者薙发长辫以明心志，但顺治初年，起先曾经强迫，后来又允许随意。这大概也是收买人心的临时性措施吧。另外，清朝还表彰在明末之乱中的殉难者，赐赠谥号，优待遗族，建庙祭祀，并赐予明皇室诸王原先的爵位。

满洲族人口占绝对少数，所以不能实行高压政策，如果不在人心上征服汉族，政权就难以维持。清朝邀请隐居山林的贤士能人出山，给予优厚的待遇。

明末，由于万历帝的奢侈以及后来对付动乱所需的军费，对百姓不断增税。清朝除继承明朝所规定的纳税定额外，废除所有的“加派”（增税），这是获得人心的最有效的手段。

清朝确定不许八旗（即满洲族）人经营工商的方针，这与其说是为了保护汉族的职业，不如说让人口少数的满洲族担任官员或军官，以便保证政治力量和军事力量掌握在自己手里。

满洲族政权清在北京建立以后，还必须继续追击李自成、攻打张献忠。多尔衮废除“加派”以后，如何筹措军费呢？虽然禁止旗人经营工商，但满洲族能够统一建州、海西以及周边各部族，依靠的是交易之利。满洲族原先基本上是狩猎民，努尔哈赤获得李成梁给予的交易权才开始起家。从此以后，满洲族深切感到交易之利是何等重要。

满洲族入关成为北京的君主，虽然减少了增税部分的收入，但与在辽东进行交易的商人——主要是山西商人依然保持密切的关系，可以说是共存共荣，类似于努尔哈赤与李成梁的关系。

山西商人从政府获得利权，同时也协助政府做事，例如帮助代收盐税等。明朝中期开始以货币纳税，商人势力迅速抬头，其中尤以山西商人和新安商人的实力超出想象。多尔衮打算通过与他们的合作增加、充实财政收入。

清朝的行政机构几乎都是沿袭明朝制度，只是在行政府六部的领导层中加入满洲族的官员。以现在的行政机关概念理解当时的六部是不准确的，六部所分担的职能大致是这样的：

吏部（内政、人事）

户部（财政）

礼部（文教、典礼、外交）

兵部（军事）

刑部（司法）

工部（建设、技术）

六部的长官称为尚书，例如兵部尚书，相当于现在的国防部长，但由满、汉各一人担任。副职称为侍郎，有左侍郎、右侍郎，由满、汉各二人担任，共四人。

起先满人尚书是一品官，汉人尚书是二品官，同样都是尚书，官品有差别，顺治帝末期，消除差别，全部都是二品官。后来曾经恢复，但很快又改回来。

六部是行政机关，明朝设有皇帝的顾问殿阁大学士，称为内阁。清朝也沿袭这个制度。取紫禁城六座殿阁的名称，分别设置中和殿大学士、保和殿大学士、文华殿大学士、武英殿大学士、文渊阁大学士、东阁大学士，也是满、汉各一人，但不像六部尚书那样一定满员任命。因为是顾问，常有缺员。

内阁大学士后来变成名誉称号，作为皇帝的秘书，商量军政核心大事的军机大臣集团成为实际上的内阁。军机大臣有五六个，也不是定员制。军机大臣将与皇帝商定的事宜传达给六部执行。军机处的官员有满族和汉族。

明代一段时期内具有强大力量的言官隶属于都察院，都御史也是满、汉各一人。相当于国立大学校长的国子监祭酒也是满、汉各一人。

但是，这与契丹族辽王朝的双重政治不同。辽王朝的北面官专门管理契丹族的行政，南面官管辖汉族地区的行政。清朝的满、汉两个长官制不一定这样分工。

清初，设置地方行政区划十八个省：直隶、山东、山西、河南、江苏、安徽、江西、浙江、福建、湖北、湖南、陕西、甘肃、四川、广东、广西、云南、贵州。同时将满洲族的发祥地定为特别行政区。清末时，已经增加了台湾、新疆两个省，特别行政区有盛京、吉林、黑龙江三省。与现在的行政区划基本一样，直隶省和盛京省相当于今天的河北省和辽宁省。省下置府、州、县。

清入关迁都北京的时候，其统治范围自然只有北京及其周边地区。

现在看看李自成集团退出北京以后的命运。他们在北京支撑不下去不仅仅是因为受到吴三桂和清军的武力压迫，未能得到人心也是重要的原因之一。占领北京，崇祯帝自杀，李自成大概松了一口气。这个集团的基础力量是农民，知识分子参加进去，建立政权。由于这样的政权性质，注定对商人采取很不友好的态度，对农民原则上不征税，但对商人极力榨取。像北京这样商人众多的城市，对这个政权的评价不会很高，得不到强有力的支持。

明末的造反军队遭到政府军镇压的时候，有的离散，有的聚合，有的转移，总体上缺少统合性。李自成政权是各种不同系统集团的混合体，既有高素质的集团，也有品质恶劣的，参差不齐。素质恶劣的集团进入北京以后，立即开始骄奢淫逸，而争官夺位严重破坏了以往的团结，加深了对立。在这种状态下，他们退出北京，内部已经开始分化瓦解。同样是转移，胜利的时候容易加强团结，溃败的时候只能加速分裂。

李自成逃到河南的时候，部将李岩请求率领两万士兵收复中州。李自成征询牛金星的意见，牛金星回答道："河南是李岩的故乡，与之大兵，如龙得云，难以制服。他早思谋反，应尽快除之。"李自成说道："这件事你来做。"于是，牛金星杀掉李岩。刘宗敏闻之，怒不可遏，欲杀牛金星。最高领导层处于这种状态，这个集团已经毫无希望了。

李自成将山西的富豪强行带到陕西。山西多有盐商等富裕商人，满洲政权也大肆利用山西商人获利。李自成能做到的也就是把商人强行带去陕西，军队入陕以后，纪律紊乱。追击而来的清军拥有大炮，发挥巨大的威力。

清在宁远城受到红夷大炮的沉重打击，有过沉痛的教训，后来自己制造大炮，在作战中发挥积极的作用。相比之下，李自成的军队不注重武器的现代化。其原因之一是部队兵力庞大，撤退的时候就有几十万士兵。他们认为人海战术就可以压倒一切，对改良武器不感兴趣。清为自己的人口稀少而苦恼，就要想方设法如何以少胜多，因此就有创新。不仅武器，在政治领域也努力改革，能保持少数派牢牢掌权。

李自成本打算居留在潼关，却被豫亲王多铎、降将孔有德的清军大炮摧毁。清军兵分两路，英亲王阿济格、吴三桂、尚可喜率领的另一支部队在大同向北绕行，从延安进入陕西。李自成军受到夹击，放火焚烧西安，从武关经襄阳逃往武昌。武昌的明军在左良玉率领下向东转移，所以是一座空城。此时的李自成依然显示"取南京"的气势，但经常被追击的清军打得落花流水，逃到九江。据《清史稿》记载，阿济格连胜李自成军十三仗，李自成逃进九宫山自缢。也有人认为，他让部下在山麓待命，独自上山参拜玄帝庙的时候，被村民杀死。魏源的《圣武记》说“为乡民所锄”。所谓锄，就是脑袋破碎，不辨模样，因此有人说他并没有死。

失去首脑的李自成军毫无斗志，刘宗敏被清军捕杀，李自成的儿子们以及大部分部下都投降明代的湖广总督何腾蛟。清军攻破潼关是顺治二年正月，李自成在同年闰六月死去，可见清军的扫荡战进展迅速。李自成的头号亲信牛金星与其儿子降清，竟然受到重用，出人意料。

清朝一个名叫常若柱的给事中十分愤慨，进言应处死牛金星父子以明公义。但最后的结果是：

流贼伪官投诚者，多能效力。若柱此奏，殊不合理，应议处。

不但没有处死牛金星，常若柱反而被罢官。人们认为这是多尔衮的“雍齿先侯”之计。汉初，由于没有及时进行论功行赏，功臣们情绪波动，张良便向高祖献计：“陛下先给您最憎恨但又有功的人封侯，这样波动的情绪就会平静下来。”一个名叫雍齿的人，曾参加刘邦的起兵，后叛变离去，但又投降回来，刘邦对他很是不快，但他有功。刘邦采纳张良的计谋，首先对雍齿封侯，其他功臣一看，认为“他都能封侯，我就更没问题了”，于是放下心来。

牛金星父子应该才华横溢，李自成的造反集团从流贼变成解放者，再变成执政的集团，牛金星发挥巨大的作用。大概多尔衮对他的评价很高。

清在中华帝国的创业阶段只能乘胜追击，不能停歇，只有不断进攻，才能统治全中国，稍一松懈，整个局势就可能翻转过来，变得对反清势力有利。

消灭李自成集团后，马不停蹄地出兵讨伐盘踞四川的张献忠。肃亲王豪格为靖远大将军，平西王吴三桂也一起出征。

张献忠派部将刘进忠守卫保宁，结果这支部队全部降清。颁布征讨张献忠的诏书是顺治三年（1646 年）正月，牛金星降清受到优待的消息大概已经传到四川。

清军尚未逼近的时候，张献忠不知道刘进忠反水的图谋，最高层领导没有得到准确的情报，这说明其组织结构存在重大的缺陷。最大的原因是张献忠集团没能得到人心。如果人民感觉到这是为百姓实行善政的政权，肯定会千方百计地送达各种见闻的情报，这意味着张献忠在四川的政策完全失败。

同样都是农民揭竿而起的军队，李自成能够接受中小地主、知识分子等各个阶层，而张献忠与他们为敌。所以，张献忠的杀人远比李自成厉害，在历史上留下杀人魔鬼的恶名。这样，支持、参加张献忠集团一起抗击清军进攻的阶层极少。

张献忠集团虽然比李自成集团的体制虚弱，但部队善战。《清史稿》顺治三年十一月的项目这样记述：

斩献忠于阵，复分兵击余贼，破一百三十余营，四川平。

但是，扫荡余贼似乎并不顺利。十三年以后的顺治十六年（1659年），清军才攻陷渝城（重庆）。对于这种顽强的抵抗，清军以残酷的大屠杀予以复仇，不论是贼还是民，全部彻底歼灭。

民贼相混，玉石难分，或屠全城，或屠男而留女妇。

这是顺治六年的记录。这种惨无人道的镇压在四川持续很长时间，清朝似乎把清军的残酷屠杀统统算在张献忠的账上。清朝的记录夸大其词，说是张献忠的“屠戮”使得四川几乎断绝人烟。如果真是如此，怎么还能坚持十几年的抗清活动呢？清军的屠戮定然比张献忠有过之而无不及。

顺治三年十一月宣布“四川平”，事实并非如此，余贼尚极多。但清王朝必须急急忙忙宣布已经平定四川，其目的是为了磨灭各地抵抗者的斗志，让他们放下武器，所以宣布越早越好。

越是夸大张献忠的暴虐屠杀行为，越可以提高清军正当性的效果。张献忠的屠戮行为当然不是毫无根据，他肯定干过相当的坏事，但出于政策的需要被夸大宣传也确有其事。其证据之一就是张献忠“七杀碑”的传说。据说他在实施大屠杀的地方立碑纪念，上面刻着这样的文字：

天生万物以养人，

人无一善可报天，

杀、杀、杀、杀，杀、杀、杀。

杀尽对天忘恩负义之人，连续七个“杀”字，令人不寒而栗，这个碑文简直就是杀人魔鬼的理论。然而，后来在广汉地区的万人冢中出土张献忠的“圣谕碑”，其碑文是：

天生万物与人，

人无一物与天，

鬼神明明，自思自量。

与天的慈悲相比，人是何等的卑微。他在各地的公墓竖立的墓碑上大概都刻着同样意思的碑文吧。

很可能是清朝统治者把碑文的前半部分保留下来，后半部分篡改为七个“杀”字大肆宣传吧。

风扫南方

前面说过，明朝以南京作为副都，设立一个小型的政府机构。洪武帝创建明王朝的时候，定都南京，永乐帝时代迁都北京，但父亲洪武帝的陵墓（孝陵）在南京，所以对南京特殊处理。原先的机构保留不变，留下一个小政府。著名的文人画家董其昌曾担任过南京礼部尚书。礼部尚书是相当于现在的文部大臣的高官，在北京是全国性的，有实权，在南京则是一种名誉职称。

这个小型政府的存在，应该具有一旦北京的中央政府无法运转可以取而代之的功能。虽然是以防万一，但也是有备无患。实际上，在土木之变的时候，就有人提议迁都南京。

李自成攻陷北京、清军进入北京，就是发生了万一的事态。南京的气氛自然随之紧张起来，我只是说“气氛紧张”，没有说“社会骚乱”，这是有原因的。

当首都沦陷、皇帝自杀的消息传到南京的时候，南京首先发生的是派系斗争。可以说明朝的党争之祸已经病入膏肓，清流与浊流之争：东林党与宦官党之争依然没完没了。

即使在南京重建朝廷，谁当皇帝也是一个问题。当时避难南方的皇族中有两个人接近皇统：福王朱由崧和潞王朱常淓。前者是被李自成杀害的福王朱常洵的长子。父亲被杀的时候，他身无一物地逃命出来。他的父亲是万历帝宠爱的郑贵妃所生之子，因此继承者的问题就变得复杂起来，这也是导致明朝寿命缩短的一个原因。福王是万历帝的孙子，潞王是隆庆帝的孙子，所以是万历帝的侄孙子。

最接近皇统的是福王，但是这个人有各种问题。礼部侍郎钱谦益等反对拥立福王，提出他有七不可。所谓“七不可”，指的是他贪、淫、酗酒、不孝、虐下、不读书、干涉有司，可谓集恶德于一身的人物。另外，他认为父亲未能即位，是因为万历末期的梃击、移宫等事件，所以难免报复。与他相比，潞王为人正派，贤明善良。

围绕着立亲还是立贤，又开始党争的老把戏。宦官党拥立福王，东林党系统拥立潞王。大概宦官党认为昏君容易操纵欺骗吧。

说是宦官党，其实他们并非宦官，而是指先前投靠宦官而爬上高位的官吏。马士英是万历末期的进士，后来在贿赂事件中失势，便投靠大宦官魏忠贤，溜须拍马，恢复官位，官至兵部侍郎。在他与魏忠贤之间牵线搭桥的也是进士阮大铖。魏忠贤没落以后，他也失势，移居南京。这两个难兄难弟联手拥立福王。

阮大铖后来成为没有气节、无耻之徒的代名词，不过他很有文采，创作过几部优秀戏曲。这种艳情文学性格的人也许很讨厌挥舞正义的大旗、装出一副圣人面孔的东林党人。当然，东林党人对这个在士大夫中臭不可闻的人物也是极度厌恶。

主张拥立潞王的自然是东林党人。除钱谦益外，史可法等也是积极的支持者。其实与其说他们打算拥立潞王，不如说更主要是阻止拥立福王。史可法是南京的兵部尚书，在国家紧急存亡之秋，这个位置就不是名誉职称。他曾率兵参与讨伐过张献忠。在李自成兵逼北京的时候，急赴救援，途中听到北京失陷的消息，只好返回南京。

拥立之争以马士英的胜利而告终。他兼任凤阳总督，依靠军队的力量强行拥立福王。史可法采取妥协的态度，这大概因为国难当前，为避免内讧而忍气吞声的让步吧。另外，崇祯帝死后，太子生死未卜，李自成曾把他带到山海关，但此后杳无音信。如果他还健在的话，他是明王朝的正统皇嗣，其他皇族就不能即位。福王虽然被拥立上台，但起初不称皇帝，而称为“监国”。

就这样，明王朝的流亡政权在南京诞生。但是，这个监国只知道花天酒地，买官鬻爵十分猖獗，从一开始就是一个腐败的政权。不久，福王即位称帝。史可法对此深感厌恶，到扬州视察江北军事，远离政治斗争的漩涡。

清军追击李自成的军队，随时都可能南下，但福王即位后，立即着手“选淑女”。为选皇妃，禁止民间百姓嫁娶，在适龄女子的家门口贴上黄纸，以挑选美女。宦官李国辅前往苏州、杭州执行这项任务。这件事在社会上引起骚乱不安，南京流亡政权在当地失去民心。

进入北京的清朝摄政多尔衮与南京流亡政权之间有文书来往，多尔衮似乎在深思熟虑能否远征江南。如果清朝没有这样的实力，那就像以前的金与南宋的关系，自己统治北面，从南面征收岁币，两权并立。然而，当多尔衮得知南京政权如此腐败无能时，断然决定统治全中国的方针。

多尔衮决定不承认南京政权。他责问道：清为明朝的崇祯帝报仇，追击李自成，南京为什么不出一兵一卒？福王朱由崧即位，有这样的遗诏吗？如果没有遗诏而即位，就不承认南京政权是明的朝廷。在景山自缢的崇祯帝把遗诏书写在衣襟上，其中没有涉及继承者的问题。

于是，清朝发动南征，由豫亲王多铎任定国大将军，挥师南下。南京方面则以江北四镇予以防御，刘泽清驻守淮北，高杰驻守泗水，刘良佐驻守临淮，黄得功驻守庐州。但是，南京和江北依然忙于争权夺利。史可法将黄得功的部队调往仪征，可是在半路上遭遇高杰的伏击，被杀三百骑。黄得功也是外号闯子的暴戾之人，扬言要在南京与高杰决一死战。史可法在他们之间调解，好不容易才把这场风波平息下去。这种状态根本无法迎战清的南征军。

明朝的河南总兵许定国实际上已经降清，而且把儿子送去做人质。顺治二年（1645 年）正月，许定国设宴招待高杰。由于偷袭事件，高杰向黄得功赔钱认错，被调防驻扎徐州。大概高杰满心窝火，喝得烂醉如泥，结果被许定国轻而易举地杀掉。

清朝南征军已经所向无敌。

《清史稿》本纪的顺治二年三月项目这样记述：

所过迎降，河南悉平。

四月，大军逼临扬州。统率江北全军的史可法就在扬州，但总兵刘肇基手下只有两万人马。

被许定国诱杀的高杰的麾下有十几万人马。高杰被杀后，福王将这十几万人马拨归扬州的史可法指挥。但是，原先集中在徐州周边的十几万军队都分散到北边的通泰、南边的瓜洲、仪征等地。据魏源《圣武记》记载，马士英害怕这十几万军队集中在自己的政敌史可法手里，便散布谣言，将他们分散各地。

在国破家亡的紧要关头，这些人究竟是何居心？他们把派系斗争置于国家命运之上，南京政权没有不亡的道理。

守卫扬州的总兵刘肇基建议决高堰之堤，水淹清军。但史可法说“民为贵，社稷次之”，没有同意。如果决堤，清军可能被淹没，但淮阳百姓也会大量溺死。史可法引用《孟子》里的话表示不能采纳这个方案。

扬州攻守七天七夜，炮声隆隆，震天撼地。清军付出惨重的伤亡代价，终于突破城门。史书记述“践积尸登（城）”。《圣武记》只是一笔带过：

我兵留十日而屠之。

“屠”，就是斩尽杀绝。司令多铎允许部下烧杀抢掠十天。清兵在扬州极尽淫虐。据当时的焚尸簿记载，十天内被杀者八十多万。扬州守兵只有两万，可见被杀者大多是平民。无论遇到多么顽强的抵抗，哪怕是尸体堆积如山，也不能成为大屠杀的理由。一个名叫王秀楚的人，九死一生，得以幸存，他偷偷地把这次大屠杀的景象记录下来，题为“扬州十日记”，这本书在清代当然无法公开发行。也许该书秘密出版，清朝后来实行“文字狱”，镇压言论，秘密出版物或藏匿或烧毁，无法看到。但是，江户时代，该书大概经由长崎传入日本，在日本出版发行。明治时代，清国留学生在图书馆发现该书，按照这部手抄本在东京出版。年轻的留学生从中接受对清朝同仇敌忾之心，从而掀起反清革命。鲁迅在《坟》中收入《杂忆》的随笔，其中这样写道：

别有一部分人，则专意搜集明末遗民的著作，满人残暴的记录，钻在东京或其他的图书馆里，抄写出来，印了，输入中国，希望使忘却的旧恨复活，助革命成功。于是《扬州十日记》、《嘉定屠城记略》、《朱舜水集》、《张苍水集》都翻印了。

史可法英勇不屈，奋勇抵抗，最后自杀。他的本意是民为贵，但实际上由于他拒绝投降，导致众多平民丧生。也许他没有想到满洲军会如此丧心病狂地野蛮。

清军的进攻在扬州之前是如入无人之境，但在扬州遇到坚决顽强的抵抗。大概清军害怕以后还会遇到同样激烈的抵抗，才大开杀戒，把整座扬州城变成地狱，以示警戒。成吉思汗当年也使用过同样的手段。成吉思汗、多铎的大屠杀固然收到他们认为的一定效果，但在历史上留下披着人皮的禽兽的臭名。

顺治二年（1645年）五月丙申（十五日），南京沦陷。福王从监国变成皇帝，恰巧也是一年前的五月十五日，刚好是即位一周年纪念日。其实，在南京沦陷的时候，福王早已抛弃国都逃跑了。

清军不惯水战，这只是南京的一厢情愿。虽说是清军，其中不少是投降的汉人官兵。镇守江南的南京水军将领（其中有郑成功的叔叔郑鸿逵）完全中了清军的计谋，让他们顺利过江。清军在江北将一些点燃灯火的空竹筏放入江中，江南的南京军以为清军渡江，集中力量攻击，而清军的大部队在很远的渡口趁着夜雾弥漫渡过长江。

清军渡江成功的消息传到南京朝廷的时候，福王正在宴会，叫来梨园的歌舞高手助兴。

据说还有这样的故事：在清军南下的时候，福王显得怏怏不乐，左右问何故，他回答道："梨园中没有技艺高超的人，你们要想办法找来。"国难当头，皇帝最大的苦恼是皇家歌舞团尚未充实艺术人才，实在令人无语。

福王一听到清军渡江的消息，立即醉醺醺地跨马从通济门跑出去，逃到一个名叫太平的地方。据《明史·奸臣传》记述，马士英是在第二天逃跑。

明日，士英奉王母妃，以黔兵四百人为卫，走浙江。

《圆圆曲》的作者吴伟业认为，这段记述完全胡说八道，马士英带走的根本不是福王的母亲，而是自己的母亲。但如果不说是王母，大概士兵不会护送。当时马士英是东阁大学士，相当于宰相级别。

马士英的同伙阮大铖是兵部尚书，几乎掌管整个六部，据说依靠卖官鬻爵获取暴利。由于南京政权操纵在这样一群宦官手里，于是为大宦官魏忠贤恢复名誉，还再次出版他的《三朝要典》（魏忠贤是文盲，不能著述）。这样做无非是赞誉魏忠贤的"功绩"。当然不止是魏忠贤一个人，包括受他牵连或被处刑或失势的人都恢复名誉。另外，对扳倒魏忠贤的东林党人予以论罪清算。其实这些人很少参加南京政权。

在清朝忙于备战的时候，南京却忙于营造宫殿。清朝重修被李自成纵火烧毁的紫禁城是在顺治三年（1646 年）以后。

南京沦陷的两个月前，忽然冒出来一个自称崇祯帝的太子的人。如果真是如此，事情就非同小可。南京政权是宦官党掌权，对杀死魏忠贤的崇祯帝没有太多的好感。马士英、阮大铖也都是在崇祯帝时代下台的。虽然崇祯帝的庙号定为"思宗"，但是他又是杀魏忠贤又是打倒宦官党，还是缺少思虑，甚至有人提出这个庙号不妥。无论如何，先帝之子生死不明，福王不是根据遗诏即位，所以太子的出现很可能从根本上颠覆南京现政权。调查的结果，说是此人本名王之明，是一个冒牌货。但坊间大多认为他的确是太子，不相信南京政权的调查。

武昌的将军左良玉认为被关进监狱里的王之明是真实的太子，发兵讨伐逆贼。这是四月，清军已经由北而下，左良玉配合清军，打算由西过长江。但年迈的左良玉病死于九江。其子梦庚秘不发丧，占领安庆，逼迫南京。

当皇帝逃跑的消息传开以后，军民闯进监狱，把监禁的假太子王之明抬出来，上演一幕拥立为帝的闹剧。

清军兵临城下的时候，南京政权已经土崩瓦解。礼部尚书钱谦益撰写降表，东阁大学士王铎、魏国公徐允爵等文武勋戚列队迎接清军。

钱谦益是南京政权中的要员，是为数不多的东林党人，在魏忠贤时代曾经失势，所以与马士英、阮大铖的关系不是很融洽。他的侧室是过去的名妓柳如是，曾劝他投水殉节，他回答说水凉。这大概因为他降清后当上高官，人们编造出来的故事吧。乾隆帝不喜欢他的人品，将其作品列为禁书，评价不是很高，但他的诗文在清初可与吴伟业并称双璧。

王铎是文化人，自称雪山道人，崇祯十七年（1644 年）三月被任命为礼部尚书，在赴任途中闻说北京沦陷，便转道南京，任东阁大学士。降清后，历任明史副总裁、礼部侍郎，官至礼部尚书。他作为画家，擅长山水花卉，笔墨酣畅淋漓；作为书法家，在当时无人出其右，但因为仕于两朝，即所谓“贰臣”，对其评价往往比真正实力偏低，甚至出现漠然无视的倾向，但最近中国开始对他的作品进行重新评价。

南京政权的高官并非全部降清，也有不少殉节，如刑部尚书高倬、吏部史书张捷、副都御使杨维垣等阁僚级要员殉难。

福王逃到芜湖，被清军抓捕，送到南京，九月送到北京，翌年死去。福王逃到芜湖本想得到总兵田雄的保护，但田雄将他作为降清的礼物。

被史可法等推荐为监国却未能如愿的潞王朱常淓移居杭州，愚昧昏庸的福王既然视其为竞争对手，不知道会对他干出什么事来，所以赶紧远离中央。杭州附近的士人中，有人考虑在福王没落后，推举潞王为明的君主，在他的领导下推动复兴明王朝的伟业。但是，潞王对他们说大势已去，与巡抚张秉贞、陈洪范等一起降清。也有如钱塘知县顾咸建、临安知县唐自彩、邵武同知王道焜这样不追随潞王而为明殉死的人。

顺服清朝的标志就是梳长辫，起先是强制要求，清军入关以后，改为自由选择。但在陷落南京以后，颁布薙发令，对不梳长辫者“杀无赦”，极为严厉。于是，处于低潮的反清情绪猛然沸腾起来，各地掀起激烈的抵抗运动。

浙江曾是南宋的国都所在地，历来对蛮夷的反感尤其强烈。为更加有效地开展反清运动，需要树立一个标志。南京政权抬出愚蠢的福王作为标志，浙江的反清集团在绍兴拥立鲁王朱以海为监国。鲁王朱以海是明太祖九代孙鲁王朱寿墉之子。本来是朱以海的哥哥朱以派继承鲁王的地位，但在兖州被南下的清军包围，自杀，弟弟朱以海逃到浙江台州。

张国维在绍兴开展反清运动，给事中熊汝霖在余姚响应，到台州迎接鲁王朱以海的是举人张煌言。来自金华的总兵方国安、王之仁参加这个集团。于是在绍兴成立一个小政权，张国维任武英殿大学士、兵部尚书。鲁王政权曾采取军事行动，欲夺取浙江的核心杭州，但大败于清朝总督张存仁，只好退回绍兴。

除鲁王政权之外，还出现其他的明朝流亡政权，唐王朱聿键被拥立。他是明太祖八代孙。太祖有二十六个皇子，鲁王是第十子系列，唐王是第二十三子系列。由于距离明王朝建国二百八十多年，从第一代就开始分开的两王家族的关系已经相当疏远。与先帝的关系更加亲密的皇族应该还有不少健在，但这两王恰好在当地附近，于是就作为标志被抬出来。因为听到鲁王在台州的消息，才派张煌言去迎接他，令人感觉只要是皇族，不管是谁，都可以用来做标志。

唐王朱聿键的情况也是如此。唐王是二百八十多年传承绵延不绝的皇族，受封于河南南阳，朱聿键于崇祯五年（1632年）继位。与哥哥鲁王被杀、五弟朱以海随意自称鲁王的行为相比，唐王算是名正言顺的正统。他违法获罪被废黜王的称号，后酌情处理，免受断绝世袭的处分，于是其弟朱聿镆承袭成为唐王。

他的罪状就是在南阳招兵买马数千军队与李自成作战。与反叛者作战本身无罪，问题在于私自招兵买马。皇族集结兵力篡夺皇位，发生于永乐帝的燕王时代，为防止再次发生，从此以后严禁皇族拥兵。如果贼军攻打进来怎么办？那就向朝廷借兵。皇族不可能利用朝廷的军队进行篡位。当造反军逼近的时候，潞王就向朝廷借兵三千。唐王朱聿键也仿效潞王的做法，向朝廷请求借兵三千，但此时的朝廷已经没有这个能力，遭到拒绝，无奈之下只好自己招兵，这样就触犯了法律。之所以王的称号可以继续世袭，由弟弟继王位，那是因为朱聿键的招兵显然是为了讨贼，同时也曾向朝廷提出过借兵，所以才酌情处理。但是，他的行为确是大罪，被关进凤阳监狱。这一年是崇祯九年（1636 年）。

人的命运实在难料莫测。崇祯十四年，李自成攻陷南阳，唐王朱聿镆被杀。因禁前唐王朱聿键的凤阳是南京政权的宰相马士英原先的任地。朱聿键出狱以后，重新成为因弟弟死后空缺的唐王。因为是重返旧位，所以认为与鲁王不可同日而语。

南京政权崩溃后，唐王朱聿键前去杭州，途中遇到总兵郑鸿逵、户部侍郎何楷一行。他们似乎是偶然相遇。前面说过，郑鸿逵原先是江南水军司令，却中了清军的计谋，使得清军过江。他是福建泉州南安县众人皆知的海商富豪郑氏家族的成员。何楷也是福建漳州人。因被清军打败，他们想先回家乡去从长计议。这个集团也需要一个象征性人物，碰巧在路上遇到唐王朱聿键。

拥立鲁王的浙江反清集团逐渐受到清军的巨大压迫，后来逃到海外建立流亡政权。福建集团拥立的唐王在福州即帝位，礼部尚书黄道周、福建巡抚张肯堂、南安伯郑芝龙（郑成功的父亲）等主张先称监国，等到江南以后称帝也不晚，但郑鸿逵出于凝聚人心的目的，主张现在就应该即帝位。经过几天的协商，最后决定即帝位。

定元号为隆武，临时国都福州改名为天兴府。按照明朝的规矩，也许此后应该称唐王朱聿键为隆武帝。虽然是流亡政权，但毕竟已经存在皇帝。

浙江集团推戴的鲁王依然称监国。

当时，靖江王朱亨嘉在桂林称监国，被两广总督丁魁楚抓俘后送到福州，福州的隆武帝废黜靖江王为庶人，并杀之。

清朝派福建人洪承畴到江南各省招抚，而明朝的流亡政权围绕着正统问题依然你死我活地争斗。福州的隆武帝与浙江的监国鲁王之间的关系也很不融洽。桂王朱由榔在广西梧州，他是万历帝的孙子，远比在福建称帝的唐王更接近皇统。然而，这些势力不能齐心协力，唐王称帝也是其中一个原因吧。

隆武帝大概认为，越接近皇统，对明王朝复兴的贡献度就越大。这个人是一条热血汉子，甚至不惜犯法而招兵讨贼，所以一心想着尽快出关，至少必须收复江南。所谓“出关”，就是出福建北部的仙霞关，那是与浙江的省界。省界的山脉称为仙霞岭，有六个关，其中最大的就是仙霞关。

福州的临时宫殿是原先的布政司署。有一天，晋升为平国公的郑芝龙带着他的儿子谒见隆武帝。隆武帝很喜欢这个眉清目秀、器宇不凡的二十二岁年轻人郑成功，说想让你做朕的女婿，可惜朕没有女儿，感到很遗憾。这样吧，把朕的姓氏赐给你。明王朝的国姓自然是“朱”，于是此后人称郑成功为“国姓爷”。“爷”是“良家尊长”的意思，并非老者。虽然允许对外称呼自己姓朱，但郑成功后来一直使用郑姓。

很多人都知道，郑成功生于日本平户，其母是日本女子，幼名福松。七岁时回到父亲郑芝龙的故乡福建。那个时候，很多欧洲商人来到亚洲购买香料、陶瓷器、丝绸等，西班牙、葡萄牙商人的时代已经终结，取而代之的是英国和荷兰。因为西班牙、葡萄牙的商人带着天主教的神父一起来到亚洲，引起东方人的警惕。

英国人成立东印度公司是在1600年，这一年日本发生关原大战。由于明朝实行海禁政策，欧洲商人通过将中国的生丝出口日本的转口贸易获利。也有不少中国人无视海禁的规定，来到日本做买卖。郑芝龙就是其中之一。福建的郑氏家族通过贸易积累财富，繁荣发达。这种对外贸易本身就是违法的，必然受到政府的取缔。有取缔，就有反抗。反抗官府者被称为“贼”或“盗”。郑氏家族经营海上贸易，反抗政府的取缔行为，被视为“盗”。另外，海商之间互相竞争，时而发生在海上劫持掠夺其他船上货物的行径，所以所有的海船都持有武器。从这个意义上说，郑氏家族也是私人武装集团。

明朝备尝倭寇之苦，于是任命半商半盗的郑氏家族的主要成员为水军将领，以保障东南沿海的和平稳定，所以，郑氏家族的郑鸿逵后来作为南京政权的水军司令驻扎江南防御清军南下。

郑氏家族中，郑芝龙实力最强，其子郑成功是郑家的希望。他聪明伶俐，学识超群，在地方预考及格后，进入南京的国子监学习，刻苦钻研，学业优秀。崇祯帝自杀的时候，他还在南京的太学学习，改日本名福松为郑森。当时在太学执教的钱谦益大概感觉到这个年轻人将来大有可为，就送给他“大木”这个字。北京沦陷，南京告急时，郑森离开南京回到福建。从这个时候开始，他使用“成功”这个名字。隆武帝赐予国姓也差不多在这个时期。

隆武帝的福建政权依靠郑氏家族的武装力量得以维持，作为统领家族的郑芝龙的儿子，郑成功已经显示出他的重要性。郑芝龙毕竟是一个海商，流亡的士大夫中大概有人瞧不起这个“海贼”，或许隆武帝本人心里就这么认为。相比之下，儿子郑成功是出类拔萃的知识青年，在南京的太学受到钱谦益的赏识，成绩优秀，被大家寄予厚望。隆武帝的赐姓可以说反映出士大夫阶层的期待。

隆武帝急于北伐，他派人前往浙江，想把鲁王势力收入自己麾下，但对方回答道：首先是复兴明王朝，应该是谁成功谁成为君主。这个回答其实是对隆武帝即位的批评。但是，各地纷纷要求隆武帝北伐，被李自成军队收编的湖广总督何腾蛟要求隆武帝派兵出征湖南，还有出征衢州、赣州等地的要求。不管怎么说，必须离开福州。部将们认为，只要还在郑氏家族的地盘内，就无法抑制他们的专横。在这个时候依然不忘派系之争。隆武帝先派礼部侍郎苏观生去赣州募兵，然后让弟弟朱聿镈（朱聿键即位后，他成为唐王）、郑芝龙等留守福建，亲自北征，十二月进入建宁。但是，这次北伐过于仓促，连粮食都准备不足。

人心离散，迄不能成军。

第二年——福建政权的隆武二年、清顺治三年——二月，隆武帝进入延平。他进入江西打算依靠湖南何腾蛟的势力。郑芝龙不愿意皇帝离开自己的势力范围，故意怠惰拖延。

六月，清朝的征南大将军博洛从杭州出发在绍兴大破鲁王集团。张国维留下三首绝命诗，自杀。鲁王仓皇乘船逃往舟山列岛。但是，舟山守将黄斌卿因获得隆武帝赐予的官爵，拒绝鲁王上岸。鲁王只好掉头从厦门前往南澳方向。

海盗入犯，须往备御。

郑芝龙利用这个机会，以鲁王可怜的海上漂流为借口，将跟随北伐的自己的军队调回来。这个时候，他大概已经考虑降清。同样都是投降，带领大军投降当然要比战败而降对自己更有利。因此，郑芝龙将正在北伐的郑氏军队撤到安平。

郑氏军队的主力驻扎在与浙江交界处的仙霞岭，郑鸿逵任大元帅，郑彩任副元帅。国姓爷郑成功也在仙霞岭。郑鸿逵是他的叔叔，郑彩是他的堂兄。在他们接到郑芝龙要求撤兵的命令时，清军已经抵达仙霞关外面。郑氏军队没有与清军交战，匆忙撤兵。清军顺利进入福建境内。

隆武帝听到仙霞关失败的消息后，离开延平，前往汀州，但清兵也已经出现在那里。清朝的南征军具有绝对优势的兵力，来到福建，如同撒网捕鱼一样，准备一网打尽。隆武帝在汀州被俘，带到福州，斩于市。其妻曾氏同时被俘，但伺机逃脱，投水而死。

江日升所著《台湾外记》记述在汀州作战中九死一生的陆昆亨八十多岁时口述的目击记，说隆武帝中清军箭矢战死汀州。大概因为皇帝斩于市过于残酷悲惨，才编造出这样的情节。《清史稿》本纪说清将“追斩之”，不好判断是战死还是刑死。《明史》记述道：

聿键死于福州。

有人说他没有被处刑，而是绝食而死。《清史稿》将平定福建定为这一年的十一月。因为郑芝龙的投降是平定福建的决定性因素。郑成功哭谏，请求父亲不要投降，但郑芝龙降意已决，没有改变主意。于是，郑芝龙前往北京，郑成功到海上继续开展反清斗争。

据说郑成功出发之际，脱下身上的儒冠、儒服，一身戎装，拜辞孔庙。他决心与降清的父亲分道扬镳。为表示自己坚持反清斗争的意志，据说在船上高高竖起写有“杀父报国”的旗帜。尽管他脱下儒冠儒服，但这个口号会引起具有强烈儒教伦理观念的中国人的反感。大概“杀父”是“救父”的误传吧，将降清的父亲视为俘虏，要把他拯救出来。

隆武帝死后，当年十一月，兵部尚书丁魁楚等就迫不及待地在广东肇庆拥戴桂王朱由榔即位称帝，定元号为永历，为方便起见，姑且称为永历帝。永历帝从梧州来到肇庆，宣布废除秘密警察东厂、不纳宫女等整顿政治的措施。但这样的改革为时已晚。永历帝后来辗转于梧州、桂林、全州、柳州、象州，甚至还回到肇庆，极其顽强地坚持开展反清活动。

隆武帝的弟弟唐王朱聿𨮁逃到广州，被苏观生等拥戴即帝位，定元号为绍武。这也是在十一月。这样，在广州及其附近的肇庆就出现两个明朝皇帝，而且他们立即开始打仗，令人扼腕叹息。

清兵已经逼近。绍武帝即位的第二个月，清军就从福建经过潮州、惠州突破广州，迅速占领。据说绍武帝被俘自杀。

肇庆的永历帝立即逃往梧州。虽然中国国内还有反清活动的存在，但此时张献忠在四川被杀，可以说清朝已经基本完成统治全中国的态势。

兵马之后

郑芝龙前往北京降清，他的家族留在福建的岛屿——厦门岛和金门岛上。郑鸿逵以及郑彩、郑联兄弟等家族主要成员逗留在福建，他们大概继续自己的海上贸易本行，同时观察郑芝龙降清以后的动静。

最坚决表示反清的是郑成功，他来往于福建与广东交界处的南澳岛。为什么他不以故乡的沿海岛屿作为根据地呢？也许由于年龄尚轻，在家族里还不具有强大的实力，或者郑氏家族的主流派打算视情况与清朝打交道以便保证贸易业的继续进行，而反清态度过于坚决的郑成功成为他们的障碍。

广州的绍武政权崩溃、肇庆的永历政权避难梧州的时期，郑成功在南澳，他通过侦察，应该知道清军大队人马匆匆忙忙从岛屿对面的潮州、惠州经过的情形，但是他无能为力。他是家族中的晚辈，跟随他的人不会很多。原先父亲手下的大部分人按说本应该由直系的郑成功掌握，但如今都归叔叔和堂兄指挥。

国姓爷郑成功辉煌灿烂的人生业绩中，在父亲降清四年——顺治七年（1650 年）占领厦门岛的行动被视为一个污点。他来到厦门岛对面的小岛鼓浪屿。这个鼓浪屿只有厦门岛的二十分之一大小，岛上都是岩石。在外国列强侵略中国时代，这小岛上修建许多别墅，成为外国人的居住区。现在岛上建有郑成功纪念馆。郑成功从鼓浪屿袭击对面的厦门岛，杀死堂兄郑彩、郑联，夺取其军队。郑成功使用的是偷袭的方法，不少人为他的这个行为感到惋惜，我也是其中之一。但又感觉，如果他不占领厦门岛，将郑家军队置于自己的指挥之下，也就无法实现他的反清复明的大业。

郑成功终于掌握了郑家军队。叔叔郑鸿逵已经年迈，无力阻止他的行为。但是，郑成功并没有败坏家业，而是继续向日本出口生丝。进入长崎港的中国船只，除了来自宁波之外，还有不少来自南方的称为“国姓爷船”的贸易船。贸易的获利应该是北伐、反清复明事业的主要资金来源。

顺治十五年（1658 年），郑成功占领厦门八年后，决定北伐。准备北伐的日子并非一帆风顺，厦门岛甚至还曾被清军夺走。鲁王朱以海作为根据地的舟山也被清军占领，他无奈只好投奔厦门的郑成功，但是郑成功将辗转在广西各地的永历帝（桂王朱由榔）奉为正统，受封为延平郡王，所以他对投靠自己的鲁王提出取消“监国”称号作为保护的条件。

仕于监国鲁王的文人朱舜水（1600—1682 年）时常来到日本，请求援助，后来接受德川光圀[①]的邀请，留在日本。神户凑川神社里楠木正成“呜呼忠臣楠子之墓”的碑文就为朱舜水所撰。1982 年朱舜水逝世三百周年之际，中日两国都举办过纪念活动。

在日本的知名度不如朱舜水，但在中国远比朱舜水有名的黄宗羲（1610—1695 年）也是被鲁王政权授予监察御史的大学者，他于日本的庆安二年（1649 年）来长崎请求日本出动援军。

黄宗羲是清初的大学者，其批判专制君主制的《明夷待访录》在当时是论述民权的进步书籍。至近代，他被称为“中国的卢梭”，这部著作被称为“中国的民约论”，据说是清末革命派青年的必读书籍。他写有一篇关于访问日本的文章《日本乞师记》。“乞师”就是请求派遣师（军队）。不过，乞师没有成功，据说日本的将军家光[②]开始表现相当积极的态度，最后还是决定不出兵。黄宗羲这样叙述乞师失败的原因：

---

① 德川光圀（1628—1700 年）：江户时代前期的水户藩主，鼓励儒学，开设彰考馆，编纂《大日本史》。后任中纳言，称为水户黄门。——译注

② 家光：即德川家光（1604—1651 年），德川幕府第三代将军（1623—1651 年在位），实行锁国政策，完善参觐制度，镇压天主教徒，从而确立幕府统治体制。——译注

然日本自宽永享国三十余年，母后承之，其子复辟，改元义明，承平久矣。其人多好诗书、法帖、名画、古奇器、二十一史、十三经，异日值千金者，捆载既多，不过一、二百金。故老不见兵革之事。本国且忘，岂能渡海为人复仇乎？

日本如今是天下太平，人民喜好学问、艺术、美术等，这些东西大量进口，以至于价格下跌。连经历过战争的老人都没有，军备怠惰，所以根本不可能帮助邻国复仇。的确，此时的日本离关原之战已经五十年，一片和平牧歌的景象，不仅无法向海外派兵，甚至已经进入锁国状态。

不过，黄宗羲说日本已经把军备丢到脑后，看法有点极端，因为他看到的只是长崎一个地方。

求援方发生分裂，隆武派已经崩溃，永历派和鲁王派无法合作。另外，对向外国求援这件事，也有人强烈反对，有人担心会重蹈吴三桂的覆辙。

郑成功的北伐军里有一支人数约八千至一万的“铁人部队”，他们头戴铁面，身穿铁臂、铁裙，用铁锁固定，脸上只露出眼睛、耳朵、嘴、鼻子。大概使用日本的甲胄，但不是全部进口，而是按照日本甲胄模仿制造的。虽然没有得到日本的援军，但武器装备还是可以获得。

顺治十五年（1658年）五月，北伐军启程，据说兵力十七万五千人。军队纪律严明，颁发布告，有杀人、奸淫、破坏民宅、杀死耕牛者，斩，其上司也连坐。七月初抵达舟山，在这里短期训练后，八月九日出发。不久，舰队抵达羊山，但遭遇风暴，三百艘军船中约一百艘受损，死者超过八千，据说郑成功的侧室以及几个孩子也溺水身亡。阴历八月是台风季节。北伐只好中断。《从征实录》这样记述郑成功：

发一笑，令各收尸埋葬。

他的心灵一定在哭泣。

北伐重整旗鼓。整个舰队回到厦门极为困难，便选择温州附近的盘石卫作为基地，休整重建。这里是瓯江的河口，上游砍伐的树木捆成木筏顺流漂下，是一个非常理想的造船基地。

第二年三月二十五日，分散各地的部队在盘石卫聚集。由于事先决定集合的日期，迟到者会受到严惩，所以没有一支部队迟到。郑成功军队小试锋芒，攻下扼守宁波的定关炮城。接着，郑成功在舟山列岛的沥港召集领导开会，训示道：

各提督、统镇十余年栉沐亲勤，功名事业亦在此一举。

挥师北上，舰队通过去年噩梦一样的羊山海面，风平浪静，令人不敢相信。然后横穿杭州湾口，进入长江，溯流而上，向南京进发。

郑成功军队北伐的最终目的是推翻北京的清王朝，但第一目标是攻占南京。

途中经过崇明岛，郑成功没有攻打，在长江南岸丹徒县东面的焦山举行肃穆庄严的祭祀仪式，向明朝的历代皇帝告知就要攻打南京，祈愿旗开得胜。仪式举行三天，最后一天，全体将士身穿缟服，所有舰船悬挂白旗，以白布覆盖船只，“望之如雪”，虽然有点做戏的样子，但郑成功希望通过这样的仪式激励士气。

全军斗志昂扬，接连攻占瓜洲、镇江以及清军的基地，逼近南京。各地捷报频传，但过后仔细想来，其实这对郑成功军队反而不利。这个时期，郑成功写下这样的诗句：

出师讨满夷自瓜洲至金陵

缟素临江誓灭胡，雄师十万气吞吴。

试看天堑投鞭渡，不信中原不姓朱。

的确气势磅礴，迸发出攻占三国时代的首都金陵（南京）的气吞山河之势。

但是，郑军在这里吃了一场败战。舰队通过崇明岛的时候，没有消灭岛上的清军是一个错误，驻守崇明岛的清军攻打郑军的背后，救援南京。

郑成功军队获得压倒性胜利后，出现骄傲自满的情绪。后来与日本结下深厚因缘的朱舜水其实也参加这次远征，他这样形容攻打南京的郑成功军队：

狃于小胜，不用上命。

小胜，指的是攻陷远比南京小得多的瓜洲、镇江这样小城市的胜利。被胜利冲昏头脑的士兵不仅轻敌，更是往往不服从长官的命令。长官对立功的部下也不敢严格要求，长官一松弛，士兵就更是肆无忌惮，自以为是，自己想怎么打就怎么打，战斗完全失去指挥。

郑成功的作战也有勉强为之的地方，七月二十二日是他的生日，就想在这一天攻陷南京。但就在这一天，崇明岛的清军赶来增援南京，而且原先约定反水的清军部队也没有反水。

更加猝不及防的是，城内的清军突击出来。南京城的神策门很早以前就被封堵，变成城墙，所以没人注意。只要把城墙上的灰浆刮掉，很容易扒开封堵的东西。郑军部署在城门前面，但以为这里没有城门，没有丝毫防备，结果遭到从以前的神策门蜂拥而出的清兵出其不意的攻击，造成重大损失。

郑成功的北伐军虽然挺进到南京城下，却遭受意料不到的重创。郑成功的“右臂”甘辉被清军抓俘，张英、林胜、陈魁、万礼、蓝衍、李泌、潘庚钟这些将军都英勇阵亡。据上报北京的材料显示，清军收容的郑军溺死者就有四千五百具。这说明退却时不少将士溺死在长江里。

朱舜水对归化日本讲述如下的理由：

熟知声势不可敌，壤地不可复，败将不可振。

败将，自然指的就是郑成功。朱舜水严厉批判道：北伐失败，郑成功的复明事业无望东山再起。大概因为朱舜水是鲁王体系的人，他对郑成功似乎没有好感。虽然朱舜水参加郑成功的第二次北伐，这两个人的名字在日本都名闻遐迩，但他们没有见过面。朱舜水当然不是与郑成功乘坐在同一艘舰船上，后来他给安东省庵[①]的信中说，自己没有给郑成功投过名片。

郑成功返回厦门（他将厦门改名为“思明”，意为思念明朝）后，派使者前去云南，向永历帝辞去王爵。他被永历帝封为延平郡王，后又敕封潮王，他自己褫夺王爵，是自我惩罚。此后，他只使用招讨大将军这个称号。自我惩罚之后，他修建忠臣庙，祭祀在北伐中阵亡的英灵。

郑成功放弃北伐以后，目标转向台湾，以台湾为根据地。郑成功的台湾战略方针是将其作为复明的基地还是在那里重新建立郑家政权，由于他驱逐荷兰成为台湾之主后不久死去，所以无从知道。

郑成功收复台湾之前将近四十年的时间里，台湾都是被荷兰的东印度公司占领。被荷兰解雇的翻译何斌曾上书郑成功，说“台湾沃野千里，实霸王之地”，劝他占领。于是郑成功出兵收复。

其实郑家与台湾的关系相当久远。郑芝龙的老板颜思齐死于台湾。现在的台南一带当时是贸易基地，荷兰人把西班牙人赶走以后，自己成为台湾的主人。

台湾地广人稀，缺少劳动力，荷兰便从对岸的福建移民过来开发，但汉族移民增加过多，荷兰人感觉不好管理。要是这些移民一起举行起义，荷兰东印度公司的统治顷刻之间就会被推翻。几年前就发生过郭怀一的叛乱，让荷兰十分棘手，好不容易才镇压下去。像郭怀一那样，只要移民中

---

① 安东省庵（1622—1701年）：江户前期的儒学学者，拜朱舜水为师，并给予他资助。著有《省庵先生遗集》。——译注

的不满分子团结起来，就会发生严重事态。如果郑家军这样的正规军打过来，东印度公司只能束手待毙。因此，公司努力与厦门郑家军保持友好关系。

当郑成功一心北伐的时候，双方尚能相安无事。北伐失败以后，郑成功考虑寻求出路，必定会看中台湾，所以他根本不是听从何斌的劝说而出兵的，也许在南京失败撤回的途中就已经考虑下一步进入台湾的问题了。

郑成功实施攻打台湾战略的公历 1661 年是动荡的一年。

这一年是清顺治十八年，正月，顺治帝死去，年仅二十四岁。按照中国的规矩，即使是正月死去，这一年也使用顺治的元号，第二年才开始改元康熙。

这一年是明的流亡政权永历十五年，但永历帝从云南逃往缅甸，清平西王吴三桂穷追不舍。十二月，缅甸人抓获永历帝朱由榔，献给吴三桂。同样是十二月，荷兰人在台湾的热兰遮城[1]悬挂白旗向郑成功的军队投降。郑成功的军队四月登上台湾岛，荷兰人困守九个月。

郑成功包围热兰遮城的时候，清朝在一个名叫宁古塔的地方杀害他的父亲郑芝龙。他未能阻止儿子攻打南京，清朝也难以宽恕这样的人质吧。

这一年，清朝颁布“迁界令”。这也是海禁的一项措施。以前禁止商人出海交易是为了孤立郑家军，这一次则是更彻底的海禁，强迫山东、江苏、浙江、福建、广东五省的沿海居民移居到离海岸三十里的内地。但是，实施这项迁界令大概相当困难。郑成功孤立在厦门、金门等沿海小岛上，他的目光已经盯上了台湾。

在缅甸被俘的永历帝于第二年四月押送到云南的昆明被杀。他是否接受过洗礼，不得而知，但桂王一家早就信仰天主教。永历帝的生母马太后的教名是马利亚，王太后（父亲的正室）是烈纳，永历帝的皇后王氏是亚纳，皇太子慈煊是当定。拥立永历帝的兵部尚书丁魁楚也是天主教信徒，教名是路加。这个流亡政权也派人去罗马请求援兵。

仿佛是追随永历帝而去，郑成功于五月初在台湾死去。据说是听到留

① 热兰遮城：即安平古堡，又称奥伦治城、安平城、台湾城。最早建于 1624 年，是台湾最古老的城堡。——译注

守厦门的长子郑经有悖人伦之事后，气愤而死。悄然寄身于郑成功的前监国、鲁王朱以海也于这一年十二月死于金门。

永历帝成为吴三桂的俘虏是 1661 年，即永历十五年，翌年被杀后，便不再存在明朝的君主，但台湾一直使用永历这个元号。台湾的郑氏降清是在康熙二十二年（1683 年），这一年台湾是永历三十七年。

反清的三个地方流亡政权——唐王、鲁王、桂王称为“三藩”，就是“前三藩”，都是推戴明朝皇族建立的政权。称为前三藩，是因为有“后三藩”。一般说到“三藩”或“三藩之乱”的时候，指的是后三藩。

后三藩指的是明朝将军降清后立有大功封在各地为王的势力。吴三桂为平西王，尚可喜为平南王，耿仲明为靖南王，这三人都是辽东的汉人。吴三桂的情况在前面有所涉及。尚可喜曾是驻守皮岛的明朝武将，很早降清，其军队称为天助兵，以勇猛著称，因追击李自成立有大功。耿仲明也是皮岛的毛文龙的部将。毛文龙被袁崇焕杀后，耿仲明在孔有德的部下，也是追击李自成到湖南后，奉命平定桂王的势力范围广东。平定广东是耿仲明与尚可喜共同合作的战果，耿仲明死后，其子耿继茂转至福建。

吴三桂在云南、尚可喜在广东、耿继茂在福建建立各自的藩，拥有自己的军队，自己任免官员，还允许征税，可以说是半独立政权。

其中势力最强的不言而喻就是吴三桂，其他两人很早就降清，而吴三桂是在李自成即将攻陷北京的最后时刻才请求清出兵支援。但是，正是由于吴三桂的引导，才使得清军兵不血刃突破山海关，进入关内，从而成为中国的君主，所以清朝评价吴三桂功勋最高。其他两人无法平定桂藩（永历帝集团），还是吴三桂穷追猛打，一直追到缅甸，最后捕杀永历帝，彻底歼灭明王朝。可以说吴三桂既是明王朝灭亡的揭幕人，也是最后的闭幕人。

在与名妓陈圆圆的浪漫故事的背景下，吴三桂引多尔衮的清军入关，当年还是三十三岁的年轻将军，而他在云南杀害永历帝朱由榔的时候，已经五十一岁。传说此时永历帝的生母马太后马利亚痛骂吴三桂是逆贼，自己将在地下睁大眼睛看他被碎尸万段。吴三桂以对明王朝最后一击的功绩从王被提拔为亲王，这是清朝对他的报答，不是皇族能当上亲王不能不说是一种破格。

十一年后，发生三藩之乱，此时吴三桂六十二岁，康熙十二年（1673年）。他在云南创建起自己的大帝国，其子娶太宗皇太极的女儿为妻，与清皇室也沾亲带故。他通过与西藏的交易、开发矿山等积累大量的财富，经济实力雄厚。他铸造铜钱，这可以说是独立国政权的行为。

清朝廷对边境地区出现这样强大的势力集团——而且是汉人建立起来的——自然充满戒备，没有请示中央就在军事、财政等方面独断专行，如果听之任之，就很可能与中央分庭抗礼，分裂独立，于是，年轻的康熙帝考虑削弱控制三藩——尤其是吴三桂的势力。

但三藩已经形成强大的势力，削减谈何容易，看来不得已只能使用武力。吴三桂也已经觉察到北京对自己的警戒，要抗拒中央的抑制政策，自己必须更加强大。

顺治帝二十四岁死去，第三子玄烨八岁即位。康熙六年（1667年），十四岁的玄烨亲政，圆满地解决身边的权臣专横跋扈的问题，显示出超群绝伦的帝才。他在位长达六十一年，如果与其孙子乾隆帝比较，我认为给予他的评价要远高于乾隆帝。乾隆帝即位时接手的是一个稳定富强的帝国，康熙帝年幼即位时，清王朝的基础还不稳固，问题很多，其中最大的问题之一就是如何抑制、可能的话消灭三藩。

三藩之乱的导火索是平南王尚可喜的家庭不和。尚可喜与其子尚之信关系不好，大概年老思乡的缘故，他想回辽东故乡，于是向朝廷提出让儿子留在广东，自己回乡隐居的请求。朝廷的回答十分强硬，决定“撤藩”。不同意尚之信留在广东，撤出其部下，如此一来，“藩”本身就不复存在。

其他两藩听到这个消息，惊愕万分。福建的藩王是耿仲明的儿子耿精忠世袭领地和王爵。云南的吴三桂和福建的耿精忠为试探朝廷的这个决定的真实意图是只针对尚可喜还是也适用其他两藩，同时向朝廷提出撤藩的请求。虽是试探，其实也包含着“针锋相对”的威胁。

二十岁的康熙帝与群臣商议，大多数的意见是如果撤藩，事态极为严重，应该保留。诸王、大臣们都从撤藩疏请中闻到威胁的火药味。

中央的吏部、户部、兵部对三藩的事情根本无法干预，三藩任命官员称为“西选”，中央对其人事安排没有任何发言权。三藩拥有自己的军队。不仅如此，还以边境绥抚的名义每年从中央支取两千万两的补助金，这几乎占国家财政的一半。吴三桂等当然不会放弃这样的特权。他们虽然提出撤藩疏请，其实充满自信地断定中央会保留他们的藩。果然不出吴三桂所料，大臣们几乎都是这个意见。

也有少数派的意见，户部尚书米思翰、兵部尚书明珠、刑部尚书莫洛三人认为：如果撤藩，他们会造反；但如果不撤藩，他们的独立性更高，最后彻底独立，不也同样是造反吗？撤也好，不撤也好，反正都要造反，那就索性断然同意撤藩的疏请。康熙帝毅然决断，同意少数派的意见。

康熙十二年（1673 年）七月，朝廷决定同意撤藩，派敕使奔赴各藩宣告旨意。吴三桂一心以为朝廷会保留，没有做好造反的准备，于是装出一副恭顺服从的样子，以争取时间。另外，造反需要名义，尤其在中国，名义极为重要。吴三桂打算寻找一个明的末代后裔，奉戴为帝，可是无人回应。在昆明杀死永历帝的正是吴三桂，他的想法实在卑劣自私。

十一月二十一日，吴三桂起兵造反，后来他自称天下都招讨兵马大元帅，当时只是自称周王。

他的势力范围是多山少地的云贵地区，于是一举进击长江，从四川出湖南，第二年正月，占领沅州、常德、岳州、衡阳等各府。朝廷担心三藩联合造反，采取各个击破的方针。首先决定撤销广东、福建撤藩的决定，试图以此孤立吴三桂。朝廷甚至有人提出，对导致吴三桂造反的撤藩论者——上述三人——处斩，以安抚吴三桂。但康熙帝一口拒绝，“撤也反，不撤也反”是他们的看法，吴三桂造反不是他们的责任，采纳少数派意见的是康熙帝本人。他对自己的决定充满信心。

朝廷采取毅然决然的态度，最后把这场叛乱镇压下去，康熙皇帝始终不渝的态度是获胜的主因。

各地都有重要官员追随吴三桂，例如广西将军孙延龄、陕西提督王辅臣。但是，这两人反水后又很快降清，他们原先被吴三桂势如破竹的攻势迷住眼睛，采取随风倒的机会主义态度。清朝对讨伐吴三桂始终显示出坚定不移的态势，而且民众未必都相信吴三桂。吴伟业的《圆圆曲》广为人知，谁都知道吴三桂为了一个女人引清军入关，在昆明杀害明朝永历帝记忆犹新。人们传说永历帝是被烧死的，还有的说是被弓弦勒死的，手段十分残忍。不管吴三桂怎么高喊“讨满洲族，建汉族天下”，即使他剪掉长辫，恢复明朝衣冠，也没有任何号召力。最早剃发梳辫，充当清军入关的向导，推翻李自成汉族政权的正是这个吴三桂。

福建的靖南王耿精忠听到撤销撤藩的消息，但这显然是朝廷孤立吴三桂的策略，大概经过深思熟虑，最后决定与吴三桂遥相呼应，于康熙十三年三月举兵造反。福建的藩王背叛清朝，海峡对岸台湾的郑经（郑成功之子）也立即响应，跨海而来，占领漳州。

广东方面，尚可喜父子依然不和。清朝封尚可喜为亲王，以此拴住他。尚可喜收到吴三桂希望一起举兵的信函，立即送交朝廷，以表示自己并无叛意。然而，康熙十五年二月，性格狂暴的尚之信将父亲囚禁，自己举兵造反。老迈的尚可喜在囚禁中死去。

三藩之中，已有两藩造反，尚之信担心自己处于孤立状态。于是，三藩都与中央对抗，但从造反初期的情况来看，三藩的步调并不一致。

三藩最得势的时候占据了长江以南的半壁江山，清朝面临着最大的危机。然而，清军出乎意料地善战，民心不在三藩一边，反在清朝一边大概是最大的原因吧。满洲族人口很少，讨伐三藩之乱的大部分都是汉族的军队。这说明他们并不响应三藩的“民族大义”的号召，甚至认为三藩才是真正背叛民族大义的罪魁祸首，必须受到严惩。另外，与明末混乱不堪的政治、将人民逼入绝境的重税压榨相比，清朝政治更加开明宽松。不过，说清朝政治开明，也许不如说明末政治过于黑暗恶劣更为妥当。被调往讨伐三藩的汉族部队大概认为保卫现在的体制可以保持自己以及家庭的幸福生活。

吴三桂分兵东西两路，这也是失败的因素之一。兵分两路，是因为过于藐视清军的力量，其实此时应该集中兵力，以压倒性的优势各个击破对方据点，步步推进。这样的话，也许各地会有人起兵响应。在清军尚未做好充分准备的时候，三藩军的临战状态也不错，但康熙帝坚持既定方针，显示绝不退让一步的坚强决心。吴三桂的儿子吴应熊与太宗皇太极的女儿结婚后住在北京，康熙帝杀之。在剿灭三藩问题上，康熙帝决不妥协。

吴三桂的两路军队都未能获胜，由于清军的英勇善战，吴三桂军的进击受阻，出现明显的败势。

于是，原本就联合松散的三藩联盟必然产生离心离德的现象。虽然都是造反，但与食不果腹的百姓揭竿而起的明末李自成集团的举兵情况不同，那是对压迫的反抗，是死里求生的造反。三藩的造反是害怕自己的实权被剥夺、为自身利益的举兵，毫无信仰和理念可言。所以一旦出现败势，分裂叛离自然产生连锁反应。

二月举兵的广东尚之信于十二月就提出归顺，此前稍早时候，耿精忠已经投降，保留王爵，允许留在福州。大概尚之信听到这个消息后，也决定投降吧。吴三桂经常要求尚之信出兵支援反清战争，但他往往按兵不动。虽然宣告反清，但很少协助吴三桂，以为这样罪责较轻吧。当清朝廷命令他讨伐吴三桂时，他又磨磨蹭蹭，态度暧昧，迟迟不动，是一个典型的机会主义者。

吴三桂煞费苦心建立起来的三藩联合分崩离析，他在湖南受到孤立。不过，他是指挥千军万马的将军，相信自己肯定会击败年轻的康熙皇帝所领导的清军。只要自己重新得势，那些背叛者又会回来。他本人就是这样翻来覆去，所以认为别人也会这样。尚之信降清后奉命讨伐吴三桂，而他按兵不动，毫无北上的动静，这就是证据。

吴三桂深感有必要显示自己的气势，要让外界知道，尽管清军的作战格外顽强，尽管广东、福建两藩离我而去，但是我并没有受到打击。吴三桂认为，最有效的方法就是即位称帝。

康熙十七年（1678 年）三月，吴三桂从一直作为据点的长沙转移到衡州，命名为定天府，举行隆重庄严的即位大典，国号“周”，定元号为昭武，置百官，封诸将，颁布要在云贵地区实行科举招募人才等多项措施，试图以此博取人心。

吴三桂未能慢慢体会这场即位闹剧的后果，因为他三月即位，八月就死去。在这五个月里，台湾的郑经进兵大陆，攻占海澄城，包围泉州城。但是，依然使用被吴三桂所杀的永历帝元号的台湾郑经攻占福建各城绝不是为了支援吴三桂而来。

吴三桂六十七岁死去，据说死在中秋（八月十五日）赏月的宴席上。当时陈圆圆也在场吧，她也有一把岁数了。有人认为吴三桂在宴席上听到女婿胡国柱要降清的消息，给气死了。诸将从云南接来吴三桂的孙子吴世璠，在衡州拥立为帝，改元号为洪化。

吴三桂经验丰富，才有可能率兵造反，在形势日益险峻的紧要关头，他一死，由孙子指挥造反军，前途则暗淡无光。一直对清朝廷命令出兵而推诿拖延的势利小人、广东尚之信判断此时大局已定，立即出兵讨伐吴氏反军。

清军紧紧抓住这个时机，及时地开展反攻。在吴三桂死后的第二年正月，夺回岳州、长沙、常德等地；二月，占领吴三桂作为首都的衡州。造反王朝的皇帝吴世璠逃往贵州，第二年逃往云南。

康熙二十年（1681 年）正月，台湾的郑经死去，其子郑克塽继位延平王。册封郑成功为延平王的皇帝及其王朝都早已不存在，但台湾的郑氏依然称王，使用永历的元号。大概是相信俗语所说“有人王之地，也必须有兽王老虎”，这也许是道士之类的人说的话。台湾没有老虎，于是特地从大陆抓捕老虎运到台湾，放养山上。但是居住在山地的土著民族生性剽悍，杀虎食肉，怎么补充也无济于事，于是坊间流传“台湾这个地方不能有王来统治”的说法。郑成功死后，郑氏家族在台湾的力量逐渐减弱，还发生内讧，郑克塽也是在其兄被杀后拥立上来的。台湾的郑氏家族已经日薄西山。

逃到云南的吴世璠在同年十月被清朝大军包围，自杀。

长达九年的“三藩之乱”终于结束。

平南王尚之信在吴三桂死后发兵攻占广西的武宣，但是他的见风使舵、左右摇摆的极端行为使得清朝廷完全对他失去信任。尚之信平时就多有暴虐野蛮行径，口碑极坏，可以说不杀不足以平民愤。他被捕后送往北京，在吴世璠还在造反的康熙十九年九月处斩。广东的藩就此被消灭。

最大的云南藩在吴世璠自杀后消灭，剩下的只是福建靖南王耿精忠的藩。耿精忠时常与台湾过来的郑氏军以及福建的反清势力作战，以显示对清王朝的忠诚。但是，两藩都已消灭，不可能单独留下福建这个藩。清王朝不会错过这个消灭三藩的大好时机。

吴世璠自杀的第二年正月，耿精忠被杀。既然曾经造反，诛杀的理由多得是，据说罪状有五条。

总之，清王朝成功地铲除了三藩。

清朝此后不再设藩，成为中央集权的帝国。

康熙二十二年（1683 年）八月，清朝水师提督施琅进入台湾，延平王郑克塽终于投降。这样，康熙皇帝完成统一全中国的大业。

清朝对三藩的处理十分严厉，但是对台湾的郑氏家族宽大为怀。投降后的郑克塽被送往北京，不允许他居住在福建，但他被封为正黄旗汉军公，家族都居住北京，其弟郑克均等也都授予四品官，可以说待遇优厚。康熙三十八年（1699 年），清朝廷允许郑克塽将在台湾的祖父郑成功、父亲郑经的灵柩奉安福建南安县故乡改葬，但命令他一俟改葬完毕，立即返京。看来清王朝还是害怕郑氏家族在福建的影响力。

台湾的郑氏家族与三藩不同，他们始终如一地坚持反清活动，因此免遭诛杀等极刑。三藩原是汉族将军，后降清，再叛清。郑氏家族是明朝遗臣，坚持抗清，这是“忠义”行为。清王朝不仅没有把郑氏家族视为逆贼，甚至表彰其忠义之心。清朝也需要人们对这个王朝具有忠诚之心。

三世之春

康熙这个元号持续六十一年，冠以这个元号的《康熙字典》为广大的读书人所熟悉。部首分类，笔画寻找。笔画字典始于明代梅膺祚的《字汇》，但集大成的是《康熙字典》。可以说《康熙字典》是现在日本出版的各种汉日辞典的鼻祖。

从王朝的元号可以联想到字典，说明康熙是一个文运昌盛的时代。的确如此，镇压三藩之乱是在康熙前期，后期则外征，都获得成功。康熙皇帝开创了清王朝的黄金时代，文兴武强，“盛世”传至其子雍正帝、孙子乾隆帝，不愧是一代明君。这三人都是明君，但开创黄金时代的康熙帝应该获得最高的评价。雍正、乾隆两帝继承康熙帝的巨大遗产，当然康熙帝也得到父亲顺治帝很多的恩惠。

顺治帝痴迷于汉文化，在遗诏中还自我反省。正因为痴迷汉文化，使他知道明朝灭亡最大的原因是宦官之祸，所以必须铲除这个祸根。一个名叫吴良辅的宦官与政府高官过从甚密，就因此获罪处刑。另外，虽然修建了宦官的办公处——十三衙门，但又在禁中竖立铁牌，明确告示宦官擅言外事以及官吏贤否者“凌迟处死”。凌迟是肢解，一片片切割身体的肉，极为痛苦的酷刑。明朝的洪武帝也曾悬挂铁牌，但在宦官支持下成功篡权的永乐帝无视这个规矩。康熙帝一即位，立刻废除十三衙门，整个清代没有出现一个对政治产生重大影响的宦官。

顺治帝二十四岁死去，民间传说他是到五台山清凉寺出家，传得神乎其神，说他一片痴情，为悼念心爱的董贵妃，决心出家，于是只好编造他死亡。传闻的根据是：顺治帝的儿子康熙帝是一个虔诚的朱子学信奉者，却五次去五台山，而且太皇太后、皇太后都陪同前往。但是，后来他再也不去了。那是因为顺治帝真的死去了。另外，有人认为中国著名小说《红楼梦》中主人公贾宝玉出家就是影射顺治帝出家。

多尔衮的独裁式辅佐让顺治帝十分苦恼，所以后来他指定多个重臣共同辅佐幼小的儿子。按照遗诏，鳌拜、索尼、遏必隆、苏克萨哈这四个大臣成为辅政大臣。这虽然避免了个人专职，但往往意见不合，形成对立。索尼于康熙六年（1667 年）死去，但这一年鳌拜与苏克萨哈的激烈对立达到无以复加的程度，在派系斗争中失败的苏克萨哈被处死。此后鳌拜独自辅政，他的党徒专横跋扈，为非作歹。康熙八年，十六岁的康熙帝逮捕进殿谒见的鳌拜，历数罪状三十条，宣布死刑，但念其立有战功，减为终身监禁。康熙帝从此名声大振，气焰逐渐嚣张的满洲贵族一下子老实下来。鳌拜的党徒也被一网打尽。鳌拜在监狱里被关押四十四年，康熙五十二年才获释。

从镇压三藩之乱就可以看出，康熙帝做事果断坚决，但另一面他极其勤奋好学，深入钻研，曾读书累至吐血。他八岁即位，自然要学习帝王学，汉人大儒所教的学问中，尤其喜欢朱子学，学如不及。同时他还向当时来中国的耶稣会的神父学习数学和自然科学。

康熙帝在文化领域的业绩，《康熙字典》最为著名，此外还有《大清会典》一百八十卷、《佩文韵府》一百零六卷拾遗一百零六卷、《历代题画诗类》一百二十卷、《全唐诗》九百卷等。《全唐诗》名副其实地收入整个唐代的诗歌。《佩文韵府》是写诗的人不可或缺的工具书。科举必考诗，所以官员以及有志于仕途的人都必须是诗人或者至少会写诗的人。这部《佩文韵府》于康熙五十年（1711 年）成书，由张玉书、陈廷敬等七十六人编纂。几乎是同班人马于康熙四十九年（1710 年）奉敕命开始编纂《康熙字典》，六年后的康熙五十五年完成，据说收入四万九千多字。

康熙帝对朱子学情有独钟，从他的时代开始，朱子就成为大成殿里的十哲之一受到祭祀。《朱子全书》《性理大全》等朱子学的著作也是在他的命令下完成的。

给予中国史研究者极大裨益的《明史》在顺治帝时期就开始着手，雍正十三年（1735年）完成，但大部分是在康熙年间编纂的。清朝采取吸收留用明朝遗臣的政策，才能编纂这部《明史》。忠臣不仕二朝是儒学道德的标准，但给予明朝遗臣仕奉清朝的一个理由是：编纂《明史》。

清朝的方针是尽量不使贤人名士流落民间，鼓励他们出仕，也有一些名流找个理由仕于清朝，郑成功的老师钱谦益、吴伟业就是如此。当然，也有不少人坚决不仕于清朝，作为明朝遗臣终老于野。例如黄宗羲，还有《日知录》的作者、大学者顾炎武也是其中之一。顾炎武有一首五绝《海上》这样写道：

海上雪深时，长空无一雁。
平生李少卿，持酒来相劝。

这首诗寄兴汉代的苏武典故。“海上”，是海边的意思，就是匈奴流放苏武的贝加尔湖。苏武作为汉朝使节赴匈奴，被扣押逼降，不从，流放到贝加尔湖牧羊。饥饿难忍时，“啮雪，与旃毛并咽之”。与匈奴苦战被俘投降后成为匈奴高官的李陵（字少卿）拜访苏武，劝他投降，但苏武不改初衷，意志坚决，拒绝投降。李陵无奈，给他留下一些食粮和居住的帐幕，离去。后来，匈奴与汉和解，匈奴对汉朝诡称苏武已死。据说苏武在南归雁的脚上系着写有“苏武在北海边”文字的布条，这只雁在皇帝的狩猎场上林苑被射下，汉朝才得知苏武还活着。汉要求匈奴归还苏武，苏武才回到阔别十九年的祖国。

顾炎武的诗歌看似吟咏苏武，其实是自述。苏武尚有托雁告知自己还活着的祖国，而自己已经没有祖国，流露出悲壮的心情。“长空无一雁”，读之催人泪下。这首诗大概写于平生交往甚笃、如今已仕于清朝的朋友携酒来劝自己出仕的时候吧。

仕于清朝成为贰臣的吴伟业似乎对自己的行为深感痛心懊悔。他的雅号是梅村，留下遗言在自己的墓碑上不刻清朝官爵名称，只刻“诗人吴梅村之墓”几个字。

被迫接受薙发长辫这种异族风俗所造成的屈辱感只有一个方法可以避免，那就是削发为僧。僧侣无发，自然不能梳长辫。不少人以出家的方式表示反抗，著名画家八大山人就是其中之一。

八大山人本名朱耷，据说是洪武帝第十七子、被封为宁献王的朱权的第九代孙。他是第一代皇子的末裔，与鲁王、唐王（隆武帝）一样，如果有人把他抬出来，或许可以成为反清复明的象征性人物。可是，从这个家族中倒是出了不少或是喜欢放浪山野，或是擅长诗歌，或是嗜酒如命的人。在明王朝的皇族中，似乎是一个“不务正业”的家族。八大山人生于天启六年（1626 年），崇祯帝自杀的时候，他已经十九岁。据说二十三岁出家。虽然这也是对清朝强迫梳长辫的一种反抗，但之前接连失去父亲、妻子和儿子，应该也产生强烈的无常感。他行状怪异，“忽大笑，忽痛苦”，看来情绪波动起伏甚为剧烈。

八大山人的作品表现出一种强烈的反抗精神。例如他所画的鸟极具战斗性，傲然伫立，目光锐利，咄咄逼人。我时常觉得八大山人就是为了想画那一双眼睛才成为画僧的。他画风景，都是有景无人，在他眼里，大概所有的人都是亡国之民，所以不忍心将人入画。

皇族出身的画僧还有一个石涛。他本名朱若极，父亲是受封于桂林的靖江王朱亨嘉。这个王家的后代是洪武帝的侄孙，所以比起八大山人离皇统更远一些。石涛作为明朝遗民的情感历程更加曲折复杂。南京政权崩溃以后，各地的皇族有的被拥立，有的自立，石涛的父亲也在桂林自称监国。被郑氏家族拥立的隆武帝（唐王）朱聿键指责石涛的父亲是僭称，抓起来送到福州杀掉。他是被清朝灭亡的明朝皇族遗臣，自己的父亲却被自称是明朝皇帝的人所杀。

石涛与佛门的两个师父一起去北京两次，谒见康熙帝。与英勇抗清毫不气馁的八大山人相比，石涛被世人指责为“奴颜婢膝”。但是，如果考虑到他的父亲惨烈之死，这样的指责也许过于苛刻。

亡国遗民的艺术，往往将激愤悲慨的情绪深藏心底，化为强烈的个性表现出来。八大山人的独特作风为扬州八怪、清末的吴昌硕以及近代的齐白石所继承。

扬州八怪之一的郑燮（号板桥，1693—1765 年）为八大山人、石涛等遗民的山水画题诗道：

国破家亡鬓总皤，一囊诗画作头陀。
横涂竖抹千千幅，墨点无多泪点多。

康熙皇帝虽然含带这样的阴暗面，但果断地处理三藩之乱，巩固清王朝的统治，开创了文运昌隆的时代，而且皇帝本人就是这个时代最优秀的文人之一。康熙之后的雍正皇帝、乾隆皇帝也是如此。因为皇帝本身就是文人，所以深知文化的力量，也就过分警惕文化的谋反——思想叛乱的严重性。

在称为文化黄金时代的康熙、雍正、乾隆三时代，文字狱的笔祸事件频繁发生，其结果总是令人惨不忍闻的酷刑。元代，蒙古皇帝等领导层对汉文化漠不关心，反而不会发生笔祸事件。清代从顺治开始，历代皇帝都熟知汉文化，所以对文化具有异常敏锐的目光。

顺治末年，评论家金圣叹被处死。金圣叹是一个怪才。他认为《庄子》《离骚》《史记》《杜诗》《水浒传》《西厢记》这六才子书是中国的最高杰作，将《水浒传》这样的小说《西厢记》这样的戏曲与屈原的《离骚》，司马迁、杜甫的作品相提并论，这是一本正经、中规中矩的读书人绝对不敢想象的。金圣叹具有反世俗、反正统、反体制的思想，是当时文坛的大红大紫的宠儿，大概也为体制方面所嫉恨。顺治帝死后，学生借口追悼，出现不稳定的迹象，金圣叹成为主谋之一，被捕处死。

康熙二年（1663 年），庄廷鑨编辑的《明史辑略》中收有毁谤清朝的文章，有关人员七十四人被处死，其中不仅有编者的家属，还包括校对者、书店人员、版木刻工等，其家属中的女性被发配给边境守军，如同军妓，可以说这对士大夫阶层是最大的侮辱。

康熙五十年（1711 年），戴名世所著的《南山集》中出现清朝不承认的永历的元号，结果作者连同家族被处以死刑。

三藩之乱以后，康熙皇帝可以腾出手来关注边境地区。当时俄罗斯呈现南下的势头，而且目标指向离满族的发祥地很近的黑龙江方面。在台湾的郑氏家族投降的康熙二十二年，清在黑龙江的瑷珲构筑城堡，派遣将军长驻黑龙江地区，所指挥的军队远比俄罗斯武力强大。在这样的武力背景下，康熙二十八年（1689 年），清国与俄罗斯签订了《尼布楚条约》。

那个时代，俄罗斯已经占领西伯利亚，准备南下，难免与新兴的清国发生各种各样的问题。清入关后，俄罗斯再次遣使北京，提出建立外交关系和通商的主张，但都未能实现。朝廷上的礼仪问题以及黑龙江方面的国境不明确等问题成为双方未能达成协议的障碍。

对《尼布楚条约》的评价不一，在条约中清朝收回了被俄罗斯占领的雅克萨城，迫使俄罗斯承认额尔古纳河和大兴安岭东南面是清国领土，所以应该说该条约对清国有利。但清国同意与俄罗斯通商，俄国每年一次派遣官营商队前往北京。公平地说，这可以说是平等条约。条约谈判的时候，由耶稣会的神父担任翻译，以拉丁语进行谈判，以拉丁语的条约作为正文。

有人认为，清朝自视天朝，同意与俄罗斯“通商”，而不是让它“朝贡”，这是清朝做出的让步。但是，清与占领西伯利亚的俄罗斯有着漫长的国境线，为了边境的稳定，也必须与俄罗斯保持友好关系。耶稣会的神父们大概也会给清国出主意，而且现实情况是蒙古西部的准噶尔部不肯臣服清朝，随时都有可能与俄罗斯勾结在一起侵犯边境。准噶尔部的首领噶尔丹梦想统一蒙古，成为第二个成吉思汗，是一个极为危险的人物。臣服清朝的蒙古喀尔喀部经常遭受噶尔丹的侵犯骚扰。

缔结《尼布楚条约》的第二年，康熙皇帝亲率大军击退准噶尔部入侵的军队。六年后，康熙皇帝再次亲征，彻底消灭准噶尔部，首领噶尔丹自杀。

准噶尔部失去首领噶尔丹后，很快拥立新首领，重整旗鼓，于康熙五十六年（1717年）翻越昆仑山，占领西藏。他们的想法大概是要统一全蒙古，就必须控制蒙古人所信仰的喇嘛教。这在当时应该是十分有效的方法。然而，准噶尔部占领西藏对于清朝来说是极为严重的问题。第二年，清朝出兵西藏，失败。两年后，康熙五十九年（1720年），清军从青海和四川两路进入西藏，将准噶尔部驱逐出去。

吴三桂的孙子吴世璠被清军追逼得走投无路的时候，曾向西藏的达赖喇嘛请求援兵。但是，康熙末年的时候，达赖已经离开政治核心。清朝将准噶尔部势力从西藏扫荡出去以后，把这个地区的政权交给被准噶尔部杀害的拉藏汗的大臣康济鼐和颇罗鼐管理。

康熙之后的雍正时代，西藏的反政府势力杀害康济鼐，打算再次引进准噶尔部。颇罗鼐镇压反政府军，使西藏得以安然稳定。颇罗鼐以此功被清朝封为西藏王，但是，清朝派遣正副两个驻藏大臣监督藏王。

颇罗鼐之子珠尔默特那木札勒继承王位后，再次出现勾结准噶尔的迹象。第七代达赖喇嘛将这种势头镇压下去，此后清朝便将政权交给达赖喇嘛管理，最重要的是禁止与准噶尔来往。于是，清成为西藏的保护国。乾隆时期，平定准噶尔，西藏从此安然无事。直至帝国主义列强时代，西藏才重新发生问题。英国在征服印度后不久，开始制造西藏问题。

康熙帝在平定西藏的同时，进攻吐鲁番盆地，将其收入清国版图。这是一个战略部署，以此切断准噶尔与西藏的关系。平定西藏两年以后，六十九岁的康熙皇帝死去。

这个明君也有他的难处，这就是继承者问题。康熙帝有三十五个儿子，立为皇太子的次子人品很差，让父亲大为苦恼。康熙帝将其废黜，但在群臣的劝谏之下，立刻又予以恢复。但在康熙五十一年（1712年），康熙帝再次废黜皇太子，此后一直没有册立皇太子。而且不立皇太子从此以后成为清朝的规矩，继位者由皇帝的遗诏决定。康熙帝指定第四子胤禛为皇嗣，这就是雍正皇帝。

从结果上看，这种不立皇太子、由遗诏决定继任皇帝的做法对于清朝是幸运的。康熙帝的次子为非作歹，固然是他本人品质恶劣的原因，但皇太子这个地位会让许多人对他阿谀奉承，趋炎附势，这也可能造成他的堕落。

皇帝死后才知道谁是继承者，这样就不会产生皇太子派。皇子们为了让父皇看上自己，在文武两道勤勉奋力，励精图治。这样可以出现优秀的皇帝。为防备皇帝猝死，无法口述遗诏的情况，据说皇帝事先将写有指定继承者皇子名字的诏书密封在锦盒里放置在乾清宫御座背面的“正大光明”匾额的后面。这个密建皇储的制度始于雍正帝，直至清朝结束。

雍正帝的父亲康熙、儿子乾隆的治世都超过六十年，他夹在父与子之间，在位只有十三年，不是一个光辉耀眼的时代，与前后两代相比，给人一种阴暗的印象。他的皇位继承也有不够透明的地方。康熙帝死得比较急促，接受遗诏的只有皇后的弟弟隆科多一个人。有这样的传说：遗诏原本是传位第十四子，第四子的雍正将“十”字抹去，变成自己继位。其真相大概是隆科多与雍正帝妃子的哥哥、川陕总督年羹尧联手拥立雍正即位的。

像雍正帝这样废寝忘食奋勉执政的皇帝着实罕见。康熙帝也对执政不辞辛劳，但雍正帝大大超过他，据说他睡眠时间只有四个小时。为皇帝者就是独裁者，所以必须去掉私情，这似乎是他的理念。从他对至亲骨肉的冷酷以及对拥立他为帝的重臣的处分之严酷来看，令人感觉热衷政治中的病态现象。

原先的皇太子胤礽被迁往祁县郑家庄的乡下，驻扎兵丁，其实就是被监禁起来。这个被废黜的皇太子原本被父亲康熙帝禁锢在咸安宫，父亲骂他“不孝不义，暴虐慆淫”，据说此人“似有鬼物凭附”，相当怪异。更加可怕的是，皇太子身边围着一群献媚谄谀之徒，在朝廷里形成皇太子派和反皇太子派的对立，发生朋党之祸。这让康熙帝勃然大怒。康熙帝熟知历史，知道明朝灭亡的一大原因就是朋党之祸，所以采取断然措施。

废黜皇太子的时候，康熙帝亲自撰写祭文，告祭天地、太庙、社稷。

其中谈到自己如何勤勉政务：

亦惟鞠躬尽瘁，死而后已，在位一日，勤求治理，断不敢少懈。不知臣有何辜，生子如允礽者。

文中的“鞠躬尽瘁”典自诸葛亮的《出师表》。有大臣劝谏道，这个词用于臣下，皇帝不宜使用。康熙帝回答说他是天的臣仆。

如此一来，雍正帝的确是康熙帝最理想的继承者，非他莫属。

可能制造朋党之祸的还有八弟胤禩、九弟胤禟。雍正帝将他们监禁起来，分别改名为阿其那（狗）、塞斯黑（猪）。这样的做法是对人格的侮辱，但《清史稿》说诸王大臣请诛这两人，雍正帝赦其罪，只是监禁、改名而已。

拥立雍正帝的最大功劳者隆科多和年羹尧也被扣上所有的大罪。隆科多于雍正五年（1727 年）受到终身监禁的处分，第二年死去。年羹尧被命自决。没有诛杀年羹尧，也许还体现雍正帝的一丝温情，但在我们看来，也许就是独裁政治的怪异行为。

也是从雍正帝开始设立军机大臣。殿阁大学士相当于内阁，但皇帝秘书的军机大臣凌驾于内阁，成为皇帝独裁的助手。在与准噶尔部作战的时候，军机大臣只是负责向前线传达皇帝命令的传话机构，如同大本营。要保证机密准确无误、毫无泄漏地传达到最基层组织，除军事外，也使用军机大臣团对地方行政进行监督。据说军机处设在乾清门西面，具体位置不明确，所以也有人认为军机大臣集合的地点就是军机处。

特务政治也是造成雍正时期黑暗统治的一个原因。雍正不信任地方行政长官，采取军机处深入到基层组织的亲政形式，另外，皇帝的侍从还乔装打扮地深入各地，刺探各种各样的情报。这实际上形成了明代遍布全国的秘密警察网。

康雍乾黄金时代的阴暗面“文字狱”在雍正时期最为酷烈。其中最著名的是吕留良事件。其实吕留良死于康熙二十二年（1683 年），他拒绝薙发长辫，出家，法名耐可。吕留良是一个朱子学者，具有强烈的华夷之辨的思想，鼓吹激进的民族主义和复古思想。由于擅长八股文，他的著作成为科举考生的参考书，广为传播。事件的发端是与吕留良思想共鸣的湖南曾静遣使敦促四川总督岳钟琪举兵反清。岳钟琪是南宋忠臣岳飞的后裔，曾静的逻辑是：你的祖先曾经与女真族英勇作战，清是女真族的后裔，你理所当然地要与清王朝作战。然而，岳钟琪立即逮捕曾静的密使。曾静也在湖南被捕，押送至京。雍正帝亲自审问曾静，审讯录出版发行，题为“大义觉迷录”。

皇帝与臣子论战甚为异常，大概雍正帝充满自信。曾静被驳得无言以对，表示臣服，从而免于一死。然而，早已死去的吕留良却被剖棺戮尸，家族受到株连。当然他的著述成为禁书。

对曾静的处理可谓宽大为怀。但是，江西省的乡试中，一个名叫查嗣庭的人出一道题《维民所止》成为大问题。他被关进监狱，死于狱中，其子被杀，家族皆下狱。原因很简单：“维”字是“雍”字砍首、“止”字是“正”字砍首。

雍正帝对曾静这样堂堂正正的反对派充满自信地以《大义觉迷录》进行辩论，采取宽容的措施，但是对查嗣庭这样含沙射影的攻击决不宽恕。不过，查嗣庭出这道题是否故意暗含“雍正砍头”的意思，不得而知。

说到雍正时期的光明面，还有将一直被视为贱民的山西乐户、浙江九姓渔户、安徽世仆改为良民。这无疑是解放奴隶和贱民。这项政策也许与雍正帝的佛教思想有关。和出家遁世的顺治帝一样，雍正帝也是清代皇帝中最笃信皈依佛教的人。他自称圆明居士，甚至还撰写有关佛教的著作《御选宝筏精华》。

根据太子密建制度，雍正帝选择乾隆帝爱新觉罗·弘历作为继承者。

雍正帝五十八岁时死去，他即位的时候已经四十五岁，所以在位时间很短。他在康熙与乾隆之间架起一座黄金时代的桥梁，出色地发挥这个重要的作用。他的死大概是过劳死。他对数量庞大的奏章一一朱批，乾隆帝为彰显父亲的业绩，刊行《硃批谕旨》，数量极为庞大。如此勤奋努力的皇帝大概别无二人。他生活俭朴，据说平时写字一般都使用废纸，相当于大本营的军机大臣商议的地方也很简陋破旧。

康熙帝行幸五台山以及六次南巡，都不要地方出资。讨伐三藩、出兵黑龙江、进入蒙古草原攻打准噶尔部、出兵西藏，所有的军费开支都由国库日常的收入支出，没有增加战时税收。

乾隆帝继承康熙、雍正两代皇帝所制定的正确有效的财政政策，拥有留存在国库里的巨额资金，这才可以开始他的统治。他与祖父康熙帝一样，在位六十年，但祖父八岁即位，初期由辅政大臣执政，而乾隆帝二十五岁即位，从一开始就是亲政。

如果说康熙帝的六十一年是统一、创业、兴盛的时代，那么雍正帝的十三年就是继承、巩固的时代。乾隆帝的六十年，一言以蔽之，可以说是鼎盛的时代。乾隆帝的执政起点应该说十分幸运。

乾隆帝于雍正十三年（1735 年）九月即位，当年他做的一件事就是将父亲雍正帝赦免的曾静处死，明确表示对残存的反清汉人毫无宽容的严厉态度。刚刚即位的新皇帝首先显示出巨大的威严。乾隆帝命令处刑曾静，让所有的人都感觉到这个青年天子的雄厉威势。

按照规矩，即位的第二年改元，是为乾隆元年（1736 年）。这一年，他就遵照父亲制定的密建制度，将写有继承者名字的遗诏装在锦盒里置放在“光明正大”匾额后面。当时他二十六岁，皇帝乃天下之君主，必须防备万一。

服丧期结束以后，乾隆三年（1738 年），乾隆帝行幸圆明园。雍正帝即位以后的十三年间，从未去过这个别墅。乾隆帝虽然继承父亲的政治，但有自己独特的风格，此时已经不再是厉行节约的时代，很快就显露出上一代所没有的奢华排场。

在文化事业领域，乾隆帝最辉煌的业绩是编纂《四库全书》。《明史》的编纂在乾隆帝即位这一年结束。乾隆三十七年（1772 年），他命令汇集古今之书籍。他与祖父、父亲一样励精图治，等到内政、边境等问题基本解决以后，开始致力于文化事业。

从古今书籍中精心挑选优秀的典籍，抄录下来，然后标题解说。这样抄写的丛书《四库全书》总共三千四百五十八种，约八万卷，分为七部，所以抄写的书籍有五十多万卷。仅仅在目的就有六千七百八十八种、九万三千多卷。存目的数量约为《四库全书》的两倍。按今天的评价，存目中有不少书籍比收入《四库全书》中的更加优秀。对著作的评价，依时代变迁也会发生变化。

编纂《四库全书》是一项规模浩瀚的事业，乾隆帝担心自己有生之年无法完成，便将其中的一部分——四百七十一种一万二千册装订成《四库全书荟要》，收放在内廷的摛藻堂和圆明园的味腴书屋。此时是乾隆四十五年（1780 年），乾隆帝恰好七十岁。他活到八十九岁，所以亲眼看到《四库全书》的完成。

七部中，有四部使用开花榜纸，是精装版，其他三部略微小型，纸质也稍差，打算提供给南方的民间学者阅读。为收藏如此数量庞大的《四库全书》，特地建造七座大书库。精装版的四部收藏在宫廷里，以不同的名称命名：

文渊阁（紫禁城内）

文溯阁（沈阳故宫）

文津阁（热河避暑山庄）

文源阁（圆明园）

以上是内廷四阁，保存在民间的三阁同样是“文”字起头，下一个字也全都是三点水偏旁：

文澜阁（杭州圣因寺）

文汇阁（扬州大观堂）

文淙阁（镇江金山寺）

这些《四库全书》后来的命运如何呢？七部中的三部已经灰飞烟灭。圆明园文源阁的所藏于 1860 年被英法联军烧毁。扬州文汇阁与镇江文淙阁的所藏在太平天国之乱中烧毁。杭州文澜阁的所藏也在太平天国之乱中烧毁一半，后来补抄，于 1925 年左右完成。

紫禁城文渊阁所藏的《四库全书》在 1933 年日军进攻热河的时候，深感危机的中国方面将其与故宫大量的书画古董等文物一起运往南方，战时保存在偏远的内地。战后，还未等解开，又发生内战，后来与故宫文物一起被运到台湾。所以现在的紫禁城文渊阁荡然无存。

热河文津阁所藏的《四库全书》在清朝灭亡后，因为没有皇帝可来，就运到读者较多的北京，现存于北京图书馆。沈阳文溯阁因为周边居民日渐密集，为以防万一，在郊外新建一座书库，将《四库全书》移放其中。

日中战争[①]时期，《四库全书》未遭破坏，着实令人高兴。其实《四库全书》中收有日本人的著作——山井昆仑[②]（名鼎）的《七经孟子考文补遗》、太宰春台[③]（名纯）校订的《古文孝经孔子传》、根本武夷[④]（名逊志）校订的《论语义疏》等著述。另外还收有意大利人利玛窦的《乾坤体义》、《几何原本》，德国人汤若望的《新法算书》，比利时人南怀仁的《坤舆图说》等西方人的著作。

汤若望在顺治帝时候担任钦天监。西方人在中国的清朝担任高官属于破例，因此受到满族和汉族官员的忌妒，顺治帝死后，他惨死在监狱里。当时康熙尚年幼，此事应该与他无关。康熙帝本人向南怀仁学习数学、天文学等，并没有歧视西方人。雍正时代，除了在政府里当官的技术人员，其他神父统统驱逐出去。在天主教徒传道活动中，大概有的言行与清朝的统治相抵触，因此受到怀疑。

对编纂《四库全书》这项事业有过誉之嫌，不要忘记编纂《四库全书》的目的是为了专制思想，排除危险思想，销毁谬说的书籍。上谕经常指示要调查违碍悖逆清朝思想的书籍，限两年内调查完毕，之后如发现藏有非法书籍，或以重罪论处，或指出书名，狂悖不法，立即烧毁。上谕还命令调查版木，烧毁禁书的版木是最彻底的消灭方法。

从杀害父亲宽赦的曾静这件事也可以看出，作为满洲族皇帝的乾隆帝思想深处其实具有极其严厉的一面。他一生创作汉诗四万二千四百二十首，是一个大文化人，但他执政期间的文字狱也是十分残酷的。连父亲雍正帝

---

① 即中国的抗日战争。——译注

② 山井昆仑（？—1728年）：江户中期的汉学家。荻生徂徕的门生，1318年在纪州藩的支藩伊予西条当官。1720年开始与根本武夷校勘古籍。——译注

③ 太宰春台（1680—1747年）：江户中期的儒学家。荻生徂徕的门生，创办私塾紫芝园，培养弟子。与服部南郭称为古文辞学派的双璧。著有《经济录》、《辩道书》、《圣学问答》等。——译注

④ 根本武夷（1699—1764年）：江户中期的汉学家。荻生徂徕的门生，与山井昆仑共同在足利学校校勘古籍《七经孟子考文补遗》。1750年校勘《论语义疏》。——译注

批驳曾静的那本《大义觉迷录》也被乾隆帝列为禁书。虽说是批驳的书籍，但其中也引用曾静的思想，所以视为危险品。

乾隆时期最大的文字狱大概是胡中藻案。因为他的诗集中多有不敬之语。例如“一世无日月”这一句，“日”与“月”合起来为“明”，可以解释为对如今不是明的世道感到伤心。例如“一把心肠论浊清”也是不敬之句，可以解释为评论自己的心态是清还是浊。这两个字合在一起一般是清在前浊在后，如“清浊相干”、“倡和清浊”，但汉诗为遵守平仄、押韵的格律，字序颠倒的情况并不少见。但如果把“清浊”倒过来变成“浊清”，也可以理解为“浑浊的清（王朝）”。此外还有不少与之相类似的诗句，乾隆二十年（1755 年），胡中藻被判死刑。诗人乾隆帝给予诗人胡中藻最后一丝温情只是将屈辱的凌迟极刑改为斩刑。

曾任布政使这样高官的彭家屏也只是因为藏有《日本乞师记》等明末的书籍，被命自决。他在族谱中依然原封不动地使用明万历元号也是一个问题。乾隆帝名叫弘历（曆），为避讳，所有的“曆”都必须改为“歷”。另外，绝对禁止以胡、夷、狄等字眼称呼满洲族。

明治时代，日本大量接收清国留学生。嘉纳治五郎[1]在东京高师担任校长时，在校内修建接纳他们的学堂，命名为弘文学校。有的留学生害怕拿着这个校名的毕业证书回国会出问题，要求把校名改为“宏文”。甲午战争时，当时有一个朝鲜要人名叫金弘集，但中国方面的资料叫他金宏集。

乾隆帝禁书的数量达到两千五百多种数万册。他固然完成了编纂《四库全书》这样的文化伟业，但与焚书的秦始皇一样，也是前所未有的文化破坏者。

然而，还是有人冒着生命危险隐藏禁书。清朝灭亡后，很多禁书重见天日。现在从《纂辑禁书目录》中还能发现相当多本以为已经消失的书籍。尽管以死罪惩治私藏禁书者，但中国的读书人拼着性命保护自己的文化遗产。连乾隆帝这样的人也无法毁灭自己所不喜欢的文化。

---

① 嘉纳治五郎（1860—1938 年）：教育家、柔道家。东京大学毕业，曾任东京高等师范学校校长。1882 年创办讲道馆，改良柔术，普及柔道。创立大日本体育协会，首任会长，国际奥委会委员。贵族院议员。——译注

夕阳西斜

在天朝里，有蛮族居住的边境，却没有国境；有朝贡，却没有平等的邦交和通商贸易，这就是中华帝国的传统。

从这个意义上说，康熙帝与俄罗斯划定国界、开展通商贸易是划时代的措施。大概他采纳了耶稣会神父们的建议吧。如果从此认识到清国只是世界各国中的一员那该多好，然而康熙帝之后的皇帝并没有前进，又退回到天朝的思想。

乾隆以后，欧洲列强开始积极进入东方，但在国家意识上逆潮流而行的清国难以采取有效的对策。只是在乾隆时代对边境地区的“不驯服的蛮夷”进行征讨，真正的外交问题发生于乾隆之后。

乾隆自称十全老人，他的诗文集命名为“十全集”。所谓“十全”，指的是乾隆时期的十次远征，其中准噶尔两次、回部一次、金川两次、台湾一次、缅甸一次、安南一次、廓尔噶两次。

准噶尔和回部就是现在的新疆维吾尔自治区，清代称新疆的北部为“准部”，南部为“回部”。

准噶尔在蒙古语中是“左”的意思，就是蒙古的左翼军团。以蒙古草原为中心分为东西两部分的话，准噶尔是蒙古西部。东部的蒙古族因为靠近满洲族的居住地区，从清朝创业时代开始就与清国保持友好关系。满洲族得到东部蒙古族的支持合作才获得霸业的成功。

包含顺治帝的生母在内的太宗皇太极的后妃，与在《清史稿·后妃传》中立传的五个后妃全部都是蒙古博尔济吉特人。顺治帝的后妃中也有几个是蒙古族人。有人认为，清初宫廷里多有蒙古族女子，是因为满洲族认为产生世界征服者成吉思汗的蒙古族比自己的血统高贵，所以努力予以吸收。前面说过，入关之前的军团牛录多是满蒙混合部队。

东蒙古与清是亲戚关系，西蒙古与清的关系不是很密切，只要蒙古出现试图统一东西蒙古的人物，西蒙古就会对蒙古草原施加压力，侵扰清国边境。噶尔丹就是一个典型，他为了统一东西蒙古，利用蒙古族的喇嘛教信仰，进兵西藏，导致康熙、雍正两朝的远征西藏。

在清远征军的打击下，噶尔丹自杀。像他这样的英杰为什么会在阿尔泰山中悲观绝望地亲手结束自己的生命呢？他也想重返准噶尔部以图东山再起，但这个时候的准噶尔部已经被他的侄子策妄·阿那布坦所篡夺。

当时的准噶尔部势力强大，曾进兵南疆。南疆多回教徒，所以称“回部”，但也居住有自称穆罕默德后裔的和卓一族以及自称成吉思汗后裔、察合台汗国后继汗的人们。和卓族也很有实力，但此时分裂为黑山派和白山派，兄弟争吵不休。准噶尔趁机出兵，抓捕南疆的全部实权派人物，带回自己的根据地伊犁。

但即使如此，信仰喇嘛教的准噶尔也难以直接统治信仰伊斯兰教的南疆，在伊斯兰教圈内需要一个宗教领袖。于是，准噶尔部让黑山派的达尼亚力返回南疆，他的长子留在伊犁作为人质。这样，准噶尔部对南疆实行间接统治。所以，当时的新疆是从哈密、吐鲁番到乌鲁木齐属于清朝的势力范围，其他地区由准噶尔部统治。乾隆时期，这个势力强大的准噶尔也发生内讧，开始衰败。

准部自噶尔丹以后，三世皆枭雄，能用众。至乾隆十年，噶尔丹策零死，所部遂乱。

这是魏源《圣武记》中《乾隆荡平准部记》的开头部分。噶尔丹·策零死后，遗族发生纠纷，后来达瓦齐即汗位。但是，由于拥立达瓦齐的阿睦尔撒纳专制霸道，达瓦齐准备捕拿他。乾隆十九年（1754 年），阿睦尔撒纳逃跑降清，进言讨伐准噶尔之策。

第二年，乾隆帝派远征军讨伐准噶尔。因内讧而四分五裂的准噶尔面对清朝大军毫无招架之力，不堪一击，溃不成军。

这是清朝的第一次远征准噶尔。向清朝进言远征准噶尔，并担任远征军北路副将军的阿睦尔撒纳对清朝的战后措施感到不满。他原本希望以战功让清朝封自己为准噶尔的汗，但由于清朝备尝准噶尔部顽强抵抗的苦头，对这个地方存在实力强大的政权心怀不安，决定分而治之。清朝虽然允许阿睦尔撒纳即汗位，但所管辖的只是被分割成几个地区中的一个地区。阿睦尔撒纳气愤不平，举兵叛清。

清朝任命兆惠为总司令，派遣第二次征讨准噶尔的远征军。这一次也几乎是所向披靡，背叛者阿睦尔撒纳自然得不到准噶尔部民众的支持。他仓皇逃亡，死于西伯利亚。当时这个地方瘟疫流行。

死于瘟疫和死于屠杀的人数各占多少不得而知，但清军惨绝人寰的屠杀是不争的事实。清自建国以来，一直受到准噶尔部的侵扰，成为一块心病，大概想趁机彻底扫荡吧。

十全中对回部的一次远征是在乾隆二十三年（1758 年），这可以视为消灭准噶尔部的一个组成部分。前面说过，清朝将准噶尔部的黑山派达尼亚力树为当地的宗教领袖，实行对回部的间接统治。在第一次远征准噶尔的时候，即汗位的阿睦尔撒纳派遣白山派的兄弟取代达尼亚力。在第二次远征准噶尔部的时候，清军歼灭阿睦尔撒纳后，还必须在南疆，即回部剿灭阿睦尔撒纳的傀儡、白山派的和卓。

白山派和卓家族的哥哥波罗尼都在喀什、弟弟霍集占在莎车分别进行抵抗，但无法击退兆惠的进攻。兄弟俩逃进帕米尔山中，投奔帕米尔的拔达克的素勒坦沙。但素勒坦沙杀俩兄弟，献首级给清朝。伊斯兰教徒素勒坦沙在杀害自称穆罕默德后裔的和卓兄弟的时候似乎曾犹豫不决，但如果不这样做，他们一旦蹂躏拔达克，自己必定受到清军的威胁，所以大概是不得已而为之吧。

清军对准噶尔部实行严酷政策，但对回部采取截然相反的态度，除和卓兄弟一伙外，其他人全部赦免。回部居民与准噶尔部勇猛的卫拉特蒙古族不同，是温良谦和的回纥族，而且历史上也没有与清作对。就这样，清朝在喀什设置参赞大臣，将整个新疆置于自己的统治之下。

香妃的故事与这次远征回部有关。白山派的弟弟霍集占的妻子是一个绝世美女，连北京的宫廷都有风闻。乾隆帝在兆惠出征的时候，命令他把霍集占的妻子带回来。

《香妃戎装像》据说是仕于清朝的意大利画家郎世宁的作品，上面描绘一个头戴兜鍪、身穿盔甲的女子。画上有人题写“史略”如下：

香妃者，回部王妃也，美姿色，生而体有异香，不假熏沐，国人号之曰香妃。或有称其美于中土者，清高宗闻之，两师之役，嘱将军兆惠一穷其异。回疆既平，兆惠果生得香妃，致之京师。

据说香妃总是白刃藏袖，以死拒帝。乾隆帝的母亲圣宪皇太后十分担心，劝说儿子对这种性情刚烈的女子要不赐死要不送还故乡。但是乾隆帝对她难以割舍。于是圣宪皇太后趁儿子出外祭祀不在宫里的时候，命宦官缢杀香妃。乾隆帝知道后，痛哭一场。

《清史稿·后妃传》记载，容妃是回部和卓氏的女子，从贵人晋升为妃。根据其他史料记载，容妃晋升为妃是在乾隆三十三年（1768 年），死于乾隆五十三年（1788 年），比乾隆四十二年八十六岁死去的圣宪皇太后还长寿，所以容妃不是上述传说的主人公。喀什市郊外和卓家族墓群中有一座传说的香妃墓，不是伊斯兰教徒的汉人称为香娘娘庙，也都来参拜。我三次来这里访问，据当地传说，香妃二十九岁死去，乾隆帝派遣一百二十个卫兵和轿夫，花费三年时间将她的灵柩运回喀什。运送灵柩的棺轿至今还保存在墓室里。除容妃外，和卓家族中可能还有另外的女子在紫禁城的后宫晋升为妃，她名叫香妃。

位于紫禁城武英殿西北面的裕德殿是白瓷砖铺贴的浴室，据说是乾隆帝为讨得香妃的欢心而修建的。说到武英殿，这里是皇家出版所，这里出版的书籍称为武英殿本，使今天的我们得到莫大的裨益。在这里工作的人们身上污脏印刷油墨，因此裕德殿有可能是为他们而修建的。如果是香妃的浴室，应该修建在内廷，在外廷不合情理。

香妃的传说不仅说明紫禁城的内廷已经国际化，更显示乾隆时期远比康熙、雍正时期成熟绚烂。不仅宫廷如此，由于国力的强盛，这种绚丽的光彩一直渗透到底层。

清末诗人龚自珍生于乾隆五十七年（1792 年），在他懂事的时候已是嘉庆时期，三十岁时进入道光时代。嘉庆、道光是清代的斜阳时期。龚自珍有这样的诗句：

我生乾隆五十七，晚矣不及瞻前修。

另外他还吟咏“却无福见乾隆春”。在斜阳时期的中国人看来，乾隆年间是令人向往憧憬的时代。但是，清朝的衰退期可以说始于乾隆时代。我刚才用成熟绚烂来形容，其实这就是颓废衰败的前兆。

乾隆帝活到八十九岁，在他八十五岁乾隆六十年的时候，以治世不能超过祖父康熙帝为由退位，将皇位让给第十五子（嘉庆帝），自己成为太上皇帝，隐居，但威望影响犹在。乾隆帝最信任的大臣和珅其实是一个货真价实的伪君子，贪得无厌地中饱私囊，乾隆帝竟然毫无察觉。许多人心知肚明，但只要乾隆帝存在一天，谁也不敢动手。嘉庆四年（1799 年）正月，乾隆帝一死，嘉庆帝立刻历数和珅二十条罪状，命其自杀。

和珅正红旗出身，家族的爵位不算很高，乾隆三十四年（1769 年），他世袭三等轻车郡尉这个中级封号。乾隆四十五年，他从户部侍郎升为兼任军机大臣的户部尚书的时候，不过三十一岁。不知为什么乾隆帝对此人异常信任，甚至还让和珅的幼子与自己六岁的女儿订婚，从而使和珅与皇室结为亲缘。

乾隆四十六年（1781年），甘肃省发生起义，和珅与猛将阿桂一起去镇压。建树战功是清朝晋升的捷径。乾隆帝派他上前线，目的是希望他建功立业。和珅大概立功心切，便冒领军功。此事被揭露出来，就会受到严厉处分。乾隆帝立即召他回京，任命为兵部尚书。观察御史曹锡宝弹劾和珅之穷奢极欲与其身份不符，乾隆帝反将曹锡宝撤职查办。于是，谁都明白和珅是乾隆帝的“宠臣”。

其实和珅并没有高超的政治手腕，只是性极贪婪，欲壑难填，乾隆帝从其他大臣的弹劾中应该知道和珅的情况，却一直把他放在身边，令人不可思议。乾隆帝将自己的女儿下嫁给和珅的儿子的时候，乾隆帝已经七十岁。只能说这个明君也因为年迈而产生精神的糊涂吧。

乾隆帝的死去也就决定了和珅的命运。他的财产悉数没收，抄家粗略计算，有黄金一百五十万两、赤金五百八十万两（换算成白银，为一千七百万两）、砂金二百多万两、银元宝一千个（一个一百两）、元宝银九百四十万两、端砚七百多方、大红宝石一百八十多个、小宝石九百八十多个、大小蓝宝石共四千零七十多个……长长的清单。大珍珠比皇帝使用的还要大。其财产折算成银子，和珅在十几年间利用权力搜刮的金银财宝等相当于国家十年的财政收入。本应进入国库的收入有一半被宠臣中饱私囊，这不能不说乾隆帝也有责任。

和珅的家产清单中还有经营当铺七十五家、银行四十二家、古玩店十三家。

当时的官员似乎依靠贿赂过日子，据说地方官比京官的收入更多。京官收入不高，但一到地方，财源滚滚而来。有一种说法：知县当三年，三代吃不完。和珅也给穷困的京官放贷。银行四十二家，大概就是称为“银庄”的金融机构，这种银庄的资本主多为官员。

自唐朝以后，江南地区比北方经济富庶，文化发达，扬州是盐商的聚集地，苏州是丝绸之都，杭州的织物也兴旺昌盛，尤其是文人画家辈出之地。

清代的科举制度，省的乡试合格者称为“举人”，具有参加三年一次会试的资格。每年的情况有所不同，但大约两万个举人参加会试，及第成为“进士”的不过二三百人，竞争异常激烈。第一名及第者一甲一名，称为“状元”，第二名是“榜眼”，第三名是“探花”。会试及第者参加殿试，皇帝出席，他们再次接受考试，但这似乎只是决定排序，不会落第。虽说是三年一次，但也会时常举行临时的会试，称为“恩科”，意为赐恩。清代举行过一百一十二次这样的临时会试，所以产生一百一十二个状元，从省别来看，江苏省四十九名，浙江省二十名。这两个省合计起来远超一半，可见有着扬州、苏州、杭州的这两个省是人才辈出之地。其他省份的状元数量都没有达到两位数。秀才辈出的地方，肯定是人文环境优越，而且经济富裕发达。

不仅科举出类拔萃，清代优秀的文学家、艺术家也几乎都是这两省人。例如绘画领域，以苏州为中心的吴派和以杭州为中心的浙派在画坛上平分秋色。浙派重技巧，富有装饰性，吴派则以气韵为第一要素，当然这样的风格取向不是泾渭分明。

扬州多富豪，书画的收藏家也很多。当时没有画集，画家请求收藏家给他们欣赏藏品名画，以学习、提高画技。所以扬州集中有众多艺术家，其中最杰出的八个人，人称“扬州八怪”，一般指金农、郑燮、李鱓、黄慎、罗聘、李方膺、汪士慎、高翔，但如果加上高凤翰、闵贞、华喦等，计算的方法又不一样，其实不必拘泥于八这个数。既然人称为“怪”，说明他们的绘画作品都独具个性，绝非职业画家。虽然说“怪”是个性的表现，但也具有与颓废为邻的危险倾向。

在文学领域，沈德潜（1673—1769年）提倡回归唐诗，主张诗歌的生命在于格调。这是对当时诗坛偏重于表现纤巧柔婉情感的宋诗的拒绝。针对沈德潜的格调说，袁枚（1716—1797年）主张诗歌应该表现人的性情，必须摒弃格律等的束缚。这就是性灵说。格调说与性灵说具有将乾隆时期的文坛一分为二的架势。

虽然是辉煌灿烂的盛世，但也存在和珅这样侵吞国家一半财政收入的硕鼠，基础已经开始倾斜。乾隆末年，据说人口已经达到三亿。国内稳定无大乱，外征连胜传捷报，人民的确安居乐业，所以人口不断增长。中国疆土辽阔，时而也会有局部地方发生大饥荒的记录。扬州八怪之一的郑燮就写有长诗《逃荒行》，描写饥荒的景象。

外征接连获胜，但“十全”中的镇压台湾起义不能说是大获全胜。这是台湾土豪林爽文发动的起义，利用秘密结社天地会开展反政府活动。秘密结社本身没有留下记录，我们现在作为参考的资料主要是秘密结社成员被捕后的供述。被捕者为了保守组织秘密，很有可能是假供词，所以关于天地会的真实情况，现在所能看到的资料不足为凭。这是一个以强烈的民族主义为基础的反清组织，自称“洪门”。台湾是郑成功家族的反清斗争坚持到底的地方，在郑氏降清后，应该还会有抵抗组织残存下来。

天地会也称为三合会、三点会等，据说哥老会也是其中的一派。从太平天国到辛亥革命，在历史的各个阶段都会出现这个组织的身影。但是，最早举行起义的是台湾的林爽文。

从一开始就是有组织的反清运动，浙闽总督常青率领八千驻防满洲军前来镇压，无济于事，最后是柴大纪率领汉族的绿旗营军队才平定下去。这说明长期受到政府的优厚待遇、习惯于养尊处优的满洲族军队已经堕落下去，甚至无法发挥作为军队的功能。这种状况在镇压林爽文起义中暴露无遗。本应保卫清王朝的满洲八旗已经腐败无能，只有汉族军队尚能作战，这可以说是王朝末期的症状吧。林爽文起义发生于乾隆五十一年（1786年），乾隆五十三年正月才被镇压下去，而且在平叛中功劳最大的汉族总兵柴大纪因受满族官员的谗言被判死刑。民族矛盾在清朝内部也显现出来。

满洲族是清王朝的根基，在乾隆时期，满洲族在文化上已完全汉化。上谕经常告诫“学满洲语文”，这说明满洲族已经将汉语作为日常用语，民族语言满语被抛在一边。有的统治民族将本民族的语言强加给被统治民族，但清王朝是截然相反。乾隆帝本人一生创作有四万两千多首汉诗，一边颁布“学满洲语文”的上谕，一边自己通过汉语思考问题，表达感情，丰富精神生活。他还说“满洲族宽衣大袖者不好”。宽衣大袖是汉族士大夫喜欢的衣服，穿起来宽松舒适，说得不好听就是肥大松垮，这也是不必体力劳动就衣食无忧者的证据。然而，满洲族的基本生活是狩猎，身上的服装必须紧窄贴身，袖口不能宽肥，须是窄袖，才能行动自如。日本人称为“中国服”的女装，在中国叫作“旗袍”，窄身合体，两侧开衩，便于骑马。大概汉族女性希望行动方便，于是喜欢满洲族的女装；而满洲族的男性羡慕汉族士大夫的服装，便多穿着宽衣大袖。

满洲族正逐渐失去本民族的特性，本来是依靠武力制服中国的尚武民族，如今满洲八旗的军队在战场上已经成为无用之物。通过台湾的林爽文起义，这个事实广为人知。

在这个时期，西风东渐，然而年迈的皇帝等清王朝领导层并没有意识到西风的强劲。

英国创立的东印度公司即将迎来第二百个年头，产业革命已经开始。饮茶的习惯在英国相当普及，因此茶叶的需求量不断提高。当时茶叶的产地只有中国。东印度公司购买的货物主要是香料，其次是丝织品和陶瓷器，如今茶叶的进口迅速增长。长期以来，中国都是自给自足的经济体制，几乎不需要和外国进行贸易。虽然英国购买大量的茶叶，但没有东西可以销售给中国。起先英国积极促进毛纺织品的出口，但大概由于中国人认为“毛”是野蛮人的服装的偏见，需要量很少。英国在与中国的贸易中总是入超，由于使用银圆结算，每年英国大量的银圆流入中国，这让东印度公司乃至英国政府十分头疼。

英国必须开发出能打入中国市场的新商品，后来终于找到一种，那就是从罂粟花中提炼出来的鸦片。其实鸦片并非“新”商品，中国早就开始进口，但只是作为药品使用，数量很少。明万历十七年（1589年）的关税表记载，鸦片的进口税是每十斤银二钱。这是关税表的记录，说明的确进口过鸦片。清代以后，台湾经常流行疟疾等地方病，往往使用鸦片作为镇痛剂。后来逐渐不再是药品，而成为嗜好性的麻药。

清朝政府意识到鸦片的危害，雍正七年（1729年）规定，贩卖鸦片者枷号一个月，充军服役；吸鸦片者杖一百，发配三千里之外。

英国是贸易国，自然努力增加贸易额，但障碍不少，首先是没有政府间的协定。清朝以天下为国家，不承认平等的贸易通商关系，还坚持按照朝贡的原则来考虑问题。

正如当时的日本的对外贸易只限定在长崎，清朝也只限定广州作为对外贸易的窗口。英国等外国对清朝的这个做法当然不满意，如同长崎的出岛一样，外国人只允许居住在广州的“夷馆”里，而且不许过冬。欧洲的商船一般利用五六月的西南风来到广州，然后利用十月左右的西北风返航。禁止外国人在广州过冬，就是做完买卖立即回去的意思，不允许处理剩余的业务，更不允许进行市场调查。当然，如果需要，可以利用葡萄牙人拥有居住权的澳门进行市场调研。与长崎的出岛一样，外国妇女禁止进入广州的夷馆。外国人从夷馆外出每个月限定三次（八日、十八日、二十八日），最远只能到花地海幢寺，而且一次不能超过十个。

由于没有政府间协定，一旦发生结算纠纷，无处处理，就发生误杀中国人的事件，清国官府捉拿凶手，外国想请求释放，都没有交涉的渠道。

粤海关隶属于户部，与外国人没有任何直接的接触。中国人要想能够从事外国贸易，必须是得到户部特批的“行”这个组织的成员，“行”里的成员称为“行商”。不同时期情况有所不同，有一段时期是十三家店，后来就把这个行业称为“十三行”。夷馆所在的那一带称为十三行街，至今还保留这个地名。外国商人能够接触的只有民间的行商，遇到重要的问题，就由行转达给户部，而作为户部的派出机构的粤海关不把政府对这个问题的意见直接告诉外国商人，而是让行转告。虽然这个程序十分烦琐，但在不存在邦交与通商的天朝理念的指导下，这样做是必要的。

这是从与俄罗斯缔结国界协定、承认通商关系的康熙时代的后退。清朝领导人认为那不过是防止准噶尔的暴徒与俄罗斯勾结的一种手段，而如今与外国之间已经不存在需要这样玩弄策略的问题，所以无须改变国家方针。

对中国贸易最积极的英国在乾隆帝八十大寿的时候派遣使节团来北京祝贺。英国认为使节团应该不会有问题，而北京也表示同意接受，但实际上英国使节到达北京则是在 1793 年（乾隆五十八年），此时乾隆帝已经八十三岁。

英国乔治三世派遣的使节团团长是乔治·马戛尔尼，他对这次访问中国写有一部《乾隆英使觐见记》。使节团抵达北京，乾隆帝却在热河的避暑山庄，所以马戛尔尼前往觐见。清朝一直把这个使节团视为朝贡使。

清朝官员要求马戛尔尼觐见皇帝的时候行三跪九叩礼，但马戛尔尼认为自己是英国国王的使节，予以拒绝，主张行屈膝吻手的英国礼节，双方争执不下，最终达成上台阶跪呈国书的妥协。

马戛尔尼向乾隆帝提出英国方面的要求，英国试图仿效俄罗斯，提出也要在北京常设商馆，派驻人员，还有商船在舟山、天津停泊以及税金、居住地、传教等事宜，但全部遭到拒绝。大概老皇帝对英国使节不理解中国习惯的无知感到可怜吧。

英国使节达到会见皇帝的目的，其他成果一无所获。大概葡萄牙商人通过户部从中作梗也是一个原因，但即使没有这个因素，英国的要求大概也不会实现。乾隆帝写给乔治三世的敕谕开头的称呼是“咨尔国王”，这是对朝贡国王的文书形式。清朝将广州的严加限制的贸易也视为朝贡的一种，认为这是“加惠远人、抚育四夷”的单方面施加的恩惠。正如在写给乔治三世的敕谕中所说的那样：

天朝物产丰盈，无所不有，原不籍外夷货物以通无有。

天朝自然就是清朝。所谓贸易，就是互通有无，但是我国无所不有。

马戛尔尼于1794年9月回到英国。两年后，乾隆帝退位，改元号为嘉庆。

嘉庆元年（1796 年），修改关税表，从商品中删除“鸦片”。不管是否作为药品，只要是鸦片，一律不许进口。

嘉庆四年（1799 年），太上皇帝死去。这一年，国内严禁种植罂粟。继禁止进口之后，颁布这样的法律，说明鸦片已经发展成为政治问题。禁止种植罂粟是大臣上奏之后采取的措施，奏文中有这样一段话：

以外夷之泥土，易中国之货银，殊为可惜。且恐内地人民辗转传食，废时失业。

据此可知鸦片所造成的两大问题：一个是外夷带进来的像泥土一样的鸦片导致中国的财产银圆流失的经济问题，另一个是鸦片毒害造成人的精神颓废的社会问题。当然，这两个问题纠结在一起，不可分割。

为什么这个时期鸦片在中国如此迅速蔓延呢？关于这个问题，众说纷纭。有一种观点认为：在所谓三世之春的太平日子里，人口显著增加，但生产并没有得到相应的发展。中国是农业国，生产没有增加，意味着耕地没有扩大，生活逐渐贫困，为暂时逃避忘记现实生活的痛苦，有的人就通过鸦片得到某种程度的满足。另外，似乎也有人相信抽鸦片可以长寿。这大概是英国巧妙的商品宣传而散布的谬论。

银圆流失的问题称为“漏银”。先前通过茶叶出口，银圆大量流进来，现在鸦片结算，反过来银圆大量外流。结果造成国内银圆数量减少，根据供需关系的经济规律，银圆的市场行情迅速高涨。对于银本位制的清朝来说，问题极为严重。

例如，税金原则上以银圆为本位，但实际上以铜钱纳税。表面上税金数额一样，但由于银圆的行情升值，实质上等于增税。增税促使人民生活困苦，这是不言而喻的。

一两银原先相当于铜钱八百文至九百文，逐渐升值到一千文，至爆发鸦片战争之前的道光十八年（1838 年），高达一千六百文。就是说，八百文的税金翻了一倍。生活的贫困造成社会的不安，各地发生以宗教形式的造反。信仰弥勒的白莲教经常作乱，据说弥勒下降末法之世，拯救众生。人们感觉自己所生活的时代是末法之世。感叹自己没有福气恭逢乾隆之春的龚自珍写有题为“馎饦谣”的诗歌。

父老一青钱，馎饦如月圆。

儿童两青钱，馎饦大如钱。

馎饦是面粉做的类似烧饼的食物。过去父亲拿一文钱就能买到月亮那么大那么圆的馎饦，现在的孩子拿两文钱只能买到铜钱那么大的馎饦。这首诗歌作于道光二年（1822 年），物价飞涨压迫人民的生活。有识之士都明白主要原因就是鸦片的“漏银”。

英国的贸易战越打越凶。嘉庆二十一年（1816 年），时隔二十多年，阿默斯特奉使来京。但因为他拒绝行三跪九叩之礼，嘉庆帝不想与他见面，他只好悻悻回国，但是英国对东方的贸易热情有增无减。那就是增加鸦片的交易量。

漏银越发严重，已经到了必须正面解决的地步。鸦片问题沉重地压在人民的头上，鸦片所造成的人们身体虚弱、精神萎靡的社会问题比物价暴涨更加严重。在人们充满朝气活力的时候，即使物价有所上涨，也蕴藏着克服困难的信心和意志。但如果人们把当今的社会视为“末法之世”，失去战胜困难的力量，那才成为真正的衰世。

众口盛赞的“三世之春”犹如一场幻梦。

嘉庆帝即位这一年，在陕西、湖北、四川发生白莲教之乱，社会骚乱。白莲教中的一派天理教甚至影响到宫廷里的宦官，在他们的内应下，攻进紫禁城。虽然只有大约一百人，但在紫禁城内攻占两天。这就是嘉庆十八年（1813 年）的“禁门之变”。外朝与内廷之间的隆宗门匾额上，至今还留着穿透的铁矢。

改朝换代的狂热信徒甚至大胆狂妄地进攻紫禁城。清王朝已经不再春风浩荡，而是夕阳西斜，人们开始感觉冬天的寒冷。

年　表

公历	王朝年号	事项
1392	明洪武二十五年	皇太子朱标殁，立朱允炆为皇太孙。李成桂自立，灭高丽朝
1393	明洪武二十六年	凉国公蓝玉以谋反罪处死（蓝玉之狱）。李成桂（李朝太祖）定国号朝鲜
1394	明洪武二十七年	洪武帝杀傅友德、王弼
1395	明洪武二十八年	冯胜被杀。废除黥、割鼻、去势等刑罚。帖木儿与脱脱迷失决战，帖木儿大胜
1396	明洪武二十九年	王朴被杀
1398	明洪武三十一年	洪武帝殁，朱允炆即位（惠帝建文帝）。齐泰、黄子澄负责国政（削弱诸侯力量）。周王朱绣贬为庶人。曹国公、周王被捕。帖木儿远征印度
1399	明建文元年	湘王朱柏自焚。岷王朱楩流放漳州。燕王朱棣举兵，称靖难军（“靖难之变”）。建文帝封耿炳文为大将军，讨伐靖难军
1402	明建文四年 （洪武三十五年）	南京军连败于燕王军。燕王军陷国都南京。建文帝逃亡，燕王即位（成祖永乐帝）。齐泰、黄子澄、方孝孺等被杀
1403	明永乐元年	改北平府为北京。帖木儿之孙穆罕默德·苏丹殁
1404	明永乐二年	帖木儿从撒马尔罕出发东征
1405	明永乐三年	帖木儿殁。郑和第一次航海。婆罗洲国王麻那惹那入朝
1406	明永乐四年	朱能为征夷将军远征安南
1407	明永乐五年	安南置交趾布政使司。郑和第一次航海归来，第二次航海出发。《永乐大典》完成。明史送国书给足利将军

1409	明永乐七年	再次出兵安南。郑和第二次航海归来，第三次出发航海
1410	明永乐八年	永乐帝第一次亲征蒙古
1411	明永乐九年	满剌加国王拜里迷苏喇等入朝
1413	明永乐十一年	贵州置布政使。郑和第四次出发航海
1414	明永乐十二年	杨溥、杨士奇下狱。永乐帝第二次亲征蒙古
1415	明永乐十三年	汉王朱高煦（永乐帝次子）不去青州赴任，暂时监禁。郑和第四次航海（本队）回国
1416	明永乐十四年	汉王受封乐安州。郑和第五次航海出发
1420	明永乐十八年	唐赛儿自称佛母，作乱。北京设置东厂。宣布迁都北京
1421	明永乐十九年	郑和第六次航海出发。迁都北京
1422	明永乐二十年	明成祖从该年至翌年（第四次）、二十二年（第五次）亲征蒙古
1424	明永乐二十二年	永乐帝殁，太子朱高炽即位（仁宗洪熙帝）
1425	明洪熙元年	洪熙帝殁，太子朱瞻基即位（宣宗宣德帝）
1426	明宣德元年	宣德帝设内书堂。汉王朱高煦在乐安反。宣德帝攻打，汉王降，监禁，被杀
1427	明宣德二年	王通与黎利和解，从安南撤兵。交趾布政司官员回国
1428	明宣德三年	宣德帝攻打兀良合部族
1431	明宣德六年	郑和第七次航海出发
1434	明宣德九年	郑和殁
1435	明宣德十年	宣德帝殁，太子朱祁镇即位（英宗正统帝）。宦官王振任司礼监，宦官专政由此始
1436	明正统元年	开始使用金花银
1440	明正统五年	杨荣殁
1442	明正统七年	置太仓银库。张太皇太后殁
1444	明正统九年	杨士奇殁
1446	明正统十一年	杨溥殁
1447	明正统十二年	矿山劳动者宗留为官府所逼，举兵反抗，自称大王
1448	明正统十三年	江西邓茂七在福建举行农民反叛，自称刬平王。卫拉特使节团入朝

1449	明正统十四年	邓茂七败死。叶宗留攻打浙江、江西、福建，杀吴刚。陈鉴胡杀叶宗留。广东瑶族、贵州苗族反叛。卫拉特额森军犯边。正统帝亲征，在土木堡被俘（土木之变）。郕王朱祁钰（英宗之弟）即位（景宗景泰帝）。英宗为上皇。降“处州之贼”张骥。广东黄萧养乱。额森军攻打北京
1450	明景泰元年	肃清王振集团。卫拉特送还英宗
1451	明景泰二年	额森即汗位，自称大元天圣大可汗
1452	明景泰三年	景泰帝废朱见深（英宗之子）立朱见济（景泰帝之子）为皇太子
1454	明景泰五年	额森为部下所杀
1457	明景泰八年 天顺元年	夺门之变，上皇复位（英宗天顺帝），于谦被杀。景泰帝病殁
1461	明天顺五年	宦官曹吉祥、曹钦叛乱，被杀
1464	明天顺八年	英宗殁，朱见深即位（宪宗成化帝）
1465	明成化元年	刘通、石龙举兵（荆襄之乱）
1466	明成化二年	刘通、石龙被捕杀
1470	明成化六年	李胡子（刘通部下）举兵
1472	明成化八年	王阳明生
1474	明成化十年	清水营至花马池边墙完成
1487	明成化二十三年	成化帝殁，朱祐樘即位（孝宗弘治帝）
1488	明弘治元年	鞑靼部遣使明朝
1493	明弘治六年	达延汗（小王子）攻宁夏，杀赵玺
1497	明弘治十年	达延汗攻打潮河川、大同。刘钛战死
1498	明弘治十一年	王越攻打贺兰山的达延汗军
1502	明弘治十五年	《大明会典》完成
1505	明弘治十八年	弘治帝殁，朱厚照即位（武宗正德帝）
1506	明正德元年	王阳明贬职贵州龙场驿丞
1507	明正德二年	刘瑾任司礼监长官
1510	明正德五年	刘瑾被杀。刘六、刘七作乱
1512	明正德七年	刘六、刘七军在狼山被歼
1519	明正德十四年	宁王朱宸濠叛乱，南赣巡抚王阳明平定。正德帝南巡

1520	明正德十五年	宁王朱宸濠被杀
1521	明正德十六年	正德帝殁，朱厚熜即位（世宗嘉靖帝）。发生“大礼之议”
1522	明嘉靖元年	南畿、浙江、江西、四川干旱
1523	明嘉靖二年	辽东饥荒
1524	明嘉靖三年	淮扬饥荒。大同兵乱，巡抚都御使张文锦被杀
1525	明嘉靖四年	辽东天灾
1526	明嘉靖五年	京师、湖广饥荒
1527	明嘉靖六年	广西田州民乱，王阳明平定
1528	明嘉靖七年	王阳明平断藤峡瑶族之乱。王阳明殁（嘉靖八年正月）
1533	明嘉靖十二年	大同兵乱，总兵李瑾被杀
1535	明嘉靖十四年	交易场自电白县移至壕镜（澳门）
1542	明嘉靖二十一年	阿勒坦汗遣使大同，未被接待，攻打山西各地
1547	明嘉靖二十六年	阿勒坦汗请求入贡。倭寇侵犯宁波、台州
1550	明嘉靖二十九年	阿勒坦汗包围北京（庚戌之变）
1551	明嘉靖三十年	大同、宣府重开马市
1555	明嘉靖三十四年	杨继盛刑死。倭寇侵犯南京
1557	明嘉靖三十六年	胡宗宪招降倭寇首领王直，从此倭寇衰败。葡萄牙获澳门居住权
1559	明嘉靖三十八年	王直处死
1562	明嘉靖四十一年	严嵩被罢，其子严世蕃下狱
1563	明嘉靖四十二年	俞大猷、戚继光在福建破倭寇。胡宗宪自杀
1566	明嘉靖四十五年	海瑞上疏，下狱（后出狱升任大理丞）。嘉靖帝殁，朱载垕即位（穆宗隆庆帝）
1568	明隆庆二年	辽王朱宪㸅被废为庶人
1570	明隆庆四年	阿勒坦汗之孙把汗那吉降明。同意阿勒坦汗封贡
1571	明隆庆五年	封阿勒坦汗为顺义王。重开马市。封李成梁为宁远伯
1572	明隆庆六年	隆庆帝殁，朱翊钧即位（神宗万历帝）。首辅张居正献《帝鉴图说》
1578	明万历六年	《本草纲目》完成
1580	明万历八年	张居正开始丈量田亩

1582	明万历十年	阿勒坦汗歿。张居正歿。李成梁火攻杀阿台
1583	明万历十一年	努尔哈赤举兵
1587	明万历十五年	戚继光歿
1589	明万历十七年	努尔哈赤占建州五部
1591	明万历十九年	努尔哈赤占领鸭绿江路。李成梁被撤职
1592	明万历二十年	丰臣秀吉出兵朝鲜。宁夏的哱拜与鞑靼联合作乱
1593	明万历二十一年	内阁与清议派对立。努尔哈赤击退海西九部联军
1597	明万历二十五年	丰臣秀吉第二次出兵朝鲜
1599	明万历二十七年	海西哈达部攻打努尔哈赤，败降。哈达部饥馑严重
1601	明万历二十九年	利玛窦来京，谒见万历帝。苏州发生“织佣之变”。立朱常洛为皇太子
1607	明万历三十五年	努尔哈赤灭海西辉发部
1613	明万历四十一年	努尔哈赤灭乌拉部
1615	明万历四十三年	发生暗杀皇太子朱常洛未遂事件（梃击事件）。努尔哈赤制定八旗制度
1616	明万历四十四年 后金天命元年	努尔哈赤宣布独立，即位（太祖），国号大金（后金），定都兴京
1618	明万历四十六年 后金天命三年	努尔哈赤以“七大恨”为由兴兵讨明。努尔哈赤攻陷抚顺
1619	明万历四十七年 后金天命四年	萨尔浒战役，明军败。平定叶赫部。杨镐（辽东经略）被捕入狱，熊廷弼代之
1620	明万历四十八年 泰昌元年 后金天命五年	万历帝歿，朱常洛即位（光宗泰昌帝）。光宗在位一个月猝死（红丸事件）。光宗宠妃李选侍藏匿少年天子于乾清宫（移宫事件）。光宗长子朱由校即位（熹宗天启）。蒙古饥馑。熊廷弼辞职，袁应泰接任
1621	明天启元年 后金天命六年	努尔哈赤占领沈阳、辽阳。袁应泰自杀。努尔哈赤从兴京迁都辽阳
1623	明天启三年	魏忠贤任东厂长官
1624	明天启四年	杨涟弹劾魏忠贤二十四宗大罪
1625	明天启五年 后金天命十年	东林党人全部被赶出政界。努尔哈赤从辽阳迁都沈阳，改称盛京。弹劾魏忠贤的杨涟等六君子

		遭残杀。全国书院被毁
1626	明天启六年 后金天命十一年	制定《三朝要典》。高攀龙、周顺昌、周起元、李应昌、周宗建、缪昌期、黄尊素（后七君子）被捕，遭残杀（高攀龙自杀）。西湖边建魏忠贤生祠。努尔哈赤殁，皇太极即位（太宗）。朱耷（八大山人）生
1627	明天启七年 后金（清）天聪元年	皇太极出兵朝鲜。天启帝殁，其弟朱由检即位（思宗崇祯帝）。魏忠贤被捕，自杀。各地发生农民起义
1630	明崇祯三年 后金天聪四年	孙承宗收复遵化、迁安、滦州。袁崇焕被处磔刑
1631	明崇祯四年 后金天聪五年	李自成参加农民起义军。满洲开始铸造红夷大炮
1632	明崇祯五年	曹文昭在平凉、庆阳破造反军。朱聿键任唐王
1635	明崇祯八年	洪承畴攻打造反军。农民起义军十三家在荥阳开会集结。造反军杀曹文昭
1636	明崇祯九年 后金天聪十年 清崇德元年	皇太极（太宗）改大金国号为大清。唐王朱聿键囚禁凤阳监狱。皇太极亲征朝鲜，占领国都
1637	清崇德二年	朝鲜承认清为宗主国
1638	明崇祯十一年 清崇德三年	清太宗亲征明，明德王朱由枢被俘，孙承宗、卢象升等战死。清军岳托（太宗的二哥）殁
1641	明崇祯十四年 清崇德六年	李自成陷洛阳，杀福王朱常洵。张献忠陷襄阳，杀襄王朱翊铭。李自成陷南阳，杀唐王朱聿镆。朱聿键出狱，恢复唐王
1642	明崇祯十五年 清崇德七年	松山战役，清大胜，洪承畴被俘，降清。李自成陷开封。清创建汉八旗。李自成陷汝宁，俘崇王朱由樻，明汝宁总兵虎大威战死，杀杨文岳
1643	明崇祯十六年 清崇德八年	李自成陷承天。改襄阳为襄京，营造宫殿。张献忠陷汉阳、武昌，杀楚王朱华奎，自称大西王。清太宗殁，福临即位（世祖顺治帝）
1644	明崇祯十七年 清顺治元年	李自成在西安即位（新顺王），国号大顺，建元永昌。李自成的东征军自居庸关进入北京，

		崇祯帝自杀（明亡）。吴三桂降清。清军自山海关进入北京，驱逐李自成。明福王朱由崧在南京即位（弘光帝）。张献忠入川称大西国王，建元大顺
1645	清顺治二年 明弘光元年・隆武元年	清军陷南京，在芜湖俘福王。下薙发令。黄道周、郑芝龙等拥唐王在福州即位（隆武帝）。明鲁王朱以海在绍兴称监国。李自成被清军追逼，自杀。李自成亲信牛金星及其子降清
1646	清顺治三年 明隆武二年・永历元年・绍武元年	唐王（隆武帝）攻打延平。清征南大将军博洛在绍兴破鲁王。唐王被清军俘虏，被杀。郑芝龙降清。桂王朱由榔在肇庆即位（永历帝），建元永历。鲁王从厦门逃往南澳。唐王朱聿𨮁逃广州即位。清军攻占广州。绍武帝自杀。郑成功南澳举兵
1649	明永历三年	明黄宗羲来长崎求援军
1650	清顺治七年 明永历四年	郑成功占据金门、厦门。摄政王多尔衮殁
1651	清顺治八年	顺治帝开始亲政
1658	明永历十二年	郑成功被封为延平郡王，开始北伐
1659	清顺治十六年 明永历十三年	桂王（永历帝）逃缅甸。郑成功攻打南京，失败。清军陷重庆，基本平定四川
1661	清顺治十八年 明永历十五年	顺治帝殁，其子玄烨即位（圣祖康熙帝）。郑成功攻打台湾，驱逐荷兰人。清在宁古塔杀郑芝龙。吴三桂攻缅甸，缅甸将桂王（永历帝）引渡清
1662	清康熙元年	吴三桂将桂王（永历帝）押送昆明，杀之。郑成功殁于台湾。鲁王朱以海殁于金门
1667	清康熙六年	康熙帝亲政。索尼殁
1673	清康熙十二年	同意平西王吴三桂、靖南王耿精忠的撤藩请求。吴三桂在云南举兵，自称周王。“三藩之乱”开始
1674	清康熙十三年	吴三桂军自长江、四川出湖南，占领沅州、常德、岳州、衡阳等。耿精忠响应吴三桂，台湾郑经也响应吴三桂，陷漳州

1676	清康熙十五年	广东尚之信囚禁父亲尚可喜，响应吴三桂。耿精忠降清。尚之信请降
1678	清康熙十七年	吴三桂在定天府（衡州）即位，国号周，元号昭武。台湾郑经攻打海澄城，包围泉州城。吴三桂殁，其孙吴世璠拥立，改元洪化
1679	清康熙十八年	清军占领岳州、长沙、常德、衡州。吴世璠逃贵州
1680	清康熙十九年	尚之信在北京被处刑
1681	清康熙二十年	郑经殁于台湾，郑克塽继延平王。吴世璠被清军围困，自杀。“三藩之乱”平定
1682	清康熙二十一年	靖南王耿精忠被杀
1683	清康熙二十二年	清施琅入台湾。郑克塽降，被送往北京，台湾平定。吕留良殁
1689	清康熙二十八年	与俄罗斯缔结《尼布楚条约》
1690	清康熙二十九年	击退准噶尔部噶尔丹汗入侵
1696	清康熙三十五年	康熙帝亲征准噶尔部
1697	清康熙三十六年	准噶尔部噶尔丹汗自杀
1712	清康熙五十一年	规定从这一年开始增加的丁数作为“滋生人丁”，不加赋
1716	清康熙五十五年	《康熙字典》成书
1717	清康熙五十六年	准噶尔部攻占西藏
1720	清康熙五十九年	清军攻进西藏，驱逐准噶尔势力
1721	清康熙六十年	台湾朱一贯举兵，失败
1722	清康熙六十一年	康熙帝殁，其子胤禛即位（世宗雍正帝）
1723	清雍正元年	驱逐各省的基督教传教士
1724	清雍正二年	平定青海。世宗颁布《朋友论》
1725	清雍正三年	《古今图书集成》完成
1728	清雍正六年	与俄罗斯缔结《恰克图条约》
1731	清雍正九年	军机房（后来的军机处）置于内廷
1735	清雍正十三年	雍正帝殁，弘历即位（高宗乾隆帝）。《明史》完成。曾静处刑
1740	清乾隆五年	湖南苗族起义。《大清一统志》完成
1747	清乾隆十二年	大金川吐司作乱

1755	清乾隆二十年	第一次远征准噶尔。阿睦尔撒纳即汗位。阿睦尔撒纳举兵反清。胡中藻处刑（文字狱）
1758	清乾隆二十三年	第二次远征准噶尔。阿睦尔撒纳歿，平定准噶尔
1759	清乾隆二十四年	平定天山南路（实现统治天山南北路）
1766	清乾隆三十一年	攻打缅甸。《大清会典》完成
1769	清乾隆三十四年	与缅甸媾和，撤兵
1771	清乾隆三十六年	金川动乱
1773	清乾隆三十八年	多尔衮恢复名誉
1780	清乾隆四十五年	《四库全书荟要》完成
1781	清乾隆四十六年	甘肃省起义，被平定
1782	清乾隆四十七年	《四库全书》完成
1786	清乾隆五十一年	天地会的林爽文在台湾起义
1788	清乾隆五十三年	安南国王黎维祁向清救助。清出兵越南
1789	清乾隆五十四年	清军大败越南阮文惠，与阮文惠媾和。阮文惠被封为安南国王
1792	清乾隆五十七年	阮文惠歿，其子阮光缵立。清军征服尼泊尔。乾隆帝著《十全武功记》。龚自珍生
1793	清乾隆五十八年	英国使节马戛尔尼到北京
1795	清乾隆六十年	贵州、湖南苗族起义（翌年平定）
1796	清嘉庆元年	乾隆帝退位，为太上皇帝。太子颙琰即位（仁宗嘉庆帝）。白莲教的聂杰人等湖北起义，蔓延各地
1798	清嘉庆三年	白莲教领导人多被杀，但起义势头未减
1799	清嘉庆四年	乾隆帝歿。嘉庆帝历数和珅二十条大罪，命其自杀
1802	清嘉庆七年	阮福映杀阮光缵。白莲教起义基本被镇压
1803	清嘉庆八年	李长庚在定海破海盗蔡牵
1804	清嘉庆九年	蔡牵在温州海上破清军
1805	清嘉庆十年	禁止与西方人交往。白莲教起义平定后，讨伐军解散。《四库全书》总纂官纪昀歿
1807	清嘉庆十二年	琉球国中山王尚温歿，其孙尚灏继位。李长庚在黑水洋被蔡牵海盗船射杀
1808	清嘉庆十三年	英国兵船占领澳门炮台，后撤走

1809	清嘉庆十四年	蔡牵在定海的渔山外洋与官军血战，自沉
1810	清嘉庆十五年	广东海贼张保降
1811	清嘉庆十六年	禁止西方人居住内地、传道基督教
1813	清嘉庆十八年	禁止私卖鸦片。天理教徒兵乱，闯进紫禁城（禁门之变），被捕处刑。英国东印度公司失去印度贸易垄断权
1814	清嘉庆十九年	捻军在河南、安徽起事
1815	清嘉庆二十年	严禁鸦片进口
1816	清嘉庆二十一年	英国使节阿默斯特到北京
1820	清嘉庆二十五年	嘉庆帝殁，其子旻宁即位（宣宗道光帝）
1821	清道光元年	英国军舰土巴资号在伶仃岛发生武斗事件
1823	清道光三年	禁止种植罂粟、制作鸦片
1826	清道光六年	喀什的回教徒呼应张格尔
1827	清道光七年	清军抓俘张格尔，处刑
1831	清道光十一年	公布《外夷防范章程》
1834	清道光十四年	英国东印度公司失去对清贸易垄断权。英国使节内皮尔到广东
1836	清道光十六年	许乃济上奏主张鸦片弛禁论
1838	清道光十八年	黄爵滋上奏主张鸦片严禁论。林则徐作为钦差大臣赴广东
1839	清道光十九年	林则徐发关于禁止鸦片的两份论帖。没收英国商人的两万箱鸦片